LalalaLetMeExplain

No more tears

GOLDMANN

Buch

Gibt es überhaupt anständige Männer? Wo kann man sie finden? Und ist es die Mühe wirklich wert? Die Antwort ist klar: In den meisten Fällen ist frau mit einem Hund oder einer Katze besser beraten als mit einem Partner – leider.

Fakt ist, dass Frauen* nicht nur lustig-peinliche, sondern auch unangenehme, übergriffige und beängstigende Situationen beim Dating und beim Sex erleben müssen. Von Ghosting und Negging bis hin zu Gaslighting, Stealthing und Missbrauch – No More Tears ist der erste Dating-Ratgeber, der zeigt, auf welche Red Flags Frauen* achten müssen, damit sie nicht in Beziehungen mit Männern geraten, die eigentlich nur auf Sex aus sind oder insgeheim Frauen sogar hassen. Selbstbewusst *Nein* sagen und Zeichen einer potenziell gesunden, gleichberechtigten Beziehung erkennen – mit dem Anti-Fuckboy-Guide kein Problem.

Autorin

LalalaLetMeExplain ist ausgebildete Sozialarbeiterin, Sexual- und Beziehungspädagogin. Als Kolumnistin und anonyme Beziehungsexpertin bei Instagram spricht sie offen über die Höhen und Tiefen der modernen Partnersuche und gibt ihren mittlerweile über 220 000 Followern ungeschönt und ehrlich wertvolle Ratschläge zu den Themen, die anderen oft zu peinlich sind.

Instagram: @LalalaLetMeExplain

LalalaLetMeExplain

Dein Anti-Fuckboy-Guide

Aus dem Englischen
von Annika Tschöpe

GOLDMANN

Die englische Originalausgabe erschien 2022 unter dem Titel
»Block, Delete, Move On: It's not you, it's them«
bei Transworld Publishers, London.

MIX
Papier | Fördert gute Waldnutzung
FSC® C004378

Penguin Random House Verlagsgruppe FSC® N001967

1. Auflage
Deutsche Erstausgabe Juni 2023

Umschlag: UNO Werbeagentur, München, nach einer Gestaltung von
Marianne Issa El Khoury
Design by Couper Street Type Co.
Illustrationen: Penguin Random House UK
Redaktion: Carla Felgentreff
Satz: Uhl + Massopust, Aalen
Druck und Bindung: PBtisk, s. r. o.
Printed in Germany
ES/JS · cb

ISBN 978-3-442-17981-7

Für meinen geliebten Sohn –
alles, was ich tue, tue ich für dich.

Für meine Mutter – ich hoffe, dass du stolz auf mich bist.
Ohne dich hätte ich es nicht geschafft.

»Und weil ich mich nicht darauf verlassen kann,
dass die Söhne in dieser Welt lernen, wie sie meine Tochter
zu behandeln haben, werde ich dafür sorgen,
dass sie ein Schwert, ein Speer und ein Schild wird.«

– Elizabeth Acevedo (@acevedowrites)

Inhalt

Vorwort 11

1. Nicht alle Männer, aber viel zu viele 21
2. Als Single das Leben feiern 41
3. Erst die Arbeit … 61
4. Nicht alle Männer, aber diese auf jeden Fall 91
5. Wo bist du, Romeo? 127
6. Liebe im 21. Jahrhundert 157
7. Lohnt es sich, für ihn den pH-Wert zu gefährden? 189
8. Nichts geht ohne Zustimmung 219
9. Blockieren, löschen, abhaken 245

Danksagung 271
Glossar 277
Ressourcen 280
Sachregister 284
Anmerkungen 288

Vorwort

Hebst du bei dem Meme »Hand hoch, wenn dir dein Männergeschmack schon mal zum Verhängnis geworden ist?« sofort die Hand? Dann ist dieses Buch genau das Richtige für dich. Es ist kein Dating-Ratgeber für die Suche nach der großen Liebe, sondern soll dir zeigen, wie du rechtzeitig erkennst, mit wem es nur Ärger geben wird. Ich liefere dir all die Informationen, die ich selbst gerne gehabt hätte, und zwar schon lange vor dem ersten Date. Dabei bringe ich nicht nur Fachwissen, sondern auch persönliche Erfahrungen ein – leider habe ich mich unabsichtlich auf viel zu viele miese Typen eingelassen. Und damit bin ich nicht allein. Seit 2017 gebe ich auf Instagram anonym Dating- und Beziehungstipps, und dank Mundpropaganda ist meine Seite rasant gewachsen. Wer auf Cis-Männer steht (also auf Männer mit der Geschlechtsidentität, die ihnen bei der Geburt zugewiesen wurde), kann meine teuflischen Erfahrungen mit Idioten, die unsere Zeit nicht wert sind, erstaunlich oft nachvollziehen.

Laut *Derm Review* wäscht sich jeder fünfte Mann höchstens zweimal pro Woche die Eier. Das wundert mich leider gar nicht. Diese Statistik bestätigt genau wie unzählige andere erdrückende Beweise: Es ist ein Fluch, wenn einem aufgrund der eigenen Sexualität nichts anderes übrig bleibt, als Männer zu daten. Und ganz ehrlich, müffelnde Pimmel sind dabei noch das geringste Problem.

Hast du schon mal versucht, einen Mann zu daten, seit es die entsprechenden Apps gibt? Dann weißt du sicher genau, was ich meine – und wenn nicht, hast du ein Riesenglück gehabt.

Ich bin ganz bestimmt keine Männerhasserin – im Gegenteil –, aber es lässt sich nicht bestreiten, dass Dating mit ihnen eine Herausforderung ist. Leicht fällt es den wenigsten, und wer auf Männer steht, muss besonders gut Bescheid wissen und viel trainieren, um das riskante Sackhüpfen unbeschadet zu überstehen.

Ich habe mit Männern so viele Fehler gemacht – etwa einem Typen, den ich wirklich mochte, in einer dreiminütigen Sprachnachricht unter alkoholbedingten Tränen meinen Vaterkomplex geschildert. Oder mich mit jemandem verabredet, der bei unserem ersten – und letzten – Date einen älteren Passanten angriff. Oder unwissentlich sechs Monate lang einen Kerl gedatet, der schon eine Freundin hatte … Ich könnte noch zwanzig weitere Absätze zu diesem Thema schreiben, aber sicher weißt du, was ich meine. Ich hatte keine Ahnung, wie man Red Flags erkennt, wusste nicht, wie man miese Typen herausfiltert oder wie man verhindern kann, dass man sich nur von seinem Herzen und dem verzweifelten Bedürfnis nach Liebe leiten lässt.

Der Ablauf war immer gleich: Ich lernte einen Mann kennen, der anfangs sehr interessiert und engagiert wirkte, wir trafen uns über Monate hinweg regelmäßig, bis ich Gefühle entwickelte und davon ausging, dass er sich auch in mich verliebt hatte, weil er so oft bei mir war. Die ganze Zeit drängte ich ihn, mehr in unser Verhältnis zu investieren, sah eine tiefere Bedeutung darin, wenn er mit mir im Arm einschlief, und war frustriert, wenn er mich nur für ein schnelles Nümmerchen anrief, weil ich nicht begriff, dass ich für ihn nur eine Bettgeschichte war. Somit genoss er sämtliche Vorteile einer festen Beziehung, weil ich ihn wie einen Partner behandelte – in der Überzeugung, so würde er merken, wie toll es war, mit mir zusammen zu sein, und mir endlich sagen, dass er mich liebte. Und manchmal passierte das auch. Aber ich erkannte nicht, dass diese Liebesbekundungen nur leere Worte waren, und wurde letztendlich immer verletzt. Das prägte mein Leben, denn ich verwandelte mich in all das, was sich Männer meiner Ansicht nach wünschten: ein Sexspielzeug (ohne eigenen Orgasmus), einen Zufluchtsort, an dem sie nach einem harten Tag als Kleindealer emotionalen Trost fanden, einen Taxiservice nach Feiern mit Freunden, zu denen ich nie eingeladen wurde. Ich begriff nicht, wie leicht ich es ihnen machte, auf allen Hochzeiten gleichzeitig zu tanzen. Ich habe mir Männer immer mit dem Herzen und nicht mit dem Kopf ausgesucht – ich habe den Verstand sogar absichtlich außen vor gelassen und meinen Körper in den Vordergrund gerückt, weil ich ihn für das Wertvollste hielt, das ich zu bieten hatte.

Auch meine beste Freundin hatte Probleme mit Männern, aber nicht die gleichen. Sie fand sehr leicht jemanden, der sich in sie verliebte, doch diese Typen hatten immer einen Schaden. Nach wenigen Wochen einer turbulenten Affäre hatten sie dramatische Zusammenbrüche, wollten bei ihr einziehen, weil sie obdachlos geworden waren, oder stellten plötzlich tiefsitzende Mutterkomplexe fest. Und meinen verheirateten Freundinnen erging es nicht viel besser: Eine von ihnen musste vor häuslicher Gewalt flüchten, drei andere stemmten Haushalt und Kindererziehung, während ihre Männer in der Midlife-Crisis inklusive Kokain- und Alkoholabhängigkeit versanken.

Im November 2016 beendete ich eine Beziehung mit dem Fuckboy, der das Fass zum Überlaufen gebracht hatte. Er war ein narzisstischer Loser, der mich irgendwie davon überzeugt hatte, er würde bald Millionär werden – aber vorerst musste ich ihm das Taxi bezahlen, wenn ich ihn sehen wollte. Das war die letzte einer Reihe von gescheiterten Romanzen, die 2013 ihren Anfang genommen hatten, als ich erstmals Online-Dating ausprobierte. Davor hatte ich zwei Langzeitbeziehungen, die zweite mit dem Vater meines Kindes. Wir kamen 2006 zusammen, unser Sohn wurde 2011 geboren, und ich war vom Tag seiner Geburt an alleinerziehend. Das nächste Date hatte ich erst, als der Kleine etwa 18 Monate alt war. Damals stellte ich fest, dass sich die Situation drastisch verändert hatte, seit ich zuletzt Single gewesen war. Wirklich *drastisch*. Die Männer hatten sich verändert. Vor *Tinder* und *Plenty of Fish* war es mir sehr leichtgefallen, jemanden zu treffen, der eine Beziehung wollte, aber durch diese Apps und meinen neuen Status als Alleinerziehende hatte ich den Eindruck, dass jeder Mann nur eines wollte – mich für blöd verkaufen.

Nach der Geschichte mit dem Fuckboy, der das Fass zum Überlaufen gebracht hatte, nahm ich mir vor, an mir zu arbeiten. Ich befasste mich eingehend mit dem Gesetz der Anziehung und erfuhr mehr über meine Spiritualität, sodass ich mich selbst und mein Verhalten in Beziehungen besser durchschaute. Ich hatte eine Reihe von Offenbarungen – mir wurde klar, warum ich mich selbst verriet, um von Männern Bestätigung zu bekommen. Ich hatte mich jahrelang mit Bindungstheorie befasst, aber es war mir nicht in den Sinn gekommen, dieses Wissen auf mein eigenes Liebesleben anzuwenden. Allmählich erkannte ich, warum mein unsicherer Bindungsstil dazu führte, dass ich mich ängstlich an diese Männer klammerte. Ich musste mir eingestehen, dass auch von mir gewisse Red Flags ausgingen und dass ich in einer früheren Beziehung manipulativ und kontrollsüchtig gewesen war. Ich zwang mich dazu, diese unangenehme Erkenntnis nicht zu verdrängen, sondern zu ermitteln, wie ich das ändern konnte. Ich begriff, was ich falsch machte.

Aber da war noch mehr. Ich hatte Sozialwissenschaften studiert und mich mit Feminismus, Frauenfeindlichkeit und toxischer Männlichkeit beschäftigt, doch aufgrund meiner natürlichen Neigung, mir selbst die Schuld zu geben und mir jede Ablehnung oder schlechte Behandlung zu eigen zu machen, konnte ich nicht erkennen, wie das mit meinen Erfahrungen zusammenhing. An meinen Freundinnen sah ich, dass wir Frauen beim Daten eine Reihe von Problemen haben, die meinen männlichen Freunden weitestgehend fremd waren: Wir erlebten furchteinflößende Vorfälle beim ersten Date, wurden ausgenutzt und nach dem Sex geghostet, in unklaren Verhältnissen hingehalten oder dienten als unbezahlte Pflegekraft/Mutter. Mir wurde klar, dass viele meiner Probleme auf mein Geschlecht zurückzuführen waren.

Ganz offensichtlich gibt es ein Problem mit Männern und der Art und Weise, wie sie Frauen behandeln.

Als Individuen sind viele Männer toll, aber als Gruppe betrachtet gibt es verschiedene Dinge, die ausgebügelt werden müssen. Solange das nicht geschehen ist, sollten alle, die Männer daten, für deren Dreistigkeiten gerüstet sein.

All das hätte ich erkennen müssen, denn ich war Sozialarbeiterin für Kinder und Familien, hatte einen hervorragenden Hochschulabschluss in diesem Fach und unterrichtete als Sexual- und Beziehungsberaterin in Schulen und Jugendeinrichtungen. Außerdem hatte ich eine Ausbildung als Lehrerin für praktische Sozialarbeit absolviert. Seit fast zwanzig Jahren half ich Frauen dabei, missbräuchliche Beziehungen zu erkennen und zu verlassen, zeigte auf, wie man gesündere Verbindungen aufbaut, und stand ihnen zur Seite, wenn sie Teufelskreise durchbrechen wollten, um ihre Familien zu schützen.

Anschließend ging ich dann nach Hause und bettelte bei Männern, die mich ambivalent behandelten, um mehr Liebe. Anderen konnte ich die besten Ratschläge geben, aber es gelang mir nicht, diese auf mein eigenes Liebesleben anzuwenden.

Zum ersten Mal kam ich zu dem Schluss, dass eine Beziehung nicht mehr mein größtes Ziel sein durfte. Ich musste einen klaren Schnitt machen, um mein Leben in den Griff zu kriegen. Als ich darüber nachdachte, was ich in vier Jahren Online-Dating über Männer und mich selbst gelernt hatte, ging mir ein Licht auf. Von da an investierte ich all die Energie und Aufmerksamkeit, die ich auf Männer verschwendet hatte, in mich selbst. Ich fing an, mich selbst und das Alleinsein zu schätzen. Ich brauchte keine Aufmerksamkeit und Bestätigung von Männern mehr. Im Rückblick erkannte ich bei meinen vielen Online-Kontakten ein bestimmtes Muster und deutliche Red Flags. Als ich all das durchschaut hatte, wollte ich mein Wissen unbedingt unter die Leute bringen. Alle Frauen sollten erfahren, dass man das Single-Dasein genießen kann, wie man Red Flags auf Anhieb erkennt und wie man selbstbewusst alle blockt, bei denen man verräterische Anzeichen entdeckt. Aus diesem Wunsch heraus entstanden meine Instagram-Seite und mein Blog, und der Kontakt zu so vielen anderen Frauen und Menschen, die bei Dates mit Männern genau den gleichen Mist durchmachten, gab mir ungeheure Kraft. Mir wurde klar, dass wir alle etwas Orientierungshilfe brauchen, um mit der modernen Form des Datings klarzukommen.

Mittlerweile bin ich endlich so weit, dass ich als Single restlos zufrieden bin, und dieses Buch soll anderen dabei helfen, das ebenfalls zu schaffen. Allerdings möchte ich darauf hinweisen, dass dieses Buch im Corona-bedingten Lockdown entstand und ich mich seit langer Zeit erstmals wieder nach einem Mann sehnte. Für Singles war diese Zeit besonders schwierig (genau wie für Menschen, die in schrecklichen Beziehungen feststeckten), weil wir plötzlich das Gefühl hatten, vielleicht sei der Zug ohne uns abgefahren. Die Einsamkeit, die wir sonst samstagabends verspürten, wenn unsere Freundinnen mit ihren Partnern unterwegs waren, wurde zum täglichen Normalzustand. Viele erkannten, dass sie sich eine Beziehung wünschten, und fragten sich voller Panik, ob es jemals wieder dazu kommen würde, da offenbar die Apokalypse über uns hereingebrochen war. Zwar haben wir die Krise mittlerweile weitestgehend überwunden (so hoffe ich), doch in Bezug auf die Partnersuche hallt sie immer noch nach, weil viele meinen, sie hätten Zeit verloren. Ich hoffe deshalb, dass dieses Buch die Panik etwas lindern kann.

Bevor es losgeht, möchte ich etwas klarstellen. Wenn ich in diesem Buch von Frauen spreche, sind auch Trans-Frauen gemeint. Mit Männern meine ich jedoch ausschließlich cisgeschlechtliche Männer. Trans-Männer sind zwar auch Männer, aber bis auf wenige Ausnahmen meist nicht frauenfeindlich. Sie wurden als Mädchen/Frauen sozialisiert und haben deshalb einen anderen Blick auf das Leben. Ich habe mich bei mehreren Trans-Männern erkundigt, ob sie sich dadurch ausgegrenzt fühlen, und alle erklärten, sie seien froh, nicht in Diskussionen über toxische Männlichkeit einbezogen zu werden, weil sie in der Regel keinen Anteil daran haben. Misogynie spielt auch in queeren Beziehungen eine große Rolle, insbesondere in Form von Homophobie, und drängt viele dazu, innerhalb der Beziehung heterosexuelle Ideale der Geschlechterrollen zu übernehmen. Häusliche Gewalt ist auch bei gleichgeschlechtlichen oder nicht geschlechtskonformen Paaren weit verbreitet. Dating und Beziehungen können für alle schwierig sein – auch für heterosexuelle Männer. Aber ich konzentriere mich speziell auf die Erfahrungen von heterosexuellen Frauen, die mit cisgeschlechtlichen Männern zusammen sind, weil ich mich damit auskenne. Ich finde es besser, wenn LGBTQI+-Erfahrungen von einer LGBTQI+-Person geschildert werden. Ich fühle mich nicht berufen, im Namen von LGBTQI+-

Menschen zu sprechen, deshalb überlasse ich das Wort lieber Leuten wie Lindsay King-Miller (Autorin von *Ask a Queer Chick: A Guide to Sex, Love, and Life for Girls Who Dig Girls),* Jo Langford (Autor von *The Pride Guide*) und Jamie Windust (Autor von *In Their Shoes)*. Einige Teile dieses Buches sind zwar geschlechtsspezifisch, doch ich hoffe, dass vieles für alle relevant ist, unabhängig davon, wie sie sich identifizieren und mit wem sie zusammen sind. In den Kapiteln über Sex (Kapitel 7 und 8) werden jedoch spezifische biologische Ausdrücke rund um Penis und Vagina verwendet. Menschen, die nicht cisgeschlechtlich sind, könnten sich davon getriggert fühlen. Ich habe mich für diese Sprache entschieden, weil die Orgasmuslücke insbesondere heterosexuelle Cis-Frauen betrifft, die mit heterosexuellen Cis-Männern schlafen. Allerdings möchte ich alle dazu ermuntern, meine Tipps an ihre persönliche Situation anzupassen, wenn ihnen das hilfreich erscheint, unabhängig von der geschlechtsspezifischen Sprache auf diesen Seiten. Dass ich mich auf die Probleme heterosexueller Frauen bei der Partnersuche und in Beziehungen konzentriere, bedeutet nicht, dass ich das, was andere durchmachen müssen, nicht ernst nehme.

Dieses Buch richtet sich an alle, die Dating kompliziert, verwirrend, ermüdend, anstrengend oder ernüchternd finden. An alle, die nachts im Bett liegen und darüber nachgrübeln, ob sie jemandem schreiben sollen, der sie mies behandelt hat. An alle, die sich fragen, ob mit ihnen etwas nicht stimmt, weil ein oberflächlicher Typ nicht erkennt, was er an ihnen hat; die alle sechs Monate hoffnungsvoll einen neuen Versuch mit den Apps starten und sie dann eine Woche später wieder löschen, weil alles so zermürbend ist.

Du bist nicht allein.

Das hier ist ein Leitfaden gegen Fuckpersons, in den meine eigenen schrecklichen Dating-Erlebnisse, mein Fachwissen sowie die vielen Erkenntnisse eingeflossen sind, die ich den wunderbaren Menschen verdanke, die mir über Jahre hinweg auf Instagram ihre Geschichten anvertraut haben. Glaub mir: Das, was du in der wilden Dating-Welt durchmachst – ob du verletzt, gedemütigt, im Bett genötigt, geghostet, belogen, missbraucht oder in anderer Weise schlecht behandelt wurdest –, haben Tausende andere ebenfalls erlebt. Mit meiner Instagram-Community steht dir eine regelrechte Armee zur Seite. Wenn ich deine Geschichte posten würde, würden dir unter Garantie Zehntausende Mut zusprechen und echte Anteilnahme zeigen. Tausende von Menschen würden bestätigen, dass ihnen das Gleiche widerfahren ist, dass es besser werden wird und dass wir alle hinter dir stehen. In schweren Zeiten fühlt man sich oft sehr einsam, und dieses Buch soll allen zeigen: Du bist nicht allein. Wir sitzen alle im selben Boot, und wir stehen hinter dir. Dieses Buch soll dir vermitteln, dass das Leben als Single fantastisch ist und dass du der Liebe nicht hinterherlaufen musst. Da du ein Dating-Buch liest, gehe ich allerdings auch davon aus, dass du irgendwann einen Partner haben möchtest. Das Hauptziel besteht zwar darin, als Single zufrieden zu sein, doch es ist keine Schande, dass man sich einen Partner wünscht und dieses Buch nutzt, um mit geschärftem Bewusstsein für Red Flags gesünder an Dates heranzugehen. Dieses Buch ist dein Fuckboy-Filter.

Kapitel 1

Nicht alle Männer, aber viel zu viele

Trigger-Warnung: Sexuelle Gewalt/Missbrauch

Über die Dating-App Tinder hatte ich ein Match mit einem Typen, der auf den ersten Blick super wirkt, wir waren offensichtlich auf einer Wellenlänge. Dann fingen wir an, uns auf Social Media zu folgen, und ich habe festgestellt, dass er etliche Dating-Ratgeber für Alphamänner abonniert hat. Außerdem hat er mehrere Beiträge geteilt, die mir sehr zu denken geben – zum Beispiel den Ratschlag, Frauen mit Schweigen zu bestrafen, wenn sie keinen Sex wollen, und ein Meme, in dem eine Frau gewürgt wird, weil sie zu viel herumnörgelt. Eigentlich wirkte er so süß, aber in seinen Accounts sehe ich zu 90 Prozent frauenfeindliche Memes und Posts. Ist so etwas immer eine Red Flag?

Ich finde Männer toll. Nette, freundliche, lustige, großartige, anständige Typen. Solche liebe ich. Es gibt Millionen guter Männer. Wenn das nicht so wäre, hätte ich meine Instagram-Seite einfach »Mach's dir selbst« genannt und genau erläutert, wie man allein glücklich wird. Leider gibt es aber auch viel zu viele miese Typen. Es gibt auch miese Frauen: böse, manipulative, kontrollsüchtige Personen – zu Millionen. Der große Unterschied besteht darin, dass kein Mann sein Leben ändern muss, um sich vor solchen Frauen zu schützen. Wir Frauen dagegen müssen uns wegen der Männer einschränken. Jeden Tag. Überall auf der Welt. Natürlich geht nicht von allen Männern Gefahr aus, aber alle Menschen, die sich als Frau identifizieren, müssen vorsichtig und misstrauisch sein. Wir müssen in der Bar unseren Drink abdecken, bei einem Date unseren Standort an Freundinnen schicken, nach Mitternacht mit dem Taxi statt mit öffentlichen Verkehrsmitteln fahren, den Schlüssel abwehrbereit zwischen den Fingern halten, wenn wir allein spazieren gehen – all das nur wegen gewisser Männer. Es sind viel zu viele. Selbst diejenigen, die unablässig betonen, dass »nicht alle Männer« so sind, schärfen den eigenen Töchtern und Ehefrauen ein, sich vor anderen Männern in Acht zu nehmen.

Ausnahmslos jeder Mann weiß, dass es an Männern liegt, dass Frauen in bestimmten Situationen Gefahr droht.

Dagegen ließe sich einwenden, dass es auch für Jungen und Männer Risiken gibt, und das stimmt natürlich. Allerdings geht die Gefahr in diesen Fällen nicht von Frauen aus; Jungen und Männer müssen sich ebenfalls vor Männern hüten. (Genau deshalb ist es wichtig, dass wir uns Männer als Verbündete ins Boot holen; auch den Männern kommt es zugute, wenn männliche Gewalt und toxische Maskulinität ein Ende nehmen.) Männer, die Männer daten, müssen ebenfalls Vorsicht walten lassen, denn dabei kommt es genauso zu beängstigenden Situationen. Bei einem Date mit einer Frau gibt es dagegen keinen Anlass, sich vor körperlicher oder sexueller Gewalt zu fürchten (obwohl es sich natürlich nicht ganz ausschließen lässt). Queer-Frauen sollten auch bedenken, dass gruselige Männer sich auf Dating-Apps manchmal als Frauen ausgeben, daher ist immer Vorsicht geboten.

Obwohl ich Männer liebe, sind sie mir zum Verhängnis geworden. Viele Jahre lang lebte ich als heterosexuelle Cis-Frau, ohne mir richtig klarzumachen, was das bedeutete und dass ich deshalb auf bestimmte Weise wahrgenommen und behandelt wurde und selbst glaubte, ich müsse eine bestimmte Rolle einnehmen und ein bestimmtes Verhalten zeigen. Ich habe mir darüber niemals richtig Gedanken gemacht, meine Erfahrungen nie in einen Kontext gerückt. Die vielen Tausend Mal, die mir wildfremde Männer auf der Straße zuriefen, sie wollten »an meinen Titten lutschen« – das fing schon in meiner Kindheit an. Die unzähligen Situationen, in denen jemand auf der Straße oder in öffentlichen Verkehrsmitteln in meinem Beisein masturbierte oder sich entblößte – auch das erlebte ich schon als Kind. Die vielen Kerle, die mir bei einem Rave im Vorbeigehen an den Hintern fassten oder sich in der U-Bahn an mich pressten. Die Jungs, die mir in der Schule an die Brüste grapschten und darüber lachten. Die Chats auf Dating-Apps, die mit vulgären Forderungen an meinen Körper begannen. Die Momente, in denen ich mir im Bett etwas gefallen ließ, das mir wehtat, weil ich gewollt werden wollte. Die zahllosen Stunden, in denen ich mich unter Schmerzen wachste oder in unbequemen High Heels herumlief, um so auszusehen, wie es meiner Meinung nach auf Männer attraktiv wirkte. Die Situationen, in denen mich jemand eingeschüchtert oder verängstigt hat, der mir eigentlich Geborgenheit schenken sollte.

Für all das gab ich mir selbst die Schuld. Ich ging im Prinzip davon aus, dass ich eben Pech hatte und irgendetwas an mir die Männer dazu veranlasste, mir unglaublich miese Sachen zu sagen oder anzutun.

Dass es an meiner Ausstrahlung liegen könnte, dass Männer mich als sexuelles Objekt sahen.

Ich suchte bei mir selbst nach Gründen dafür, wieso ich mieses Verhalten anzog – doch dadurch sank mein Selbstwertgefühl, sodass ich mir noch mehr von Männern gefallen ließ, weil ich meinte, es nicht besser verdient zu haben. Zudem habe ich Fehlverhalten verharmlost; mir war klar, dass manches vielen Mädchen passiert, zum Beispiel, dass sie in der Schule begrapscht werden. Deshalb habe ich nicht entsetzt reagiert, wenn mir ein Junge unter den Rock fasste, sondern hielt das für normal, für einen Spaß, den man eben hinnehmen muss.

Mir war nicht klar, dass all das nur an meinem Geschlecht lag.

Ich sah keinerlei Zusammenhang zu Frauenfeindlichkeit. In meiner Jugend galt das Klischee, dass Jungs fies zu den Mädchen sind, die sie mögen, während den Jungs eingeredet wurde, dass Mädchen sich gerne zieren und man deshalb nicht lockerlassen sollte, auch wenn sie angeblich kein Interesse haben. Außerdem galten Mädchen als

»reifer«, sodass Jungen für ihr Verhalten nicht zur Rechenschaft gezogen wurden, sondern alle Verantwortung an den Mädchen hängen blieb.

Diese Erfahrungen mit Männern hatten auch zur Folge, dass ich andere Frauen nicht ausstehen konnte, weil ich sie als Konkurrenz betrachtete. Ich war ein »Pick-Me-Girl«, eine frauenfeindliche Frau. Solche Frauen wollen die Aufmerksamkeit der Männer auf sich ziehen und mit sexistischen Bemerkungen deutlich machen, dass sie anderen Mädchen überlegen sind. Damit sagen sie »Pick me!«, also »Nimm mich!«. »Pick-Me-Girls« fügen sich in das patriarchalische Idealbild einer Frau, obwohl das nicht ihrem wahren Wesen entspricht. Sie sehen andere Frauen als Gegnerinnen und misstrauen ihnen. Aus mangelndem Selbstbewusstsein wollen sie andere Frauen ausstechen, indem sie die starren Geschlechternormen frauenfeindlicher Männer erfüllen – zum Beispiel das Klischee von der stillen, unterwürfigen Ehefrau. Es gibt Frauen, die sich aus freien Stücken unterordnen, dabei aber die Entscheidungen anderer Frauen respektieren; ein Pick-Me-Girl dagegen kompromittiert die eigenen Bedürfnisse, um Männern zu gefallen, und lässt dafür andere Frauen über die Klinge springen. Wenn eine Promi-Frau, die von ihrem Partner betrogen wurde, auf Insta sexy Bilder postet, üben die »Pick-Mes« in den Kommentaren harsche Kritik: »Ganz ehrlich, vielleicht ist er fremdgegangen, weil sie zu viel feiert und sich sexy präsentiert!«

Genau so verhielt ich mich früher, weil ich wollte, dass Männer mich begehrten. Ihre Anerkennung war mir sehr wichtig. Jetzt bin ich stolz darauf, so zu sein wie andere Frauen, weil ich weiß, dass wir alle im gleichen Boot sitzen.

Millionen von Frauen auf der ganzen Welt werden bestätigen, dass sie noch ein Kind waren, als ihnen der Blick eines Mannes zum ersten Mal das Gefühl gab, ein sexuelles Objekt zu sein. Ich erinnere mich genau, wie meine Mutter, damals 42 Jahre alt, einer Freundin erzählte, dass ihr niemand mehr hinterherschaute oder nachpfiff, wenn sie mit mir unterwegs war, weil die Männer nur noch Augen für mich hätten. Ich war zwölf. Ich weiß noch, dass ich mit fünfzehn nicht die Straße entlanggehen konnte, ohne von Männern in Autos angequatscht zu werden. Sie rollten langsam neben mir her wie auf dem Straßenstrich.

Natürlich machen nicht alle Mädchen solche Erfahrungen, aber die meisten Frauen haben irgendwann im Leben mit widerlichem männlichen Verhalten zu tun. Wir wachsen alle mit denselben kulturellen Narrativen auf – dass Frauen selbst schuld sind, wenn Männer ihnen etwas Schlimmes antun. Dass wir Männer brauchen, die uns beschützen, obwohl wir uns eigentlich nur vor Männern schützen müssen. Dass wir ein bestimmtes Aussehen und Verhalten zeigen müssen, um für Männer attraktiv zu sein, und dass wir ohne sie im Leben scheitern werden, weil uns niemand heiraten und Babys schenken und beschützen wird. Wie oft habe ich gehört, wenn ich einen Mann finden wolle, solle ich mir meine Intelligenz nicht anmerken lassen; ich solle weniger fluchen und nicht nach Erfolg streben, weil das Männer abschrecken könne. Ich solle betonen, dass ich kochen kann und ins Fitnessstudio gehe, aber lieber nicht genau verraten, mit wie vielen Männern ich geschlafen habe. So geht es uns allen. Und während wir all das hören, erleben wir etwas anderes. Wie bereits erwähnt, sind die meisten Mädchen noch unfassbar jung, wenn die Männer erstmals Interesse an ihnen zeigen – sei es durch Rufe, Pfiffe, unanständige Kommentare oder Betatschen in der Schule. All das kommt uns nicht richtig vor, aber es ist so allgegenwärtig und gilt als »Spaß«, als etwas, das Mädchen nun mal erleben, deshalb wissen wir nicht, dass wir uns dagegen wehren dürfen. Mit der Zeit sehen wir solche Erlebnisse als Bestätigung. Wenn wir dann erwachsen sind, geht es genauso weiter. In Zeitschriften und Videos werden Frauen meist extrem sexualisiert dargestellt, die Pornokultur ist allgegenwärtig: Wir lernen, dass wir sexy sein müssen, um die Aufmerksamkeit der Männer auf uns zu ziehen. Männer sagen uns, wie begehrenswert wir sind, um uns ins Bett zu kriegen, und wenn wir das einsetzen, was sie an uns besonders schätzen, werden wir dafür verurteilt und schlechtgemacht.

Der Hure-oder-Heilige-Komplex ist oftmals traurige Realität.

Viele Männer können eine Frau nicht als komplexes menschliches Wesen sehen, das nicht nur eine ebenbürtige Partnerin und potenzielle Mutter ist, sondern auch Sex liebt; es gibt nur entweder/oder.

Die »Hure« wird begehrt, aber nicht respektiert, weil sie nicht kontrolliert werden kann und von anderen Männern »befleckt« wurde. Die Jungfrau wird respektiert, weil sie als »rein« gilt.

Für Frauen liegt die Messlatte ungeheuer hoch. Wir lernen, dass wir all diesen Idealen entsprechen müssen, damit Männer uns attraktiv finden – Männer, die sich seit jeher so konsequent mies verhalten, dass die Messlatte für Dates und Beziehungen für sie quasi am Boden liegt. Wie oft haben wir einen Kerl dafür gelobt, dass er uns beim ersten Date noch nicht angefasst hat? Als ob man ein vornehmer Gentleman wäre, wenn man seine Finger bei sich behält! Oder wir haben begeistert unsere Freundinnen angerufen und verkündet, wir hätten den Mann fürs Leben gefunden, nur weil ihm wichtig war, dass wir den Sex genossen und vor ihm kommen konnten. *Das sollte normal sein.* Wenn jemand erfährt, dass ich alleinerziehend bin, folgt meist die Frage, ob der Vater sich kümmert, und wenn ich das bestätige, höre ich fast immer, wie toll das ist. Ich selbst dagegen werde nie dafür gelobt, dass ich meinen Sohn großziehe. Von Müttern wird das erwartet, sie bekommen dafür keine Anerkennung, aber wenn ein Mann mit seinen Kindern jeden zweiten Sonntag zu McDonald's geht, hat er einen Orden verdient? Von wegen. Selbst in Familien, die zusammenleben, erntet der Vater Lob, wenn er die eigenen Kinder »hütet« oder »im Haushalt hilft«. Nicht einmal in Bezug auf Kleidung und äußere Erscheinung müssen Männer hohe Erwartungen erfüllen. Wir Frauen tragen unbequeme Schuhe oder Klamotten, zwängen uns in Dessous oder lassen extreme kosmetische Behandlungen über uns ergehen – für Männer in gemütlichen Pullis und ausgelatschten Turnschuhen. Das passt alles nicht zusammen.

In ihrem fesselnden, aufschlussreichen Buch *Everyday Sexism* erklärt Laura Bates, dass uns die Medien heimtückische Botschaften über Frauen und Mädchen vermitteln, die die gesellschaftliche Einstellung prägen und uns damit gewaltig beeinflussen. Als Beispiel nennt sie eine Diskussion, die 2015 im Frühstücksfernsehen auf dem Sender ITV geführt wurde und sich darum drehte, ob Frauen, die im betrunkenen Zustand flirten, selbst schuld sind, wenn es zu Übergriffen kommt. Oder einen Gastkommentar in der Fernsehsendung *The Wright Stuff*, in dem es darum ging, ob es »nur Spaß« sei, wenn ein Mann einer Frau im Nachtclub in den Hintern kneift – eine Reaktion auf die Forderung von Aktivistinnen, dass Männer, die Frauen betatschen, aus Nachtclubs verbannt werden sollten. Eine prominente Teilnehmerin der Diskussionsrunde befand Betatschen im Nachtclub als »harmlos« und führte es darauf zurück, dass Frauen in Clubs heutzutage oft sehr leicht bekleidet sind. Für einen sexuellen Übergriff ist stets nur ein einziger Mensch verantwortlich, und zwar der, der übergriffig wird – dennoch verbreiten unsere Mainstream-Medien ein Narrativ, das etwas anderes suggeriert.

Für mich war es eine Offenbarung, als ich im Studium der Sozialen Arbeit allmählich erkannte, dass es sich dabei um ein systemisches Problem handelt. Ich erfuhr aus erster Hand, wie unendlich viele Frauen und Kinder genau das Gleiche durchmachten wie ich – und noch viel Schlimmeres. Ich sah, wie Frauen jeden Alters, jeder Gesellschaftsschicht und jeder ethnischen Zugehörigkeit auf die unterschiedlichste Weise unter Männern zu leiden hatten – und dass die Frauen mit solchen Erlebnissen ganz unterschiedlich umgingen. Gleichzeitig lernte ich über Feminismus und las Bücher von Frauen wie der renommierten Schwarzen feministischen Schriftstellerin bell hooks und der Autorin und Journalistin Naomi Wolf. Schnell durchschaute ich die Zusammenhänge und begriff, dass Sexismus und Unterdrückung gesellschaftliche Probleme sind und ich Opfer der gesellschaftlichen Verhältnisse war. Mir wurde klar, dass nicht ich dafür verantwortlich war, sondern das Patriarchat. Dass es sich nicht um ein persönliches Problem handelte, sondern um ein systemisches und dass jeder Mensch – auch Männer – aufgrund seiner Klasse, seiner ethnischen Zugehörigkeit oder seiner Herkunft in unterschiedlichem Maße davon betroffen ist. »Das Patriarchat ist so konzipiert, dass es in erster Linie Männer und in zweiter Linie weiße Frauen unterstützt«, erklärt die Schauspielerin, Regisseurin und Geschäftsfrau Kelechi Okafor. »Für Schwarze Frauen war in diesem Narrativ noch nie Platz. So zum Beispiel in Liebesfilmen – das Schwarze Mädchen ist immer die beste Freundin, nie das Objekt der Begierde. Schwarze Frauen gelten als stark und unabhängig und verdienen daher weder Liebe noch Schutz.« Das ist *»Misogynoir«* – dieser Begriff wurde von Moya Bailey geprägt und meint Sexismus, der sich gegen Schwarze Frauen richtet. Auch in anderen Kulturen ist das zu beobachten – so gelten asiatische Frauen als unterwürfig und übermäßig sexualisiert, während manche muslimische Frauen durch bestimmte, eher frauen-

Mir wurde klar,
DASS NICHT ICH
dafür verantwortlich war,
sondern das
Patriarchat.

feindliche Aspekte ihrer Kultur manipuliert werden, »während sie gleichzeitig eine sehr spezifische Art von Islamophobie und Kontrolle seitens weißer Frauen erfahren, die Burkas oder Hijabs unter dem Deckmantel des Feminismus bekämpfen wollen«, so Munira von @muslimsexeducation auf Instagram. Auch die soziale Herkunft spielt eine große Rolle: Im Missbrauchsskandal von Rochdale wurden die betroffenen Mädchen – hauptsächlich Weiße aus der Arbeiterklasse – von allen, die sie hätten beschützen sollen, im Stich gelassen, weil sie als wertlos galten. Man ging davon aus, dass Mädchen aus der Arbeiterklasse bestimmte Verhaltensweisen zeigen und sich ihr Schicksal selbst zuzuschreiben haben. Alle Frauen sind aufgrund ihres Geschlechts von männlicher Gewalt bedroht, doch Faktoren wie ethnische Zugehörigkeit, soziale Herkunft, Sexualität und Behinderung erhöhen das Risiko und reduzieren die Möglichkeit, Schutz zu erfahren.

Vergewaltigung, sexuelle Nötigung und Gewalt gegen Frauen und Mädchen sind überall auf der Welt ein erwiesenes, anerkanntes Problem, und in den meisten Ländern gibt es bestimmte Strategien, um gegen dieses Problem anzugehen. Die Weltgesundheitsorganisation (WHO) sieht in diesen Formen von Gewalt ein erhebliches Problem der öffentlichen Gesundheit. Statistiken und Beweislage zeigen, dass für Frauen die Gefahr besteht, körperliche und sexuelle Gewalt durch Männer sowie häusliche Tötungsdelikte zu erleben, und dass dieses Problem auf Frauenfeindlichkeit, das Patriarchat, männliche Privilegien, toxische Männlichkeit, Geschlechterrollen sowie die Überzeugung vieler Männer zurückgeht, sie könnten über eine Frau und ihren Körper frei verfügen. Gemeinhin spricht man in diesem Zusammenhang von »Gewalt gegen Frauen«, doch dieser Begriff lässt außen vor, dass diese Gewalt von Männern verübt wird – richtiger wäre es deshalb, von *männlicher* Gewalt gegen Frauen zu sprechen.

Wenn »Gary« die Ehre der Männer verteidigen will, indem er in einem Gespräch über Vergewaltigung oder häusliche Gewalt betont, dass nicht alle Männer auf der Welt eine Gefahr für Frauen sind, macht er sich damit lächerlich.

Es ist sonnenklar, dass nicht *alle* Männer so sind, aber es sind immerhin so viele, dass Regierungen in aller Welt umfassende Strategien und Arbeitsgruppen einführen, die das Problem angehen sollen. Es sind immerhin so viele, dass 97 Prozent der Frauen schon einmal sexuelle Belästigung erlebt haben. Es sind immerhin so viele, dass allein in England und Wales jede Woche zwei Frauen von ihrem Partner oder Ex-Partner ermordet werden. Es sind so viele, dass eine von drei Frauen in ihrem Leben häusliche Gewalt erlebt. Es sind so viele, dass alle sechs Minuten eine Frau vergewaltigt wird. Bei 90 Prozent der sexuellen Übergriffe kennt der Mann die Frau, der er etwas antut – es sind also so viele, dass wir uns vor den Männern, die uns am nächsten stehen, in Acht nehmen müssen. Es sind zu viele Männer. Natürlich werden auch Männer Opfer von häuslicher Gewalt, aber bei sexueller Gewalt und Mord ist der Unterschied gewaltig. Wenn Gary also sagt: »Und die Männer? Uns trifft es auch«, dann sind die Fakten unbestechlich: Wir Frauen töten und vergewaltigen Männer einfach nicht in epidemischem Ausmaß.

Kürzlich habe ich auf meiner Seite ein paar Umfragen durchgeführt, an denen fast 10 000 Frauen teilgenommen haben (2 Prozent der Teilnehmenden waren Männer). 65 Prozent sagten, sie seien schon einmal sexuell belästigt worden, aber 91 Prozent wurden nach eigenen Angaben schon einmal in der Öffentlichkeit sexuell betatscht, zum Beispiel in einer Bar oder auf einem Festival. Das ist ein Unterschied von 26 Prozent – für ein Viertel der Teilnehmenden war Betatschen also so normal, dass sie es nicht als sexuellen Übergriff betrachteten. 79 Prozent sagten, auf der weiterführenden Schule sei es üblich gewesen, dass Jungen Mädchen sexuell berührten (zum Beispiel an den BH-Trägern zogen, auf den Hintern schlugen und dergleichen) und dass das allgemein als Spaß galt – oder als etwas, das Mädchen nun einmal passiert.

In ihrem Buch *Misjustice: How British Law is Failing Women* erklärt die Staatsanwältin Helena Kennedy:

> *Das Gesetz spiegelt die Gesellschaft mit all ihren Fehlern, und deshalb spiegelt es auch heute noch, dass Frauen weniger wichtig und weniger wert sind … Das Gesetz hat Symbolwirkung und entscheidenden Anteil daran, was uns als richtig und natürlich gilt. Wenn die Männer des Gesetzes sagen, dass eine spärlich bekleidete oder betrunkene Frau oder eine Frau, die auf Tinder Kontakt zu Männern knüpft, an ihrem Schicksal selbst schuld ist, sieht sich der Mann auf der Straße in seiner Ansicht bestätigt. Das Gesetz konstruiert Überzeugungen zu Männer- und Frauenrollen zu Hause und am Arbeitsplatz, die sich auf die allgemeine Einstellung zu Frauen auswirken.*

Diese Einstellung ist in den sozialen Medien allgegenwärtig und zeigt sich in den Kommentaren zu Meldungen über Vergewaltigungen oder sexuelle Übergriffe. Erschreckend viele Männer äußern dort die Ansicht, dass die Frau wahrscheinlich lügt und gar nicht vergewaltigt wurde – dabei ist das Risiko einer Vergewaltigung durch einen anderen Mann für Männer 230 Mal höher als die Wahrscheinlichkeit, fälschlicherweise der Vergewaltigung bezichtigt zu werden. Unter der Meldung, dass ein Fußballer wegen Vergewaltigung angezeigt wurde, nachdem sich eine Frau um 4 Uhr morgens über eine Dating-App mit ihm verabredet hatte, war folgender Kommentar einer Frau zu lesen: »Was hat sie denn erwartet, als sie um 4 Uhr morgens zu ihm nach Hause ging? Eine Pyjamaparty? Wer nicht vergewaltigt werden will, sollte sich nicht in solche Situationen begeben« (perfektes Beispiel für »Pick-Me«-Verhalten). Diese Ansicht teilen auch viele Richter, und das trägt dazu bei, dass es bei Vergewaltigungen und sexueller Nötigung so selten zum Schuldspruch kommt. Frauen und Mädchen sehen das. Wir sehen, wie das Gesetz funktioniert. Wir sehen, was andere über Frauen denken, denen Männer etwas angetan haben, verinnerlichen es von klein auf und betrachten es als normal. Wir bemühen uns nicht um Schutz und Gerechtigkeit, weil uns das nur sehr selten gewährt wird – das gilt umso mehr, wenn wir nicht weiß sind.

Als heterosexuelle Frau kann man nicht ausschließen, dass man bei einem Date an jemanden gerät, der zu diesen katastrophalen Zuständen beiträgt, sie duldet oder gar direkt verursacht. Wenn man das erkennt, geht einem ein Licht auf – zumindest war es bei mir so. Bei der Arbeit hatte ich tagtäglich mit den Folgen von Frauenfeindlichkeit und Misogynoir zu kämpfen. Tag für Tag ging es um häusliche Gewalt, sexuellen Missbrauch und Ausbeutung. Aber ich war so naiv, dass ich meine privaten Erfahrungen mit Männern nicht in den größeren Kontext des Sexismus einordnen konnte. Zum Beispiel, dass ich Nacktfotos schicken sollte und niedergemacht oder verhöhnt wurde, wenn ich dazu nicht bereit war. Oder dass ich mit der Aussicht auf eine langfristige Beziehung ins Bett gelockt wurde, sich dieses Versprechen aber nach dem Sex in Luft auflöste.

**Dieses Gefühl, wenn man sich eigentlich sicher ist,
dass man etwas nicht will, aber denkt,
man sollte es vielleicht trotzdem tun, weil man fürchtet,
sonst seine Gefühle zu verletzen, ihn zu enttäuschen,
ihn zu kränken oder ihn wütend zu machen.**

AUCH WIR

TRAGEN

ZU DIESEM

TEUFELSKREIS

BEI, WENN WIR

MÄNNER DATEN,

DIE SOLCHEN

DRECK

VERBREITEN.

So viele von uns haben solche beängstigenden Situationen mit einem Menschen erlebt, bei dem wir uns eigentlich sicher fühlten. Wir wollen nicht verbal oder körperlich angegriffen werden und nicht aus seiner Wohnung flüchten müssen. Wir fürchten, dass wir selbst schuld sind, denn so lautet das Narrativ: Wir haben den Kerl verführt, wir haben ihn »scharfgemacht« und können jetzt keinen Rückzieher mehr machen.

Die von Tarana Burke ins Leben gerufene #MeToo-Bewegung hat das Thema Macht und Ausbeutung in die Öffentlichkeit gerückt und vielen Frauen gezeigt, dass sie nicht allein sind. Sie hat Frauen gestärkt und uns den Mut gegeben, uns zu äußern. Dank #MeToo hat eine phänomenale Anzahl von Frauen ihre Geschichte erzählt. Das hat eine neue Generation von Feministinnen dazu inspiriert, den Kampf aufzunehmen, doch gleichzeitig gab es auch eine Gegenreaktion von Männern, die sich verteidigen wollen. In den sozialen Medien ist als »Spaß« getarnte Frauenfeindlichkeit allgegenwärtig. Auf jede Frau, die sich in einer von #MeToo inspirierten Geschichte wiederfindet und so erkennt, dass ihre Erlebnisse nicht ihre Schuld sind, kommt ein Post mit toxischem Slut-Shaming, der einer 14-Jährigen, die gerade betatscht wurde, vermittelt, sie hätte sich das selbst zuzuschreiben, während Jungs den Eindruck gewinnen, es sei »nur Spaß«, wenn sie Mädchen anfassen, obwohl die das nicht wollen. Auch wir tragen zu diesem Teufelskreis bei, wenn wir Männer daten, die solchen Dreck verbreiten.

Ich möchte ganz deutlich machen, dass ich Frauen keineswegs für das Verhalten von Männern verantwortlich mache. Wenn wir es jedoch tolerieren, lassen wir zu, dass es weiter um sich greift.

Wenn wir Männer mit sexistischen Ansichten daten, ist das so, als würde sich jemand aus einer marginalisierten Gruppe mit einem Faschisten treffen. Gefährlich und toxisch.

Das leuchtet uns sofort ein, doch es ist genauso lächerlich und gefährlich, wenn wir uns auf Männer einlassen, die auf Frauen herabblicken, die Frauen als Schlampen beschimpfen, wenn sie ein Verhalten zeigen, für das Männer gelobt werden, oder die in sozialen Medien Vergewaltigungswitze posten. Warum fällt es uns so viel schwerer, das zu durchschauen? Viele Frauen daten Männer mit (unterschiedlich stark ausgeprägten) sexistischen Ansichten, und oft passen wir uns diesen Ansichten unbewusst an. Wir geben uns als die Frau, die er haben will, und nicht als die Frau, die wir sind.

Dabei sind wir tief in unserem Inneren zumeist eine tolle Frau, und wenn wir das nicht zeigen, um einem Idioten zu gefallen, der sich nur wegen seines Geschlechts überlegen fühlt, beleidigen wir damit die Vagina unserer Mutter. Sie hat die schmerzhafte Geburt nicht durchgemacht, damit wir uns für irgendeinen Schwachkopf kleiner machen, als wir sind. Damit ist ab sofort Schluss.

Der Feminismus ist entstanden, um die Gleichberechtigung der Frau zu erkämpfen. Feminismus hat jedoch nur dann einen Wert, wenn er intersektional ist (diesen Begriff hat Kimberlé Williams Crenshaw geprägt) und alle einschließt, die sich als Frau identifizieren. Viele bezeichnen sich ungern als feministisch, sondern erklären, dass sie an Gleichberechtigung glauben, denn Feminismus ist heutzutage in Verruf geraten, weil ihm unterstellt wird, er wolle die Männer den Frauen unterordnen. Das stimmt jedoch nicht. Manche Frauen lehnen den Begriff auch ab, um die Männer nicht zu verschrecken, die sich unter einer Feministin eine Männerhasserin vorstellen, die ihren BH verbrennt. Auch das ist nicht wahr. Man kann Feministin sein, ohne sich einer bestimmten feministischen Strömung anzuschließen. Man kann Rough Sex genießen und seinen Mann verwöhnen und trotzdem Feministin sein – solange man all das tut, weil man es möchte, und nicht, weil man meint, man müsse es tun. Man kann für Gleichberechtigung kämpfen, muss deshalb aber nicht nach in Stein gemeißelten Prinzipien des Feminismus leben. Und man kann ohne Weiteres Feministin sein und Männer lieben – Feminismus bedeutet, auch für Männer eine bessere Lebenswirklichkeit anzustreben.

Feminismus ist für mich die Überzeugung, dass Frauen genauso frei leben können sollten wie Männer, ohne dass unsere Rechte durch Gesetze, Systeme oder gefährliche Männer eingeschränkt werden.

Andererseits ist es nicht schlimm, wenn man sich nicht als Feministin bezeichnen möchte – solange man anerkennt, dass Frauen eine politische Bewegung brauchen, die sich für Gleichberechtigung einsetzt. Wer dem zustimmt, kann seine Einstellung nennen, wie er will. Dates mit Männern, die nicht finden, dass Frauen die gleichen Rechte zustehen, sind extrem problematisch. Allerdings haben sich die allermeisten von uns vermutlich schon mit einem Mann getroffen, der negative Ansichten über Frauen hatte, ohne sich über die Konsequenzen Gedanken zu machen, und das muss ein Ende haben. Wenn wir Männer ausschließen, die Frauen insgeheim für minderwertig hal-

ten, sinkt leider die Wahrscheinlichkeit, dass es überhaupt zu einem Date kommt. Auf Tinder und dergleichen lässt sich leicht eine Vorauswahl treffen, indem man Männer bereits zu Beginn einer Unterhaltung nach ihrer Meinung zum Feminismus fragt.

All das soll uns nicht in Schrecken versetzen – es gibt uns die Kraft zu durchschauen, was uns bei der Partnersuche begegnen könnte. Heterosexualität mag manchmal wie ein Fluch erscheinen (das soll nicht heißen, dass man es als LGBTQI+ leichter hat), aber wir können den Fluch besiegen, wenn wir uns nicht mehr mit weniger zufriedengeben, als wir wert sind, und uns klarmachen, dass nicht wir das Problem sind, sondern die Frauenfeindlichkeit. Wenn wir das begreifen, erkennen wir nicht nur, dass wir etwas Besseres verdient haben, sondern auch, dass unsere Schwierigkeiten nicht auf unser Verhalten zurückgehen. Für das ganze Drama, das ich in diesem Kapitel behandelt habe – die deprimierende Geschichte der männlichen Unzulänglichkeiten und was das für die Partnersuche bedeutet –, sind definitiv nicht wir Frauen verantwortlich, sondern die Männer. Wenn wir Anzeichen von Frauenfeindlichkeit und Sexismus früh erkennen, können wir uns besser vor kontrollierenden und missbräuchlichen Beziehungen schützen. Wir dürfen nicht unterschätzen, wie eng geschlechtsspezifische Gewalt und Missbrauch zusammenhängen, deshalb muss es schon beim kleinsten Anzeichen von Gewalt heißen: blockieren, löschen, abhaken.

Kapitel 2

Als Single das Leben feiern

Ich bin 29 und schon lange Single. Seit Jahren bin ich immer mal wieder auf Dating-Apps unterwegs, aber irgendwie finde ich keinen Mann, der eine Beziehung will. Ich weiß nicht, was ich falsch mache. Liegt es an mir? Ich möchte unbedingt jemanden fürs Leben finden, und das macht mich unglücklich, zumal meine Verwandten ständig fragen, warum ich noch allein bin. Sie geben mir das Gefühl, dass mir die Zeit davonläuft.

Ich hasse es, wenn man mich fragt, warum ich Single bin. Ich wurde als Single geboren, und wenn man sich anschaut, mit was für Männern man sich auf Dating-Sites herumschlagen muss, ist das sicher verständlich. Auch die Konnotationen, die mit dem Wort »Single« einhergehen, ärgern mich – es wird suggeriert, dass man ohne romantischen Partner allein ist –, und Begriffe wie »sein Glück finden« ärgern mich noch mehr, weil man auch ohne Partner rundherum glücklich sein kann. Wer in einer Beziehung lebt, wird niemals gefragt: »Warum hast du einen Partner?« Seltsamerweise geht alle Welt davon aus, dass eine Beziehung in jedem Fall besser ist als keine Beziehung.

Von Paaren erwarten wir keine Begründung für ihren Status – wieso dann von Singles?

Immerhin ist das eine heikle Frage, die durchaus Triggerwirkung haben kann. Muss man wirklich erklären, dass man Single ist, weil man durch eine missbräuchliche Beziehung traumatisiert wurde? Oder weil alle, die man kennenlernt, nur Sex wollen? Oder immer schon nach dem zweiten Date verschwinden? Oder weil man Schwierigkeiten damit hat, jemandem zu vertrauen? All das sind mögliche Gründe, und dass manche Leute überhaupt danach fragen, ist ehrlich gesagt anmaßend und unverschämt.

»Warum bist du Single?« Manchmal lautet die Antwort einfach: »Ich bin gern allein, ich weiß, was ich wert bin, und ich warte auf jemanden, der hundertprozentig zu mir passt, deshalb gehe ich keine Kompromisse ein, um mit jemandem, der nicht ganz der Richtige ist, etwas zu erzwingen.« Manchmal lautet die Antwort auch: »Das Single-Dasein ist für mich kein Nachteil, deshalb habe ich keine Eile.« Es ist in Ordnung, Single zu sein, weil man eben Single ist, auch wenn das für immer so bleibt. Allerdings kann es manchmal schwierig sein, vor allem, wenn alle Freundinnen und Freunde Beziehungen führen und man selbst der ewige Single ist. Oder wenn Männer auf Dating-Apps fragen: »Was macht eine Frau wie du in so einer App?«, als würde mit dir etwas nicht stimmen, weil du die Liebe deines Lebens noch nicht gefunden hast.

Ich weiß noch, wie ich anfing, mich für Jungs zu interessieren. Im Grunde galt das Interesse damals gar nicht den Jungs, sondern ich hatte so oft Filme wie *Grease, Dirty Dancing, Heartbreak High* und *Arielle* gesehen, dass für mich der nächste logische Schritt im Leben darin bestand, dass mich ein Junge auserwählte, damit wir heiraten und Babys bekommen konnten (mit elf Jahren). Kleine Mädchen wollen oft heiraten; sie träumen schon früh von der Hochzeit. Aber kennst du einen Jungen, der von der Ehe träumt? Kein Wunder, dass es mir schmeichelte, als Jungs und ältere Männer sich allmählich für mich interessierten. Auf der weiterführenden Schule war es eine große Sache, ob man einen Freund hatte oder eine Valentinskarte bekam, denn dann war man beliebt. Wer bei den Jungs gut ankam, war auch bei den Mädchen gefragt, folglich war es erstrebenswert, immer eine Beziehung zu haben – obwohl das nur bedeutete, dass man Mixtapes austauschte, stundenlang miteinander telefonierte und nach der Schule übertrieben wild mit Zunge knutschte.

Als junge Erwachsene war mein Wunsch nach einem festen Freund stärker als der Wunsch, zu studieren, eine anständige Karriere anzustreben oder mich auf meine Ziele zu konzentrieren. Ehrlich gesagt hatten all meine Ziele mit Jungs zu tun, kein einziges damit, etwas aus meinem Leben zu machen – außer einen Mann zu finden, mit dem ich es teilen konnte. Meine Freizeit verbrachte ich zum Großteil damit, an meinem Aussehen zu arbeiten, um auf Männer so attraktiv wie möglich zu wirken. Männliche Aufmerksamkeit gab mir ein gutes Gefühl, und die Gesellschaft sagte mir, dass mein Wert davon abhing, ob mich ein Mann auswählte. Für mich stand fest, dass ohne Freund in meinem Leben etwas fehlte, deshalb wollte ich immer einen haben.

In meiner Teenie-Zeit in den 1990er Jahren gab es leider keine positiven feministischen Berichte in den sozialen Medien, die uns verrieten, dass ein Leben als Single in Ordnung ist, es gab keine Tweets, die die Bedeutung der Selbstliebe betonten, und bei Problemen konnten wir nicht Google um Rat fragen. Wir hatten nur die Popkultur, die uns vermittelte, dass Liebe, Sex und Ehe das Wichtigste auf der ganzen Welt waren und dass wir vermutlich zu hässlich aussahen oder uns zu dumm anstellten, wenn wir all das nicht hatten. *Sex and the City* hat mich sehr geprägt. Ich liebte die Serie, und sie verherrlichte das Single-Dasein (solange man unablässig datet). In einer Folge sagt Charlotte: »Vielleicht sind unsere Freundinnen unsere Seelenverwandten und Männer einfach Menschen, mit denen man Spaß haben kann«, und das sprach mir aus der Seele. Aber genau wie bei mir und meinen damaligen Freundinnen drehte sich bei den Frauen in *SATC* jedes Gespräch um die Männer, mit denen sie Spaß hatten. Und oft war dieser »Spaß« gar nicht so spaßig, sondern vielmehr ständiger Stress. Stress, ob sie uns mochten, Stress, ob sie uns anrufen würden, Stress, ob sie sich mit anderen Frauen trafen, Stress wegen des Älterwerdens, der Pfunde auf der Waage und der Sorge, dass Männer uns deshalb weniger attraktiv finden könnten.

Das Single-Dasein wirkte niemals angenehm und befreiend, sondern wie ein Makel.

Fast alle Mädchen, die ich kannte, waren ständig auf der Suche nach einem Mann. Eine Party oder ein Kneipenbesuch, bei dem ich keine geeigneten Männer traf, empfand ich als Zeitverschwendung. Für mich war ein Abend als Single nur dann erfolgreich, wenn ich eine Telefonnummer ergatterte. Ich konnte nicht selbst für mein Selbstwertgefühl sorgen, sondern war dazu ganz auf männliche Aufmerksamkeit angewiesen. Folglich fühlte ich mich als Single immer wertlos. Heute ist mir klar, dass dabei auch Co-Abhängigkeit zum Tragen kam, aber darauf werde ich in Kapitel 3 näher eingehen.

Ich sah mich dazu gedrängt, einen Partner zu suchen, weil ich mir die Ansicht der Gesellschaft zu eigen gemacht hatte und glaubte, man könne nur dann eine tolle Frau sein, wenn man einen tollen Mann an seiner Seite hat (mein altes Ich ist zum Kotzen). Viele Frauen haben jedoch andere Gründe, sich eine Beziehung zu wünschen. Vor allem die Einsamkeit ist oft schwierig. Sie ist eher ein Gefühl als ein tatsächlicher physischer Zustand – wer sich nicht gesehen, nicht gehört oder nicht verstanden fühlt, ist oft selbst im Kreis von Freunden einsam. Unsere Einsamkeit ist oft dann besonders groß, wenn wir das Gefühl haben, dass die Menschen in unserem Umfeld nicht verstehen, was wir durchmachen. Man kann also von vielen Leuten umgeben sein und sich trotzdem schrecklich einsam vorkommen. Umgekehrt kann man ganze Wochenenden allein verbringen und sich überhaupt nicht einsam fühlen. Wenn man das Single-Leben jedoch als schlimm empfindet und sich in den Kopf gesetzt hat, dass im eigenen Leben nur ein Partner fehlt, wird man am Samstagabend unweigerlich Einsamkeit verspüren, wenn alle Freundinnen mit ihren Partnern unterwegs sind oder wenn man in einer geselligen Runde der einzige Single ist. Dabei ist es gut möglich, dass sich deine Freundin an der Seite ihres Mannes einsamer fühlt als alle anderen – vielleicht hat sie gerade die dritte Fehlgeburt hinter sich und meint, dass niemand sie versteht; vielleicht leidet sie darunter, dass der Verlust ihren Mann offenbar weniger getroffen hat als sie selbst. Das kann man nicht wissen. Wichtig ist die Erkenntnis, dass eine romantische Beziehung kein Allheilmittel gegen Einsamkeit ist. In den meisten Fällen ist es sogar besser, sich einen Hund oder eine Katze zuzulegen als einen Freund. Wenn du einsam bist, wende dich an eine Beratungsstelle, an eine Online-Gruppe für einsame Menschen oder an Freundinnen und Freunde. Sprich darüber. Gezielte Hilfe ist bei Einsamkeit viel sinnvoller als der Versuch, jemanden zu finden, der das Gefühl der Leere abstellt.

In den meisten Gesellschaften gilt es als selbstverständlich, dass die Frau dazu berufen ist, Mutter und Ehefrau zu werden. Viele Mädchen werden in dem Bewusstsein erzogen, dass ein anderer Lebensweg Schande über ihre Familie bringen würde. Frauen werden von Angehörigen oft mit Fragen gelöchert, warum sie keinen Partner haben, und unter Druck gesetzt, damit sie nicht zum »Ladenhüter« werden. Solche Äußerungen unterstreichen, welche Macht den Männern in Beziehungsfragen zugesprochen wird: Wir Frauen müssen darauf hoffen, dass uns jemand auswählt, während wir an Attraktivität einbüßen, je länger wir im Schaufenster stehen.

Auf der ganzen Welt graust es jungen Frauen vor Familientreffen, bei denen sie sich vor Großmüttern und Tanten für ihren Single-Status rechtfertigen müssen und ungefragt Tipps bekommen, wie sie für potenzielle Ehemänner attraktiver werden könnten (zum Beispiel, indem sie sich kleiner machen, als sie sind, damit der Partner sich nicht schlecht fühlt; abnehmen, um ansehnlicher zu wirken; sich leiser und braver geben, um nicht »laut und nervig« zu wirken). Junge Männer werden nur selten mit solchen Ratschlägen bedacht. Wie oft man auch hören mag, dass das Leben als Single genauso schön ist wie eine Beziehung – wenn die eigene Familie nur dann richtig stolz ist, wenn man heiratet und Kinder bekommt, ist

In den meisten Fällen ist es sogar besser, sich einen Hund oder eine Katze zuzulegen als einen Freund.

es nicht leicht, sich mit dem Single-Dasein anzufreunden. Bei derartigem Druck wird der Single-Status oft zum peinlichen Inbegriff für all das, was im eigenen Leben fehlt. Wenn die Familie solche Erwartungen hat, fühlt man sich als Single wie eine Versagerin. Es gibt Frauen, die für ihre Familie trotz Doktortitel und Eigenheim als gescheitert gelten, weil es ihnen nicht gelungen ist, einen Mann zu finden. Das ist sehr belastend.

Besonders hart trifft es Frauen, die genau wissen, dass sie Kinder möchten, was absolut in Ordnung ist. Viele Frauen wollen keine, und das ist ebenfalls absolut in Ordnung.

Nicht die Mutterschaft definiert uns als Frau, und wer niemals ein Kind bekommt, ist trotzdem genauso Frau wie jede Mutter; kinderlose Frauen sind nicht weniger erfolgreich oder weniger wichtig und haben auch keine entscheidende Lebenserfahrung verpasst.

Auf jede Frau, der die Vorstellung, kein Kind bekommen zu können, sehr wehtut, kommt eine Frau, die mit dem falschen Mann Kinder hat und dies zutiefst bereut. Mehr Frauen, als man denkt, wünschten, sie hätten niemals Kinder bekommen – doch man hört nur selten davon, weil es sehr schwer ist, so etwas laut auszusprechen. In der Gesellschaft ist das Frausein fest mit der Mutterschaft verknüpft, daher streben viele danach – einfach deshalb, weil uns vermittelt wird, ohne Nachwuchs fehle etwas im Leben. Viele entscheiden sich für Kinder, weil sie sich dazu verpflichtet fühlen, und nicht, weil sie es unglaublich verlockend finden, das ganze Leben damit zu verbringen, einen anderen Menschen großzuziehen. Das allerdings ist der einzige Grund, aus dem man Kinder haben sollte. Wer sich gegen Kinder entscheidet, ist nicht weniger Frau und hat nicht weniger gelebt. Aber für all jene, denen Kinder wichtig sind, ist die biologische Uhr ein echtes Arschloch.

Es ist sehr schwer, ein entspanntes Single-Leben zu führen, wenn man nur in einem ganz bestimmten Zeitfenster Kinder bekommen kann. Besonders groß wird der Druck, wenn man mit Ende dreißig keine Familie gegründet hat. Das kann dazu führen, dass wir aus purer Verzweiflung daten und uns mit dem Erstbesten zufriedengeben; dass wir es voreilig mit ungeeigneten Männern versuchen, weil wir fürchten, dass sie unsere letzte Chance sind. Gleiches gilt auch für Frauen, die bereits Kinder haben, sich aber weitere wünschen. Dieses Thema hat so viele Facetten, dass es sich nicht in ein paar Absätzen abhandeln lässt. Ich empfehle dazu die Arbeit der wunderbaren Melanie Notkin, die sich für unfreiwillig kinderlose Frauen starkmacht. Es lohnt sich auch zu erkunden, wie man allein Kinder bekommen kann. Für manche kommt ein Kind ohne traditionelle Familienstruktur nicht infrage, andere dagegen sind sich sicher, dass sie unter allen Umständen Nachwuchs wollen. Wer sich auf ein solides Netzwerk verlassen kann und den starken Wunsch hat, es allein zu schaffen, braucht wirklich keinen Mann, der bei der Erziehung hilft. Es gibt Alternativen wie Samenspende, Adoption, Pflegekinder und dergleichen, und diese Möglichkeiten sind genauere Betrachtung wert. Mir ist klar, dass diese Alternativen nicht immer gegen das Gefühl von Verlust und die Traurigkeit helfen, die viele Frauen empfinden, wenn ihr Traum von einer Schwangerschaft und/oder einer Familie nicht in Erfüllung geht. Diese Gefühle können überwältigend sein, fast wie beim Verlust eines geliebten Menschen, und wir sollten sie nicht außer Acht lassen, wenn wir darüber sprechen, das Leben als Single zu genießen.

Doch obwohl das Single-Dasein angesichts dieser sehr realen Belastungen wie ein Fluch erscheinen kann, müssen wir es annehmen, denn unsere persönliche Einstellung ist das Einzige, auf das wir selbst uneingeschränkt Einfluss haben. Bei mir hat es lange gedauert, bis ich mich als Single endlich nicht mehr unwürdig fühlte und nicht mehr ständig nach Männern Ausschau hielt, die mir Bestätigung gaben. Eine schwere Trennung gab letztendlich den Ausschlag. Statt wie üblich nach männlicher Aufmerksamkeit zu suchen, um mich besser zu fühlen, zwang ich mich dazu, komplett auf Männer zu verzichten. Das bedeutete für alle Apps und alle Typen, mit denen ich gechattet hatte: blockieren, löschen und abhaken. Anschließend konzentrierte ich mich ganz auf mich.

Dass ich die Kontrolle übernahm, gab mir ein Gefühl von Macht.

Ich entschied mich bewusst für ein Leben als Single, und im Laufe der Zeit fühlte ich mich damit immer besser. Es ist ein langer Weg, das Single-Dasein nicht mehr als Makel zu sehen, sondern als freie Entscheidung anzunehmen. Anhand meiner Erfahrungen habe ich vier verschiedene Phasen des Single-Lebens ermittelt.

Single und zufrieden

In dieser Phase habe ich kein Interesse daran, einen Partner zu finden. Ich bin sehr beschäftigt, treffe mich mit Freundinnen und Freunden. Ich genieße es, am Wochenende alleine Netflix zu schauen und zu entspannen. Ich schaffe viel. Ich schlafe breit ausgestreckt in meinem Bett und bin froh darüber, dass mich kein oller Drecksack verarscht. Ich verlasse mich darauf, dass mir ein guter Partner über den

Weg laufen wird, wenn das Universum das für richtig hält, aber ich bin zufrieden, weil ich weiß, dass mein Leben mit einem Mann nicht besser wäre, als es gerade ist. Ich empfinde mich als umwerfende Hammerfrau und erstrahle in Fuckboy-freiem Glanz, weil ich die Gewissheit habe, dass ein Leben als Single besser ist als jeder Kompromiss. Ich bin bereit, mit Männern ins Gespräch zu kommen, aber ich gerate nicht in Panik, wenn sich daraus nichts ergibt. Mir ist klar, dass ich nur deshalb kein Date habe, weil mein Filter jetzt einwandfrei funktioniert und ich Red Flags auf Anhieb erkenne. Außerdem bin ich nicht gewillt, Zeit für etwas zu verschwenden, das keine Zukunft hat, deshalb quatsche ich nicht sinnlos mit Typen, die mich anöden. Ich sorge für Selbstliebe und Selbstfürsorge und bin zufrieden mit meiner Beziehung zu mir selbst.

Single und am Boden zerstört

Diese Phase erlebe ich meist etwa eine Woche vor meiner Periode. Dann habe ich zwar nicht den dringenden Wunsch oder das Bedürfnis nach einem Mann, frage mich jedoch allmählich, warum mich offenbar niemand will oder braucht. Vielleicht kommentiert dann ein Troll, als Single könne ich keine Dating-Ratschläge geben. Oder: »Es gibt viele gute Männer, aber die sind alle glücklich mit emotional stabilen Frauen verheiratet, deshalb bist du immer noch Single.« Obwohl ich weiß, dass das der größte Blödsinn ist (ich kenne genug emotional instabile Frauen in unglücklichen Ehen), trifft mich so etwas trotzdem. Oder eine Freundin berichtet von ihrer Verlobung oder eine Verwandte von ihrer Schwangerschaft, und das löst in mir etwas aus. Dann regt sich der Gedanke, dass das Single-Leben vielleicht doch scheiße ist. Ich fange an zu grübeln, warum mir niemand zurückschreibt und ob es an mir liegt, dass Männer nach etwa acht WhatsApp-Nachrichten das Weite suchen oder mich in die Kategorie »nur Sex« einordnen, ehe sie mich überhaupt kennengelernt haben. Ich fühle mich hässlich und alt und stelle alles an mir infrage. Ich überlege, ob ich mein Aussehen oder meine Persönlichkeit ändern müsste, damit mich jemand will. Ich sehe, dass Frauen, denen ich seit einem Jahr auf Insta folge, innerhalb dieser kurzen Zeit schon die dritte Beziehung führen, und denke: »Du hattest drei Freunde in zwölf Monaten, und ich habe nicht einmal jemanden, den ich betrunken antexten kann!« In dieser Phase überlege ich, ob ich meine Ansprüche nicht ein bisschen herunterschrauben sollte. Oder ich sehe Leute, die immer noch mit ihrer Schulhofliebe zusammen sind, und frage mich, warum ich nicht so vernünftig war, vier Babys mit einem langweiligen Mann zu bekommen, um einen Haken hinter die Sache zu machen. Wenn ich von Freundinnen höre: »Meine Mutter ist allein, seit mein Vater sie 1985 verlassen hat«, denke ich: »Scheiße, vielleicht wird es mir genauso gehen.« Glücklicherweise ist diese Phase meist nur *sehr* kurz.

Single und auf der Suche

Nachdem mich die Aussicht, noch 40 Jahre Single zu bleiben, in Panik versetzt hat, sage ich mir, dass das lächerlich ist. Ich führe mir vor Augen, dass das Leben als Single zwar toll ist, man sich aber trotzdem für die Zukunft eine Partnerschaft und Intimität wünschen kann und dass man deshalb offen bleiben sollte. Ich mache mir klar, dass das Gesetz der Anziehung nur dann einen Mann in mein Universum befördern kann, wenn ich einen Fuß vor die Tür setze oder mich zumindest bemühe, jemanden zu finden. Obwohl ich Dating-

Apps hasse wie die Pest, melde ich mich also bei einer an und zeige mich der Welt des Internet-Datings von meiner besten Seite. Ich präsentiere mich mit vorteilhaften Bildern und witzigen Bemerkungen, und ich weiß nicht, was ich erwarte, aber das führt nie zum Erfolg. Es ist immer das Gleiche – Kontaktaufnahmen, bei denen es nur um seine sexuellen Vorlieben geht, Catfishing oder gruselige Ehemänner. Hin und wieder gerate ich an einen Typen, der ganz nett wirkt, und chatte ein bisschen, aber ich glaube, in deutlich mehr als einem Jahr ist kein einziges Date über eine Dating-App zustande gekommen. Daran bin ich zum Teil selbst schuld, denn auch ich lasse Gespräche im Sande verlaufen. Es fällt mir schwer, die Begeisterung hochzuhalten und meine Persönlichkeit zur Schau zu stellen, ohne mich dabei in Grund und Boden zu schämen. Nach etwa drei Wochen bin ich gelangweilt, ausgelaugt oder habe meinen Glauben an die Menschheit verloren, lösche mein Profil und schwöre mir, nie wieder eine App zu benutzen. Bis zum nächsten Mal …

Single und bereit für mehr

In dieser Phase frage ich mich, ob Sex das Einzige ist, das mir fehlt, und rede mir ein, dass ich eigentlich nur ein bisschen Intimität, etwas männliche Gesellschaft, etwas Aufmerksamkeit und einen Orgasmus brauche. Folglich schicke ich unverbindliche WhatsApp-Nachrichten an Kerle, mit denen ich schon mal ein Date hatte, und manchmal sogar an einen verhängnisvollen Ex – obwohl ich mir geschworen hatte, diese Typen nie wieder in die Nähe meiner Vagina zu lassen. Das geht so weit, dass ich mich fast mit ihnen treffe, dann jedoch mache ich einen Rückzieher, weil mir wieder einfällt, dass die Chance auf einen Orgasmus verschwindend gering ist und unendlich viel größer wird, wenn ich allein bleibe. (Das ist übrigens ein sehr wirksames Mittel gegen Fuckboys – besorg es dir selbst, bevor du dich mit ihnen verabredest, denn die Sehnsucht nach einem Mann ist danach oft verflogen. Für diese Strategie gibt es den Ausdruck »Pre-Bating«.) Um richtig auf meine Kosten zu kommen, muss ich den Mann toll, lustig und scharf finden. Ich muss ihn mögen *und* auf ihn stehen. Aber wenn ich ihn mag und auf ihn stehe, ist es sehr wahrscheinlich, dass ich irgendwann Gefühle für ihn entwickle, deshalb muss ein potenzieller Fuckbuddy zwar sexy sein, darf aber intellektuell nicht zu mir passen, und so etwas will ich wirklich nicht noch einmal durchmachen. Aus früheren Fehlern habe ich gelernt, dass ich mit unverbindlichem Sex nicht gut umgehen kann und ihn oft bereue, wenn der Typ kommt und ich nicht. In dieser Phase finde ich mich attraktiv und glaube, dass ich durchaus Chancen habe. Wenn ich nicht mit einem Ex ins Bett gehe, fühle ich mich stark, sodass die Phase »Single und zufrieden« wieder einsetzt.

Es ist in Ordnung, wenn du mit deinem Single-Dasein nicht rund um die Uhr glücklich bist. Es ist normal, dass es Tage oder gar Wochen gibt, in denen du dich elend und einsam fühlst. Du darfst eifersüchtig werden, wenn eine Kollegin ihre Schwangerschaft offenbart, du darfst denken: »Sie ist so interessant wie ein Teller Lasagne – warum zum Teufel hat sie in der Liebe mehr Glück als ich?« Du darfst bei Insta-Stories von glücklichen Paaren denken: »Oh, verschont mich, ihr Idioten.« Du darfst von Zeit zu Zeit Tinder neu installieren, weil du einsam bist, und dann die Nerven verlieren, weil die Typen, die nach rechts swipen, allesamt so aussehen, als wären sie gerade aus dem Knast entlassen worden. Du darfst eine Fernbeziehung erfinden, damit die Familie Ruhe gibt. Du darfst Hochzeitseinladungen ablehnen, um nicht die Einzige ohne Begleitung zu sein. Du darfst sämtliche Gefühle haben und regelmäßig schwach werden. Du musst nur wissen, wie du diese Phasen überwindest und wieder »Single und zufrieden« wirst.

Ich weiß, dass es ein Klischee ist, aber mit dem Single-Dasein schließt man am besten Frieden, indem man sich selbst liebt. Das ist ein aktiver Prozess. Wer sich selbst liebt, schenkt sich aktiv Liebe, Zuneigung und Fürsorge. Einem Haustier zeigt man seine Liebe auch nicht nur durch die Kraft der Gedanken, sondern man liebt das Tier, indem man es versorgt, es füttert, es liebkost und ihm regelmäßig Liebeslieder vorsingt – zumindest mache ich das so.

Selbstliebe heißt, dass du für dich sorgst, und zwar so, wie es dir guttut.

An Tagen, an denen ich es schaffe, Sport zu treiben, zu meditieren, mich gut zu ernähren, meine Haut zu pflegen und mit meinem Sohn oder meinem Hund zu kuscheln, bin ich immer viel ausgeglichener. An hektischen Tagen, an denen ich mich hetze, den ganzen Tag Mist esse, mich mit einem Baby-Feuchttuch abschminke, den Hund nur zwei Minuten um den Block scheuche und allgemein nicht auf mich achte, bin ich weitaus gestresster, wenn ich abends ins Bett gehe. Dann denke ich, wie viel leichter alles wäre, wenn ich nur einen Mann hätte.

Eine gute Beziehung zu uns selbst ist lebenswichtig und trägt dazu bei, dass wir in Zukunft weitaus gesündere Beziehungen zu anderen haben. Manchmal lässt sich eine solche Beziehung auf dem Wege der Selbstentwicklung aufbauen: Indem wir neue Dinge entdecken, Hobbys suchen, ehrenamtlich arbeiten, uns über Selbstliebe informieren, ein wenig spiritueller werden, Gruppen für Single-Frauen beitreten und uns Zeit für Aktivitäten zur Selbstfürsorge nehmen. Außerdem kann ein Date mit sich selbst sehr schön sein.

Kauf dir
Blumen,

geh
essen

oder bestell
dir etwas
Leckeres

und dann
masturbiere.

Kauf dir Blumen, mach dich schick, geh essen oder ins Kino oder bestell dir etwas Leckeres, und dann masturbiere.

Manchmal brauchen wir etwas Unterstützung, um die Gedanken loszulassen, die dazu führen, dass wir uns als Single wertlos fühlen, oder wenn wir einsam oder traurig sind, weil sich unser Traum von einer Familie oder unser Kinderwunsch nicht erfüllt. In solchen Fällen empfiehlt sich eine Therapie oder professionelle Beratung, falls du die Möglichkeit dazu hast (am Ende dieses Buches sind Anlaufstellen aufgeführt). Verbunden mit Selbstliebe und Selbstfürsorge sollte dir das helfen, dein Single-Sein besser zu akzeptieren oder sogar stolz darauf zu sein.

Wir müssen die Konditionierung überwinden, die dazu führt, dass wir im Single-Status mehr sehen als einfach nur die Tatsache, dass jemand noch nicht die richtige Person gefunden hat oder allein vollkommen zufrieden ist. Es muss normal werden, dass man in jeder Lebensphase den richtigen Menschen finden kann, und es muss auch normal werden, dass man diesen Menschen niemals findet. Beziehungen sind nicht das A und O. Nicht alle müssen dem überkommenen Modell anhängen, nach dem man mit Anfang 20 heiratet und Ende 20 Kinder bekommt. Wir können ein glückliches, erfülltes Leben führen und dann mit 50 oder 60 Jahren die Liebe unseres Lebens treffen. Eine toxische Beziehung im zweiten oder dritten Lebensjahrzehnt, von der man sich mühsam erholen muss, ist viel schwieriger, als wenn man in dieser Zeit daran arbeitet, mit sich selbst zufrieden zu sein.

Romantische Beziehungen dürfen nicht mehr der Heilige Gral sein, denn oft sind sie gar nicht besonders romantisch, und die Einsamkeit ist manchmal größer als bei Singles.

Wenn du schon Beziehungen hattest, führ dir ein paar von den schlechteren vor Augen. Wäre dir so etwas lieber als das Single-Leben? Mir nicht. Ich bin lieber bis ans Ende meiner Tage Single, als noch einen Moment länger mit einem dieser Männer zusammen zu sein.

Wir Menschen brauchen Kontakt zu anderen und Interaktion, wir brauchen Liebe und Fürsorge, aber nicht zwangsläufig von einem romantischen Partner. Wenn du keine Liebe erlebst, muss sich das ändern, aber wenn Freundinnen und Freunde, Familie und Selbstliebe deiner Seele guttun, ist das Single-Dasein keine Qual und keine Strafe, sondern eine Entscheidung, die genauso wertvoll ist wie die für eine Partnerschaft. Und auch wenn es nicht deine freie Entscheidung ist, genieße das Single-Leben, solange es andauert, denn es wird nicht ewig währen (es sei denn, du willst es so), und in einer zukünftigen Beziehung wird es immer Augenblicke geben, in denen du dich nach der Single-Zeit zurücksehnst. Akzeptiere den Status quo. Er bedeutet nicht, dass du wertlos bist, sondern dass dir noch nicht der richtige Mensch über den Weg gelaufen ist (er wird kommen, also koste das Single-Dasein richtig aus). Oder er bedeutet, dass du als Single rundum zufrieden bist und keinen Partner brauchst, der dein Leben »komplett« macht. Besser Single als Kompromisse.

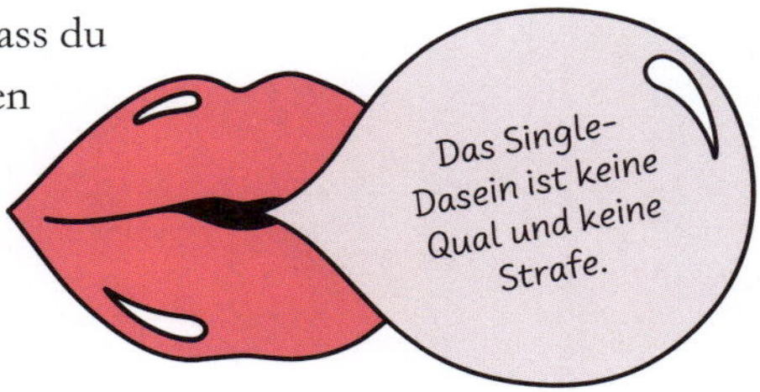

Kapitel 3

Erst die Arbeit …

Mein letzter Freund hat mich auf die allerschlimmste Weise betrogen. Er hat mit einer guten Freundin von mir geschlafen, und jetzt sind die beiden verlobt. Ich war schon vorher ziemlich unsicher und hatte Probleme. Jetzt jedoch ist mein Selbstbewusstsein völlig am Boden. Mein aktueller Partner ist der erste nach dem untreuen Ex. Wir sind seit sechs Monaten zusammen, und ich habe ihm alles über meine Vergangenheit erzählt. Unsere Beziehung ist gut, aber nicht leicht, und daran gibt er mir die Schuld. Ich kontrolliere oft sein Handy und kann es nicht gut ertragen, wenn er ohne mich weggeht. Ich gebe offen zu, dass ich unsicher bin und an mir arbeiten muss, aber kann ich nicht erwarten, dass er Rücksicht auf die Gründe dafür nimmt und damit sensibler umgeht?

Warum wir ein bestimmtes Verhalten zeigen, ist eine sehr wichtige Frage, der wir auf den Grund gehen sollten. So lässt sich nämlich erkennen, wann wir selbst in einer Beziehung Red Flags schwenken und wie wir das abstellen können. Wir sind ein Produkt unserer Umwelt und unserer Erfahrungen, und manchmal hat das zur Folge, dass wir bei Dates oder in Beziehungen ungesunde Wesenszüge an den Tag legen – das ist jedoch keine Entschuldigung dafür, dass wir andere Menschen schlecht behandeln.

Wenn man keinen Partner findet oder eine Beziehung nach der anderen in die Brüche geht, fragt man sich oft: »Stimmt mit mir etwas nicht?« Wenn diese Frage auf das Aussehen, die Körpermaße, auf Interessen und Hobbys oder die sexuelle Erfahrung abzielt, ist die Antwort immer ein entschiedenes *Nein.*

**Mit dir ist alles in Ordnung –
du hast nur noch nicht den richtigen Menschen getroffen.**

Allerdings lautet die unbequeme Wahrheit, dass wir uns manchmal durchaus kritisch unter die Lupe nehmen müssen, um zu ermitteln, ob es in unseren Beziehungen bestimmte Muster oder Verhaltensweisen gibt, an denen wir arbeiten sollten. So bitter es ist: Manchmal sind wir selbst toxisch. Das heißt nicht, dass mit uns etwas Grundlegendes nicht stimmt, sondern dass wir Verhaltensweisen erlernt haben, die einer gesunden Beziehung im Weg stehen oder andere in die Flucht schlagen, ehe es überhaupt zu einer Beziehung kommt.

In *Alles über Liebe* (unbedingt lesen!) schreibt bell hooks: »Wenn wir Liebe als Bereitschaft betrachten, unser eigenes spirituelles Wachstum und das anderer zu nähren, wird klar, dass wir nicht von Liebe sprechen können, wenn wir andere verletzen oder misshandeln. Liebe und Misshandlung passen nicht zusammen.«[1] Das gilt auch für die Selbstliebe: Wenn wir uns selbst verletzen und schlecht behandeln, wird es uns schwerfallen, anderen Liebe zu geben und Liebe anzunehmen. Wenn wir lernen, dass wir keine Liebe verdienen oder nur unter bestimmten Bedingungen liebenswert sind (zum Beispiel, wenn wir brav sind), hat das Folgen für unsere Fähigkeit zur Selbstliebe. Wenn wir weder echte Liebe kennengelernt haben noch das Gefühl, Liebe zu verdienen, ist es ungeheuer schwer, sich selbst zu lieben und gesunde Beziehungen zu führen. Wie können wir hoffen, mit einem anderen Menschen eine gesunde Beziehung einzugehen, wenn uns das nicht einmal mit uns selbst gelingt?

Deshalb schauen wir uns jetzt die Faktoren an, die unser Verhalten in romantischen Situationen beeinflussen können.

Bindungstheorie

Im Studium der Sozialen Arbeit war mein Schwerpunkt die Bindungstheorie. Diese Theorie wurde in den 1960er Jahren von John Bowlby und Mary Ainsworth entwickelt, um die Beziehung zwischen Kindern und ihren Bezugspersonen einzuordnen; dazu beobachteten sie, wie Kleinkinder reagieren, wenn sie von ihren Bezugspersonen getrennt werden, und wie sich diese frühen Bindungen auf ihre Bewältigungsstrategien auswirken. Mittlerweile wurde die Theorie weiterentwickelt und kommt auch in anderen Forschungsbereichen der Psychologie und Sozialarbeit zum Einsatz, um zu untersuchen, welche Folgen unsere frühen Bindungen für die Art und Weise haben, wie wir im Erwachsenenalter Beziehungen aufbauen. *Warum wir uns immer in den Falschen verlieben: Beziehungstypen und ihre Bedeutung für unsere Partnerschaft* von Amir Levine und Rachel S. F. Heller ist ein guter Einstieg, wenn du dich näher mit diesem Thema befassen möchtest.

Durch die Bindungsstile, die wir im ersten Lebensabschnitt erleben, entwickeln wir bestimmte Bewältigungsstrategien und Verhaltensweisen. Wenn wir uns unsere Kindheit und unsere Beziehungsmuster als Erwachsene anschauen, wird oft ein bestimmter Bindungsstil deutlich. Unseren eigenen Bindungsstil zu erkennen ist der erste Schritt, um alte Muster aufzubrechen und einen anderen Weg einzuschlagen.

Sicherer Bindungsstil

Wenn du das Glück hattest, in deiner Kindheit dauerhaft ein liebevolles und fürsorgliches Umfeld zu erleben, in dem alle Bedürfnisse erfüllt wurden, und du die Gewissheit hattest, bedingungslose Wertschätzung zu erfahren, lässt du dich im Erwachsenenalter wahrscheinlich bereitwillig auf starke emotionale Bindungen ein. Positive Erfahrungen mit menschlicher Interaktion im frühkindlichen Alter bewirken, dass du dich selbst und andere positiv siehst, ein starkes Selbstwertgefühl hast, Gefühle äußern kannst und mit der gegenseitigen Abhängigkeit in einer Beziehung keine Schwierigkeiten hast. Das bedeutet nicht, dass alle Beziehungen einfach sind – besonders dann, wenn du jemanden mit unsicherem Bindungsstil datest –, aber du wirst mit Beziehungsproblemen besser umgehen, weil du deine Bedürfnisse kommunizieren kannst und bei Kritik nicht sofort in die Defensive gehst. Anderen zu vertrauen fällt dir leicht, weil du

WIE KÖNNEN
WIR HOFFEN, MIT
EINEM ANDEREN
MENSCHEN
EINE GESUNDE
BEZIEHUNG
EINZUGEHEN,

WENN UNS DAS
NICHT EINMAL
MIT UNS SELBST
GELINGT?

gelernt hast, dass man sich auf Menschen verlassen kann. Als Single fühlst du dich genauso wohl wie in einer Beziehung, weil du zur Selbstliebe und Selbsttröstung fähig bist. Wenn es in der Beziehung Schwierigkeiten gibt, kannst du Gedanken und Gefühle klar und vernünftig zum Ausdruck bringen, ohne sie als Zeichen für die eigene Wertlosigkeit zu sehen.

Unsicher-vermeidender Bindungsstil

Ein unsicher-vermeidender Bindungsstil entsteht meist bei Menschen, deren Eltern oder Bezugspersonen zwar ihre grundlegenden Bindungsbedürfnisse erfüllt haben, aber emotional nicht zugänglich waren. So kann es sein, dass deine Eltern dich zwar materiell mit allem versorgt haben, doch wenn du traurig warst, wurde der Kummer heruntergespielt und gesagt, du sollest dich nicht so anstellen. Du wurdest nicht gehört; um das, was dich beschäftigte, hat sich niemand gekümmert. Deshalb hast du gelernt, deine Gefühle für dich zu behalten, weil sie keine Rolle spielten, solange du ein Dach über dem Kopf und Essen im Bauch hattest. Du konntest dich nicht darauf verlassen, dass deine Eltern die emotionalen Bedürfnisse befriedigten, und hast deshalb gelernt, dass man sich auf andere nicht verlassen darf. Erwachsene mit einem unsicher-vermeidenden Bindungsstil können ihre Gefühle schlecht äußern und neigen dazu, Dinge in sich hineinzufressen, sodass sie in intimen Beziehungen Schwierigkeiten haben. Wenn das auf dich zutrifft, wirkst du auf andere emotional abweisend und ziemlich unnahbar. Du wirst dich nicht bereitwillig in Therapie begeben, zumal dir dein Bindungsstil ein positives Bild von dir selbst, aber ein negatives Bild von anderen Menschen vermittelt – deshalb machst du leicht andere für das verantwortlich, was in deinen Beziehungen schiefläuft. Selbstreflexion findet kaum statt, du hast keine Zeit für die Probleme anderer. Vielmehr spielst du deren Gefühle herunter und meinst, sie sollten nicht so viel jammern, sondern die Zähne zusammenbeißen. Du vermeidest Intimität, weil du meinst, das brauchst du nicht. Vielleicht trittst du selbstbewusst und selbstsicher auf, wirkst unabhängig und eigenständig, auf andere jedoch oft kalt. Du hast Hemmungen, dich für eine Beziehung zu öffnen, und machst lieber einen Rückzieher, wenn es ernst wird. Eine lockere Beziehung ist dir lieber als eine feste Bindung, und wenn jemand zu nett wirkt, gerätst du in Panik und fühlst dich erdrückt.

Mich wundert es nicht, dass viele von uns an Männer geraten sind, die diesem Typus entsprechen; ich glaube, das hängt damit zusammen, wie kleine Jungen erzogen werden. Wenn ein Junge hinfällt und weint, soll er oft »tapfer sein« und sich »wie ein Mann« benehmen. Er lernt, Weinen sei unmännlich. Jungs bekommen weniger Raum für Verletzlichkeit, weil sie oft zum starken männlichen Beschützer erzogen werden. So lernen sie von klein auf, dass Emotionen etwas Weibliches sind und sie ihre Gefühle unterdrücken müssen, um ein Mann zu sein. All das kann zu einem unsicher-vermeidenden Bindungsstil beitragen.

Ängstlicher Bindungsstil

Ein ängstlicher Bindungsstil entsteht zumeist bei Menschen, die eine inkonsequente Erziehung erlebt haben, zum Beispiel bei Kindern, bei denen ein Elternteil gar nicht oder nur selten da ist. Das Kind liebt den abwesenden Elternteil, und wenn er kommt, schenkt er dem Kind Aufmerksamkeit und überhäuft es mit Geschenken, sodass sich das Kind geliebt und erwünscht fühlt. Dann jedoch verschwindet diese Bezugsperson wieder bis zum nächsten Weihnachtsfest. Das Kind vergöttert diesen Elternteil unweigerlich und redet sich ein, es sei nicht gut genug, sonst würde der Vater (oder die Mutter) bleiben. Dadurch kämpft es noch stärker um die Aufmerksamkeit und zieht seine Selbstbestätigung aus der unzuverlässigen Anwesenheit dieser Person. Wenn dein Bindungsstil ängstlich ist, kann es sein, dass du in Beziehungen bedürftig, sensibel und anhänglich wirkst. Du brauchst ständig Aufmerksamkeit und Rückversicherung und reagierst sehr empfindlich, wenn du dich nicht geliebt fühlst. Du verliebst dich sehr schnell, manchmal geradezu bis zur Besessenheit. (In Kapitel 6 geht es um Limerenz, die eng mit diesem Bindungsstil verknüpft ist.) Du achtest auf die kleinsten Veränderungen im Verhalten deines Partners und gerätst in Panik, wenn er längere Zeit nicht auf deine Nachrichten antwortet. Du neigst dazu, Kleinigkeiten extrem zu analysieren. Es fällt dir leicht, deine Gefühle zu äußern, doch das geschieht oft sehr intensiv. Du brauchst ständig Bestätigung und kannst sie dir nur schwer selbst geben, sodass du die Anerkennung anderer suchst. Wahrscheinlich bist du ängstlich, wenn dein Partner nicht in der Nähe ist, und nur beruhigt, wenn du das Gefühl hast, dass er positiv mit dir interagiert. Ablehnung und Kritik empfindest du als vernichtend. Es ist dir wichtig, von allen gemocht zu werden, aber du hast oft das Gefühl, dass man dich nicht wertschätzt oder respektiert. Es fällt dir schwer, Grenzen zu setzen, und du tust alles, um anderen zu gefallen.

Desorganisierter Bindungsstil

Dieser Bindungsstil findet sich in der Regel bei Menschen, die in ihrer Kindheit ein schweres Trauma erlebt haben. Wenn sich ein Kind vor dem Menschen, der es beschützen sollte, fürchtet, dann lernt es, dass niemand Sicherheit bietet und dass Liebe beängstigend ist. Wenn das dein Bindungsstil ist, ist es wahrscheinlich, dass du gerne eine intime Beziehung hättest, dich aber nicht traust, andere Menschen an dich heranzulassen. Es fällt dir sehr schwer, jemandem zu vertrauen, und du hast Angst vor Zurückweisung. Wenn dir jemand näherkommt, kann es sein, dass du an seinen Beweggründen zweifelst, weil du meinst, keine Liebe zu verdienen. Ist dein Partner lieb zu dir, wirst du misstrauisch, weil du ein geringes Selbstwertgefühl hast und glaubst, dass dir keine positive Aufmerksamkeit zusteht. Du bist von Menschen enttäuscht worden und hast deshalb gelernt, dass man selbst denen, die Liebe versprechen, nicht trauen kann. Vielleicht fällt es dir schwer, mit deiner Wut umzugehen, und du lässt sie an den Menschen aus, die dir am nächsten stehen, oder du verhältst dich eher unterwürfig und lässt die Wut deiner Partner über dich ergehen. Außerdem kannst du nicht gut Grenzen setzen.

Es ist gut möglich, dass du bei dir verschiedene Merkmale aus unterschiedlichen Bindungsstilen feststellst. Das ist ganz normal, wir bewegen uns alle in einem Spektrum zwischen leichter und extremer Ausprägung. Es kommt vor, dass wir bei unterschiedlichen Bezugspersonen unterschiedliche Erziehungsstile erleben, sodass wir letztendlich zwischen verschiedenen Stilen wechseln. Auch unsere Beziehungen im Erwachsenenalter können bewirken, dass sich unser Bindungsstil ändert.

Zum Glück ist unser Bindungsstil nicht in Stein gemeißelt – wir können ihn umprogrammieren.

Auch hier ist eine Therapie äußerst hilfreich. Sie kann einer unsicher-vermeidenden Person beispielsweise vermitteln, wie sie ihre Gefühle kommuniziert und wie sie einfühlsamer wird, oder einem ängstlichen Menschen zeigen, wie man Grenzen setzt.

Co-Abhängigkeit

Der Begriff Co-Abhängigkeit bezeichnet einen Kreislauf, in dem jemand einen anderen Menschen braucht, der wiederum braucht, dass er gebraucht wird. Die co-abhängige oder »gebende« Person fühlt sich nur dann nicht wertlos, wenn sie von der »nehmenden« Person, auch »Enabler« genannt, gebraucht wird und sich für sie aufopfern kann. Für Jo Westwood, die als Coach im Bereich Co-Abhängigkeit arbeitet (@jowestwood auf Instagram), ist Co-Abhängigkeit ein feministisches Problem, da sie zum Großteil darauf zurückzuführen ist, dass Frauen in die Rolle der Fürsorgenden gedrängt werden, die sich um ihre Lieben kümmert, aber keine Gegenleistung bekommt. Co-Abhängigkeit ist eine tief verwurzelte Bewältigungsstrategie, die sich meist in jungen Jahren entwickelt, wenn die häuslichen Verhältnisse in gewisser Weise dysfunktional sind. Nach Jos Definition ist Co-Abhängigkeit »eine Sucht nach äußerer Bestätigung und nach dysfunktionalen, oft einseitigen Beziehungen« und kann durch verschiedene große oder kleine Traumata ausgelöst werden, zum Beispiel durch ein konfliktbelastetes Elternhaus, durch einen narzisstischen und/oder co-abhängigen Elternteil (oft beides zusammen), durch sexuellen, körperlichen oder verbalen Missbrauch, den man am eigenen Leib oder bei anderen erlebt, durch emotionale oder körperliche Abwesenheit der Eltern, durch eine Scheidung oder durch Suchtprobleme im Elternhaus. Jo erklärt, dass fast alle Menschen, die unter Co-Abhängigkeit leiden, schon in jungen Jahren den Eindruck gewonnen haben, sie müssten einen Preis dafür zahlen, dass sie »dabei sein« dürfen. Dazu gehört oft, dass sie für die Menschen sorgen, von denen sie eigentlich versorgt werden sollten, dass sie deren Verhalten entschuldigen, ihre Geheimnisse bewahren und Lügen verbreiten, um sie zu schützen.

Wer dieses Spiel nicht mitspielt, verrät sein Familiensystem und läuft Gefahr, dass das kindliche Ich verlassen und vernachlässigt wird.

Wie äußert sich eine Co-Abhängigkeit in Beziehungen zwischen Erwachsenen?

- **Geringes Selbstwertgefühl, sodass in einer Beziehung oft sehr geringe Ansprüche gestellt werden**
- **Erhöhte Wachsamkeit, die für Intuition gehalten wird**
- **Chronisches Bestreben, es den Mitmenschen recht zu machen, auch/besonders denen, von denen man schlecht behandelt wird, sodass man zu viel Zeit, Energie und Geld investiert**
- **Selbstwertgefühl, das sich auf das Tun und nicht auf das Sein stützt**
- **Unfähigkeit, die eigenen Gefühle zu erkennen oder auszudrücken, solange man nicht weiß, wie die Situation von anderen eingeschätzt wird**
- **Probleme damit, Grenzen zu setzen und vor allem einzuhalten**
- **Unsicherheit oder Empfindungslosigkeit in Bezug auf die eigene Identität. Man weiß nicht recht, wer man ist, wenn man sich nicht über einen anderen Menschen definiert.**

Jo erklärt, dass Co-Abhängige in allen Lebensbereichen inakzeptables Verhalten akzeptieren und zulassen. »Vermutlich steckst du in einem Teufelskreis dysfunktionaler und zermürbender einseitiger Beziehungen (du gibst immer, die anderen nehmen immer), leidest vielleicht unter Vernachlässigung und Missbrauch in unterschiedlicher Ausprägung und Intensität und erreichst nur durch Manipulation, dass deine grundlegendsten Bedürfnisse erfüllt werden, bist jedoch zu durcheinander, erschöpft und niedergeschlagen, um dich aus dieser Situation zu befreien.«

Co-Abhängige und narzisstische Menschen ziehen sich oft magisch an, weil sie die Bedürfnisse des jeweils anderen erfüllen. Der Narzisst möchte ständig bewundert werden, die co-abhängige Person möchte zu Diensten sein und bewundern. Co-Abhängige nehmen gerne in Kauf, dass ihre Bedürfnisse gegenüber denen des Narzissten die zweite Geige spielen. Es ist ihnen recht, wenn der Narzisst an erster Stelle steht, denn dann müssen sie sich nicht mit sich selbst befassen. Jo sagt, dass sich eine Co-Abhängigkeit nicht überwinden lässt, indem man den Partner/die Eltern/den Chef ändert (das versuchst du schon seit Jahren, ohne Erfolg!). Der Schlüssel liegt darin, sich auf sich selbst zu konzentrieren, das eigene Selbstwertgefühl zu stärken, die eigene Identität zu entdecken und die schwierige Aufgabe zu meistern, die eigenen Wünsche und Bedürfnisse klar zu äußern. Solange man das nicht kann, trägt man selbst dazu bei, dass der Teufelskreis weitergeht. Mit Hilfe von Co-Abhängigkeits-Coaches wie Jo lassen sich Änderungen in Angriff nehmen. Auch eine Therapie kann sinnvoll sein, oder Selbsthilfegruppen wie *die Anonymen Co-Abhängigen* (www.coda-deutschland.de). Genau – Co-Abhängigkeit macht so süchtig, dass es dafür Gruppen nach Art der Anonymen Alkoholiker gibt. Vielleicht möchtest du dich auch über Sex- und Liebessucht informieren. Die *Priory Group*, die im Vereinigten Königreich Einrichtungen für psychisch Kranke betreibt, beschreibt Sex- und Liebessucht als Phänomen, *das nicht quantitativ gemessen oder diagnostiziert wird, sondern sich danach richtet, welche negativen Auswirkungen und Folgen das Verhalten für die Betroffenen und andere hat. Charakterisiert ist diese Sucht durch zwanghafte Gefühle und Verhaltensweisen, die die Betroffenen trotz aller Konsequenzen nicht abstellen können. Diese Verhaltensweisen und Gedanken werden immer schlimmer und führen schließlich zum Scheitern privater Beziehungen. Dieses wiederkehrende Muster mit negativen Folgen kann sowohl durch exzessives Ausleben (sexuelle Bulimie) als auch durch das Gegenteil (sexuelle Anorexie) entstehen.*

Die Merkmale, die mit einem solchen Verhalten in Verbindung gebracht werden, sind auf der Website der Anonymen Sex- und Liebessüchtigen (www.slaa.de) zu finden. Schau dir an, ob sie auf dich zutreffen, und nimmt gegebenenfalls Hilfe in Anspruch.

Psychische Gesundheit

Auf den vorherigen Seiten ging es um Bindungsstile und Co-Abhängigkeit. Wenn ich erklären wollte, wie sich alle bekannten psychologischen Probleme auf unser Liebesleben auswirken können, würde ich dazu ein ganzes Buch brauchen. Trotzdem möchte ich kurz anschneiden, welchen Einfluss die psychische Gesundheit haben kann. Zu den Auswirkungen der Psyche auf das Dating-Verhalten sagt die klinische Psychologin Dr. Mayowa Aina (@dr.mayus auf Instagram):

Unabhängig von deiner psychischen Verfassung oder einer etwaigen Diagnose solltest du auf deinen Bindungsstil achten, denn dieser hat höchstwahrscheinlich den größten Einfluss auf deine Reaktionen und Ver-

haltensweisen in einer Beziehung. Es ist ganz entscheidend, dass du einen Partner findest, dessen Bindungsstil gut zu deinem passt. Personen mit ängstlichem Bindungsstil könnten zu Menschen mit sicherem passen, auch zwei Menschen mit ängstlichem Bindungsstil können gut harmonieren. Wenn du selbst oder dein Partner einen unsicher-vermeidenden Bindungsstil hast, ist das für eine erfüllende Beziehung oft eine große Hürde, deshalb solltest du daran arbeiten.

Dr. Aina weist darauf hin, dass wir uns in jedem Fall klarmachen müssen, wie unsere psychische Gesundheit unser Dating-Verhalten beeinflussen kann und wie sich negative Folgen für unsere Partner verhindern lassen. Psychische Probleme äußern sich bei jedem Menschen anders. Wer unter Angstzuständen leidet, reagiert vielleicht überempfindlich auf vermeintliche Verhaltensänderungen des Partners. Manche trennen sich dann und gehen auf Distanz, während andere überkompensieren und sehr anstrengend werden, weil sie fürchten, den Partner zu verlieren. Nur du kannst wissen, was deine psychische Verfassung bei dir auslöst, doch es ist wichtig, dass wir andere nicht verletzen und unsere Psyche nicht als Entschuldigung benutzen.

Bei Depressionen beispielsweise fühlt man sich unter Umständen außerstande, morgens aufzustehen oder mit anderen zu kommunizieren – doch wenn man seinen Partner oder jemanden, mit dem man sich regelmäßig trifft, tagelang ignoriert, wird dieser Mensch sich Sorgen machen oder fürchten, dass er geghostet wird. Dr. Aina rät deshalb, man solle den Partner im Vorfeld aufklären, wenn man weiß, wie sich die psychische Verfassung auf das Verhalten in einer Beziehung auswirkt. Wenn du deinem neuen Partner anvertraust, dass du gelegentlich depressive Phasen erlebst, in denen du nicht immer sofort reagierst, weil dir das Kommunizieren schwerfällt, kann das zu einer gesünderen Beziehung beitragen. Unsere Partner haben es verdient, dass wir ihnen mitteilen, was unsere psychische Gesundheit für sie bedeuten könnte; so können sie für sich entscheiden, ob sie das in Kauf nehmen, und werden bestimmte Verhaltensweisen nicht persönlich nehmen. Allerdings würde ich dir raten, psychische Verfassung und Bindungsschwierigkeiten erst anzusprechen, wenn du dir sicher bist, dass du jemanden wirklich magst. Beim ersten Date solltest du darauf lieber noch nicht eingehen – auch um dich selbst vor Typen zu schützen, die vulnerable Personen ausnutzen.

Selbst wenn bei uns eine bestimmte Diagnose vorliegt, sollten wir jedoch beachten, dass die Symptome oder Folgen unserer psychischen Verfassung nicht rechtfertigen können, dass wir einen Partner schlecht behandeln. Kommunikation, Höflichkeit und Respekt sind wir ihm immer schuldig. Du bist nicht deine Angst, du bist nicht deine Depression, du bist nicht deine Persönlichkeitsstörung; du bist eine komplette, vollständige Person mit einer komplexen Persönlichkeit, die zufällig auch unter psychischen Problemen leidet, die sich auf die Beziehung zu und den Umgang mit anderen Menschen auswirken können. Du hast das Recht, Grenzen zu setzen und bei Bedarf deiner psychischen Gesundheit Vorrang zu geben, aber du hast nicht das Recht, die psychische Gesundheit eines anderen Menschen zu beeinträchtigen, indem du nicht richtig kommunizierst oder seine Grenzen nicht respektierst.

Frühere Verletzungen

Wie bei der Frau, die ich zu Beginn dieses Kapitels zitiert habe, kann es sein, dass wir uns aufgrund früherer Beziehungen toxisches Verhalten aneignen. Es versteht sich von selbst, dass ein Betrug weitreichende Folgen für die Selbstwahrnehmung und unseren künftigen Umgang mit Beziehungen hat. Der Verrat eines Menschen, dem man vertraut hat, ist ein schwerer Schlag, vor allem, wenn man ohnehin nicht leicht Vertrauen fasst, weil man einen bestimmten Bindungsstil, ein schwaches Selbstbewusstsein oder eine Angststörung hat. Gleiches gilt für jede Form von Missbrauch – im Prinzip handelt es sich dabei ebenfalls um einen Vertrauensbruch. Missbrauch oder Betrug kann auch den Bindungsstil verändern, sodass man künftigen Partnern gegenüber extrem vorsichtig wird, um sich vor neuerlicher Verletzung zu schützen – und dieses Verhalten kann wiederum den neuen Partner verletzen.

Wer das Handy des Partners kontrolliert und nicht will, dass er allein ausgeht, zeigt toxisches Verhalten.

Vielleicht hast du gute Gründe für die Angst, betrogen zu werden, aber das ist keine Entschuldigung dafür, den aktuellen Partner zu kontrollieren oder zu verletzen.

Wenn du weißt, dass dein toxisches Verhalten auf eine frühere Beziehung zurückgeht, dann nutze dieses Wissen dazu, das Verhalten abzustellen, und nicht als Rechtfertigung dafür, dass du es beibehältst.

Nach einem traumatischen Erlebnis muss man Vorsicht walten lassen und ganz allmählich wieder Vertrauen schöpfen, ehe man eine neue Beziehung eingeht. Wir dürfen uns erst auf einen neuen Partner einlassen, wenn wir dazu bereit sind, und ihn nicht für die Sünden des alten büßen lassen. Und wenn wir uns entscheiden, bei jemandem zu bleiben, der uns etwas angetan hat, dürfen wir die Tat nicht als Waffe missbrauchen – wenn du mit einem Mann zusammenbleibst, der dich nachweislich betrogen hat, dann nur unter der

Prämisse, dass ihr das Problem aufarbeitet und als Paar gestärkt daraus hervorgeht; der Betrug darf nicht als Knüppel dienen, mit dem du immer wieder auf den Partner eindrischst. Wenn du deinem Lover ständig unterstellst, dass er dir untreu ist, oder kontrollierst, mit wem er spricht oder wohin er geht, oder wenn er sich ein Bein ausreißen muss, um dich immer wieder von seiner Unschuld zu überzeugen, oder wenn du dich emotional verschließt und einen unsicheren Bindungsstil entwickelst, dann solltest du dich fragen, ob es dir guttut, in der Beziehung zu bleiben. Wenn du dich getrennt hast und immer noch darunter leidest, dass dein früherer Partner fremdgegangen ist, musst du daran arbeiten, ehe du jemand Neues datest. Stell dir vor, du würdest dich auf eine Beziehung zu einem Mann einlassen, der Frauen nicht über den Weg traut. Er mag gute Gründe haben, wurde vielleicht von allen Frauen, denen er vertraut hat, immer nur verarscht, aber wenn er eure Beziehung mit tiefem Misstrauen gegenüber sämtlichen Frauen angeht und du erst beweisen musst, dass du anders bist, dann ist die Beziehung von Beginn an belastet.

Süß, aber psychopathisch

Die vielen Social-Media-Memes, die das Stereotyp der irren Freundin auf die Schippe nehmen, sind ein interessantes Phänomen. Regelmäßig kursieren Memes wie »Wenn er nicht innerhalb von 10 Minuten antwortet, schlitzt sie ihm die Reifen auf« oder Tweets wie »Guten Sex gibt es nicht ohne Psychoterror – wer das eine will, muss das andere in Kauf nehmen«. In den Kommentaren werden Frauen dann von ihren Freundinnen getaggt. Wir müssen uns klarmachen, welche Wirkung diese Klischees haben und wie sie unser

Bewusstsein manipulieren. Wenn ein Mann in einem Meme damit drohen würde, seine Freundin abzustechen, weil sie nicht sofort zurückschreibt, wären wir schockiert, aber im umgekehrten Fall lachen wir darüber.

Dass solches »Psycho«-Verhalten bei Frauen als normal und witzig dargestellt wird, ist genauso verhängnisvoll wie die Allgegenwärtigkeit der Vergewaltigungskultur. Seit jeher werden wir Frauen von Männern als verrückt bezeichnet, wenn wir unsere Gefühle zum Ausdruck bringen (recherchier mal, woher das Wort »Hysterie« stammt!). Unsere sehr berechtigten emotionalen Reaktionen werden kleingeredet, oder man hält uns für psychotisch, wenn es uns nicht gefällt, dass unser Freund um 3 Uhr nachts mit seiner Ex schreibt. Männer nennen uns verrückt, um uns zum Schweigen zu bringen und zu diskreditieren.

Wenn ein Mann dir sagt, alle seine Verflossenen seien irre gewesen, sollte du das als Red Flag werten, denn meist bedeutet das, dass er sie in den Wahnsinn getrieben hat, dass er ihre rationalen emotionalen Reaktionen auf sein Verhalten nicht ernst genommen hat oder dass er sich vorsichtshalber absichern will, weil eine Ex dich warnen könnte. Normalerweise mache ich mich dafür stark, dass wir die Begriffe umdeuten, die gegen uns verwendet werden, aber für »psychopathisch«/»verrückt«/»irre« gilt das nicht – nicht nur, weil sie ableistisch sind, sondern auch, weil sie immer noch viel zu häufig dazu dienen, Frauen zum Schweigen zu bringen oder ihre Gefühle kleinzureden.

Das Narrativ »etwas irre ist sexy« macht es Männern leicht, unsere berechtigten Gefühle abzutun.

Und wenn du tatsächlich Verhaltensweisen zeigst, die man als »verrückt« einstufen könnte, dann ist das wahrlich nichts, auf das du stolz sein solltest. Vielleicht zeigt es überdeutlich, dass du professionelle Hilfe in Anspruch nehmen solltest. Wer »süß, aber psychopathisch« ist, schadet seinen Partnern unweigerlich, und wir sollten so etwas nicht dulden, nur weil Instagram es akzeptabel erscheinen lässt.

Außerdem sollten wir uns klarmachen, wie sehr dieses ganze »Psycho«-Klischee mit unseren Emotionen oder den Stimmungsschwankungen zusammenhängt, die bei Menschen, die menstruieren, durch Hormone ausgelöst werden. Wie würden sich Cis-Männer fühlen, wenn ihnen zwölf Mal im Jahr (manchmal auch öfter) drei bis sieben Tage lang (manchmal auch länger) Blut aus dem Hintern laufen würde, sodass sie eine kleine Windel tragen oder sich ein Wattestäbchen oder einen Becher einführen müssten, während man von ihnen erwartet, dass sie ganz normal funktionieren? Sie würden komplett ausflippen. Ich glaube nicht, dass sie überhaupt zur Arbeit gehen würden; wenn Cis-Männer menstruieren würden, gäbe es wahrscheinlich längst »Perioden-Tage« per Gesetz, die ihnen das Recht geben würden, zu Hause zu bleiben, wenn es wieder so weit ist. Wahrscheinlich hätten sie sogar so viel Geld in die Menstruationsforschung gesteckt, dass es mittlerweile Methoden gäbe, um die Beschwerden erheblich zu lindern. Wir Frauen haben mit so vielem zu kämpfen – dem Blähbauch, den quälenden Schmerzen, den Pickeln, der Gewichtszunahme, den gewaltigen Hormonveränderungen, die sich auf Sehvermögen, Empfindungen, Geschmack und Reaktionen auswirken. Wir schlafen schlecht, sodass wir oft müde, emotional angegriffen oder irrational sind; wir spüren die Auswirkungen, noch ehe es so weit ist. Manche Frauen leiden auch an Endometriose, polyzystischem Ovarialsyndrom, Menopause oder Ausbleiben der Periode. Vom Thema Verhütung will ich gar nicht erst anfangen. Die Periode – oder ihr Ausbleiben – kann eine gewaltige Sache sein, die das ganze Leben beeinflusst. Deshalb müssen wir nicht hinnehmen, dass man uns als »verrückt« bezeichnet, wenn wir beispielsweise bei einem Werbefilm weinen; uns »psychopathisch« nennt, weil wir sensibel sind; oder uns verspottet, wenn uns eine Entscheidung schwerfällt. Wir müssen das Leben meistern, während uns Blut aus den Genitalien rinnt, damit das Überleben der menschlichen Rasse gesichert ist, und das sollten wir uns hoch anrechnen. Jeder Mann sollte wissen, welch einschneidende Folgen Menstruation und Verhütung haben können, und lernen, wie er uns dabei am besten unterstützt. Wir müssen Dinge ertragen, mit denen die meisten Cis-Männer selbst an ihren besten Tagen überfordert wären. Dafür schulden sie uns etwas Respekt.

Wir dürfen uns nicht einreden lassen, dass die Hormone uns verrückt machen – das ist respektlos!

Wir sind vollkommen zurechnungsfähig, und es ist völlig normal, dass sich unsere emotionale Verfassung im Laufe des Monats verändert.

Fuckgirls

Frauen können Fuckgirls sein. In meinen Augen gibt es da einen Unterschied, weil Männer nicht seit Anbeginn der Zeit systematisch von Frauen unterdrückt wurden und weil sich ein Mann in den allermeisten Fällen wahrscheinlich nicht so ausgenutzt fühlt, wenn eine

WIR MÜSSEN
DINGE ERTRAGEN,
MIT DENEN
DIE MEISTEN
CIS-MÄNNER
SELBST AN IHREN
BESTEN TAGEN
ÜBERFORDERT
WÄREN.

DAFÜR
SCHULDEN SIE UNS
ETWAS RESPEKT.

Frau nur Sex will – vermutlich ist er trotzdem froh, dass es überhaupt zum Sex gekommen ist. Ein Mann läuft nicht Gefahr, dafür an den Pranger gestellt zu werden, und mit großer Wahrscheinlichkeit erlebt er dabei einen Orgasmus. Es ist eben nicht das Gleiche. Aber sicherlich benutzen wir Frauen die Männer manchmal in ähnlicher Weise, wie sie uns benutzen.

Innerhalb des Feminismus gibt es eine kleine Strömung, die Männer als Goldesel sieht, die man schröpfen sollte. Solche Frauen lassen sich von Männern ausführen, die ihnen gar nicht gefallen, um sich ein kostenloses Abendessen zu sichern, und verachten alle, die uns Frauen nicht aushalten oder mit Geschenken überhäufen. (Damit meine ich nicht die Erwartung, dass ein Mann beim ersten Date zahlt.) Diese Art von »Golddigger«-Feminismus rät, um des Geldes willen und nicht aus Liebe zu daten. Ich verstehe den Gedanken dahinter, ganz bestimmt. Das Gehaltsgefälle zwischen den Geschlechtern lässt sich nicht verleugnen – Männer verdienen oft deutlich mehr als wir und müssen die Karriere nicht unterbrechen, wenn sie Kinder bekommen. Es wäre fantastisch, einen Multimillionär kennenzulernen, der sein Geld für mich ausgeben will – aber als Mutter eines Sohnes finde ich die Vorstellung entsetzlich, dass Frauen ihn nur als Goldesel sehen könnten, wenn er später einmal zu Geld kommt.

Wenn zwischenmenschliche Beziehungen bei dir von Habsucht und Geldgier motiviert sind, wirst du niemals Liebe erleben.

In *Alles über Liebe* schreibt bell hooks über ein Interview mit Lil' Kim: »Die Kultur der Gier bestätigt und legitimiert ihre Anbetung des Geldes; an emotionalem Wachstum hat diese Kultur kein Interesse. Wen kümmert es, ob Lil' Kim je Liebe finden wird? Wie so viele Amerikaner glaubt sie traurigerweise, dass das Streben nach Reichtum und Erfolg ihren emotionalen Mangel vollkommen kompensieren wird.«[2] Wir wissen, dass das nicht stimmt. Reichtum bedeutet keine emotionale Erfüllung, sondern nur, dass man sich in einer luxuriösen Umgebung hassen kann.

Nichts spricht dagegen, einen Mann zu daten, der Geld für dich ausgeben *möchte* – wenn beide Parteien damit einverstanden sind. Aber wenn wir Männer des Geldes wegen ausnutzen, schaden wir nicht nur ihnen, sondern auch uns, weil die Beziehung unter falschen Voraussetzungen zustande kommt. Damit nehmen wir uns selbst die Möglichkeit, wahre Liebe und emotionale Bindungen zu erleben, sodass die Beziehung immer ein Geschäft bleibt. Und damit werden wir viel anfälliger für Missbrauch. Finanzielle Abhängigkeit von einem Mann ist eine große Hürde, wenn man toxische oder missbräuchliche Beziehungen beenden will. Manche Männer meinen dann, dass wir ihnen gehören oder ihnen etwas schuldig sind. Oft erwarten sie Sex, wann und wie sie wollen, weil sie glauben, dass sie dafür bezahlt haben. In meinen Augen hat es nichts Befreiendes oder Ermächtigendes an sich, wenn man Männer des Geldes wegen ausnutzt, sondern ist das genaue Gegenteil. Finanzielle Abhängigkeit von Männern ist absolut entmündigend.

Kürzlich habe ich auf Instagram die Frage einer Frau gepostet, die wissen wollte, ob es schlimm sei, dass sie den Mann, mit dem sie schlief, in Sachen Verhütung angelogen hatte. Es verstört mich, dass es dazu überhaupt zwei Meinungen geben kann, und ich hoffe doch sehr, dass die meisten Frauen nicht auf die Idee kommen, jemanden ohne sein Wissen zum Vater zu machen – ganz gleich, ob sie ihn damit halten wollen oder ob sie sich einfach ein Baby wünschen. Für mich steht fest:

Es ist gemein und hinterhältig, wenn man einem anderen Menschen die Handlungsmöglichkeit und die Entscheidungsfreiheit nimmt.

Das ist nicht nur dem Mann gegenüber unfair, sondern schadet auch uns selbst. Die Elternrolle ist schwer genug, und wenn sie durch Betrug zustande kommt, sind die Vorzeichen denkbar schlecht, weil der Vater eher das Weite suchen, als dass er bleiben wird. Von der Moral einmal abgesehen: Wer noch keine Kinder hat, sollte sich gut überlegen, welche Art von Beziehung für ein Baby geeignet wäre. Natürlich kann man auch als Alleinerziehende bestens klarkommen, aber die meisten Menschen werden bestätigen, dass man die Elternrolle zu zweit besser bewältigt und dass sie sehr schwer ist, wenn man mit dem Falschen ein Kind hat. Der Versuch, mit einem Kind einen Mann halten oder eine brüchige Beziehung kitten zu wollen, ist keine gute Idee. Nach wie vor übernimmt bei den meisten heterosexuellen Paaren die Frau den Löwenanteil der Kinderbetreuung. Ein Kind verändert das Leben einer Frau oft bis zur Unkenntlichkeit, während bei Männern häufig fast alles beim Alten bleibt.

Sein Leben geht größtenteils weiter wie bisher: Er muss seine Arbeitszeiten nicht ändern, kann ausgehen und spontan sein, während du zu Hause sitzt und keine Zeit fürs Klo findest, geschweige denn zum Frisieren. Dating wird enorm schwierig, weil du nie wieder spontan sein kannst. Natürlich ist nicht alles schrecklich: Man wächst mit der Aufgabe, findet seinen Rhythmus, erfindet sich neu und wuppt alle Herausforderungen, doch dein Leben gehört nie wieder nur dir, und du musst dir überdeutlich klarmachen, welche ungeheure Belastung Mütter stemmen müssen, ehe du überhaupt in Erwägung ziehst, Spermien in die Nähe deiner verhütungsfreien

Vagina zu lassen. Lohnt es sich, für diesen Mann dein ganzes Leben zu ändern? Babypartys auf Instagram sehen süß aus, aber das ist längst nicht alles: Wenn man einen neuen Menschen in die Welt setzt, übernimmt man eine gewaltige Verantwortung, die man nicht ernst genug nehmen kann.

Fuckgirl-Verhalten zeigen wir auch, wenn wir nette Männer ausnutzen, an denen wir nicht interessiert sind. Es ist in Ordnung, wenn man jemanden, auf den man nicht steht, nur als Freund sieht, aber wenn man weiß, dass jemand Gefühle hat, und diese Gefühle ausnutzt, ist das grausam. Auf Insta habe ich einen Post gesehen, mit dem ein Mann seiner besten Freundin zum Geburtstag gratulierte. In der Caption ließ er sich darüber aus, wie toll sie sei, und schrieb zum Schluss: »Ich weiß, dass du mir heute nach deiner Party betrunken schreiben wirst, damit ich dich spät in der Nacht abhole, und du kannst dich darauf verlassen, dass ich wie immer für dich da sein werde.« Mir brach fast das Herz – *Junge,* sie hat dich nicht einmal zu ihrer Geburtstagsparty eingeladen!

Ich war selbst schon in der gleichen Situation und habe mich definitiv richtig mies verhalten. Ich wusste, dass ein Typ, den ich als Freund bezeichnete, in mich verliebt war, ich wusste, dass ich niemals Interesse an ihm haben würde, aber ich fand es auch ziemlich praktisch, dass jemand dazu bereit war, buchstäblich alles für mich zu tun. Ich nutzte seine Gefühle aus, indem ich ihm die falsche Hoffnung vermittelte, irgendwann käme vielleicht eine Beziehung mit ihm infrage. Wenn ich klar gesagt hätte, dass ich absolut kein Interesse hatte und niemals haben würde, hätte er frei entscheiden können, ob er dieser Freund sein wollte, der sich ein Bein ausreißt – aber er tat das in der Hoffnung, dass ich ihn deshalb irgendwann lieben würde. Obwohl ich das wusste, stellte ich das nicht klar, bis mir irgendwann aufging, wie unfair das war. Wir sind übrigens nicht mehr befreundet.

Finanzielle Abhängigkeit von einem Mann ist eine große Hürde, wenn man toxische oder missbräuchliche Beziehungen beenden will.

Bring dich selbst in Ordnung

Wenn du dich in diesem Kapitel wiedererkannt hast, könnte das bedeuten, dass du an dir arbeiten musst, ehe du die nächste Dating-App runterlädst. Wie geht man das am besten an?

Therapie und Beratung sind natürlich ideal.

Therapieangebote gibt es in verschiedensten Formen. Deine Krankenkasse kann dir Ansprechstellen in deiner Nähe nennen; weitere Ressourcen sind am Ende dieses Buches aufgeführt. Lies die Bücher, schreib Tagebuch, sieh dir YouTube-Videos von qualifizierten Fachleuten an. Kümmer dich um deine psychische Gesundheit, wenn du Schwierigkeiten hast. Nimm professionelle Unterstützung in Anspruch. Das ist dein gutes Recht und keinesfalls peinlich; es bedeutet auch nicht, dass du schwach bist. Während du auf einen Therapieplatz wartest, könntest du herausfinden, welchen Bindungsstil du hast. Dazu gibt es eine breite Palette an Online-Ressourcen – achte nur darauf, dass du dich auf seriöse Quellen stützt. Rede mit Freundinnen, berichte, was du vorhast, erkundige dich bei anderen nach empfehlenswerten Therapien. Sei offen für neue Ansichten und eine neue Lebenseinstellung. Nimm dir fest vor, klar Schiff zu machen. Der Schriftsteller Yung Pueblo rät uns: »Such dir einen Partner, dem klar ist, dass die emotionale Vergangenheit Einfluss auf das Verhalten in einer Beziehung hat. Man muss sich selbst nicht perfekt kennen und auch nicht alle alten Verletzungen geheilt haben, sondern braucht nur genug Selbstbewusstsein, um zu erkennen, wann die Vergangenheit verhindert, dass man richtig geliebt wird.« Nimm dir fest vor, eine solche Partnerin zu sein. Nimm dir fest vor, daran zu arbeiten.

Wir alle haben unsere Wunden. Damit Heilung möglich ist, müssen wir herausfinden, ob sie auf die Kindheit, auf frühere Beziehungen oder auf eine psychische Störung zurückgehen (oder auf eine Kombination aus allem). Für nichts davon müssen wir uns schämen, und wir sollten uns verzeihen, was unser verletztes Ich in der Vergangenheit auch getan haben mag. Manchmal fällt es schwer zu erkennen, wie mies wir uns in Beziehungen verhalten haben und wie wir das abstellen können, aber nur so lässt sich verhindern, dass wir immer wieder dieselben Muster wiederholen und unserem Glück im Weg stehen. Wenn du diese Selbsterkenntnis hast und dich an die Arbeit machst, bist du optimal für jeden Fuckboy gerüstet, den dir das Universum über den Weg laufen lässt.

Kapitel 4

Nicht alle Männer, aber diese auf jeden Fall

Triggerwarnung: Häusliche Gewalt

Fünf Jahre lang war ich nicht mehr auf dem Dating-Markt unterwegs. Ich war es einfach leid und hatte die Nase voll, doch jetzt habe ich an mir gearbeitet, meine Enttäuschungen verwunden und bin bereit, es noch einmal zu wagen und jemanden kennenzulernen. Allerdings fürchte ich, dass ich Red Flags übersehen könnte, weil ich außer Übung und etwas eingerostet bin. Gibt es eine sichere Methode, um Fuckboys zu entlarven, ehe man sich auf sie einlässt?

Ein Fuckboy ist ein Mann, der Frauen, mit denen er ein Verhältnis hat, verletzt, ausnutzt, kontrolliert, manipuliert, betrügt oder ganz allgemein und wissentlich unglücklich macht oder stresst. Der Begriff ist etwas irreführend, weil er den Eindruck erweckt, dass nur junge Männer gemeint sind, aber Fuckboys gibt es in jedem Alter – es gibt sogar Fuck-Opas, aber ich bleibe hier bei »Fuckboy«, weil das ein etablierter Begriff ist. Fuckboys sind im modernen Dating leider weit verbreitet. Die meisten von uns hatten schon einmal mit einem Fuckboy zu tun, deshalb müssen wir in der Lage sein, sie schnell zu entlarven. Diese Anleitung hilft dir dabei und zeigt dir, welche Red Flags dich schon vor dem ersten Date warnen sollten.

Ein kurzer Hinweis, bevor es losgeht: Die einzelnen Kategorien schließen sich nicht aus, ein Fuckboy kann durchaus in mehrere gleichzeitig fallen. Unter Umständen gerätst du an einen unverbindlichen, narzisstischen Gangster-Fuckboy oder einen gewalttätigen, spirituellen Loser-Fuckboy.

Schlimm genug, wenn ein Typ in eine der Kategorien fällt, aber wenn es mehrere gleichzeitig sind, musst du schleunigst die Flucht ergreifen.

Es gibt auch Fuckgirls und Fuck-Nonbinäre. Die hier beschriebenen Typen könnten auch Frauen oder nicht-binäre Personen sein, sie gelten also für alle Menschen, die du datest.

Allerdings möchte ich darauf hinweisen, dass hier ausdrücklich Fuckboys gemeint sind. Ein feministischer, spiritueller oder privilegierter Mann ist nicht zwangsläufig ein Fuckboy; problematisch wird es nur, wenn jemand Feminismus, Spiritualität oder Privilegien dazu nutzt, um Frauen zu verarschen.

Der feministische Fuckboy

Es gibt zwei Arten von feministischen Fuckboys. Nummer eins weiß genau, dass er nicht im Entferntesten feministisch ist, gibt sich jedoch als Feminist aus, weil er sich damit viel leichter das Vertrauen einer Frau erschleichen kann. Er ist ein »Wokefish«, also jemand, der progessive politische Ideologien vortäuscht. Doch es gelingt ihm nicht, die Fassade lange aufrechtzuerhalten, denn er sieht sich bald zu einem Kommentar à la »Nicht alle Männer …« gezwungen. Typ Nummer zwei hält sich wirklich für einen Feministen; er glaubt von ganzem Herzen an die Gleichberechtigung, ist jedoch überzeugt davon, dass ihm für seinen Feminismus Hochachtung gebührt. Tief in seinem Inneren meint er, dass wir Frauen ihm etwas schuldig sind, weil er sich für uns einsetzt; er hält sich für etwas Besonderes und findet, dass er eine entsprechende Behandlung verdient. Und weil die Messlatte so verdammt niedrig liegt, tappen wir nur zu leicht in die Falle und loben nette Männer schon dafür, dass sie einfach nur nett sind.

Pseudo-feministische Fuckboys sind nicht so leicht zu entlarven, weil sie genau wissen, was sie sagen müssen. Sie haben die richtigen Bücher gelesen und posten die richtigen Beiträge, sie wählen die richtige Partei und hören Lizzo und Cardi B, weil ihre Musik ihnen Kraft gibt. Der pseudo-feministische Fuckboy spielt Akustikgitarre, und du schmilzt dahin, wenn er dir verlegen einen selbst geschriebenen Song vorspielt, der »Solidarit-HE« heißt und ausführlich schildert, wie *er* zum Feminismus gefunden hat und welche Anfeindungen *er* deshalb von anderen Männern erdulden musste. Erst wenn er die Gitarre weglegt, einen Blowjob verlangt und sauer wird, weil du dich weigerst, zeigt sich, dass all das nur Fassade war.

Es gibt ein paar verräterische Anzeichen, auf die du achten solltest – zum Beispiel, wenn ein Typ zu viel über Feminismus redet. Echte Feministen sind einfach feministisch, es ist Teil ihres Wesens. Sie wissen um ihre Privilegien und räumen ein, dass sie diese manchmal missbraucht haben. Sie begreifen, was Einwilligung bedeutet, und respektieren Frauen aufrichtig. Ihnen ist klar, dass Frauen gestärkt werden müssen und dass die Gesellschaft insgesamt davon profitiert, aber sie reden nicht ständig davon. Bei feministischen Fuckboys ist der Feminismus Teil der Identität; sie wollen mit jeder Frau, die sie kennenlernen, darüber reden und dafür gelobt werden. Sie erwarten Beifall für ihren Feminismus und sind ein wenig gekränkt, wenn sie nicht das Lob einheimsen, das sie ihrer Meinung nach verdient haben. Außerdem belehren sie Frauen über Frauenthemen. Ich bekomme ständig Nachrichten von Männern, die sich als Allies ausgeben und mir erläutern, was Frauen Angst macht. Der feministische Fuckboy findet es angeblich furchtbar, wie Frauen durch Schönheitsnormen unter Druck gesetzt werden, sagt dir aber, du solltest kein Make-up tragen, weil er den »natürlichen Look« bevorzugt.

Die Wahrheit kommt oft ans Licht, wenn du dir anschaust, mit wem er sich umgibt. Haben seine Freunde die gleichen Ansichten, oder ist er mit fragwürdigen Typen zusammen?

Es lässt tief blicken, wenn er der einzige Feminist in einer Gruppe ziemlich machohafter Kerle ist, die sich damit brüsten, wie viele Frauen sie schon flachgelegt haben.

Weist er solche Freunde zurecht, wenn sie Grenzen überschreiten? Wie äußert er sich über Sexarbeiterinnen oder Menschen aus marginalisierten Geschlechtergruppen, Trans-Frauen, ältere Frauen oder Frauen, auf die er nicht steht? Bei echten Feministen ist der Feminismus intersektional. Gilt für ihn auch beim Thema Verhütung Gleichberechtigung, oder geht er ganz selbstverständlich davon aus, dass du dich darum kümmerst? Übernimmt er seinen Anteil am Haushalt, oder bleibt die ganze Arbeit an dir hängen? Pseudo-feministische Fuckboys beteuern oft sehr viel, lassen ihren Worten jedoch kein konsequent anständiges Verhalten gegenüber Frauen folgen. Wenn er der Kellnerin in dem Café, in dem der Text zu seinem Song »Solidarit-HE« entstanden ist, kein Trinkgeld gegeben hat, ist er definitiv ein Fake.

Der narzisstische Fuckboy

Wenn du in einer Beziehung Missbrauch erlebt hast, war der Täter nicht zwangsläufig ein Narzisst, auch wenn Social Media uns das weismachen wollen.

Auszuschließen ist es natürlich nicht, doch die allermeisten Täter sind nicht narzisstisch veranlagt. Narzissmus wird durch bestimmte Verhaltensweisen definiert, die immer wieder auftreten. Ein Mensch kann egoistisch, gewalttätig, kontrollsüchtig und empathielos sein, aber trotzdem kein Narzisst. Wenn eine Frau einem Missbrauch zum Opfer fällt, ist die Ursache oft Frauenfeindlichkeit, nicht Narzissmus. Das betone ich deshalb, weil ich den Eindruck habe, dass in den sozialen Medien jeder Fall von häuslicher Gewalt auf Narzissmus zurückgeführt wird, und das ist schlichtweg falsch. Beziehungen zu narzisstischen Menschen sind jedoch oft missbräuchlich, daher ist es wichtig, dass man diesen Typus erkennt.

Es gibt zwei Arten von Narzissmus: verdeckten (zum Beispiel bei Incels, selbstmitleidigen Menschen, die der Welt die Schuld für ihren mangelnden Erfolg geben) und offenen (zum Beispiel Donald Trump – arrogant und großspurig). Narzissten haben typischerweise ein übersteigertes Ego: Alles dreht sich darum, wie sie aussehen und wie andere sie wahrnehmen. Sie brauchen Bewunderung. Sie müssen sich wichtig fühlen. Sie scheren sich nicht um Empathie oder die Gefühle anderer, können diese im Gegensatz zu Psychopathen und Soziopathen jedoch wahrnehmen. Sie sind manipulativ und nutzen andere zu ihrem eigenen Vorteil aus. Sie sind anmaßend und egoistisch und scheuen sich nicht, andere herabzuwürdigen und zu erniedrigen, um sich überlegen zu fühlen. Ihr aufgeblasenes Ego und ihre arrogante Selbstliebe sollen davon ablenken, dass sie in ihrem Inneren zutiefst verletzt und unsicher sind.

Der typische narzisstische Fuckboy geht regelmäßig ins Fitnessstudio und postet sein Workout auf Instagram und Snapchat, denn das Training hat nur einen Wert, wenn andere es sehen. Auch Proteinshakes und Mealpreps werden gepostet, denn er glaubt, dass es alle Welt fasziniert, was er in den nächsten drei Tagen essen wird. Er hat oft Tattoos und Veneers aus der Türkei, ein schickes Auto und eine auffällige Uhr und setzt alles daran, mit dem Trend zu gehen. Er kann sich keine Balenciagas kaufen, ohne seine Neuanschaffung in allen sozialen Medien zu posten. Auf Instagram zeigt er oft Bilder von Löwen oder Wölfen mit Captions, die nahelegen, dass er mit Löwen und Wölfen viel gemeinsam hat.

Viele Narzissten vermitteln den Anschein, ein Luxusleben zu führen, und auf manche trifft das tatsächlich zu. Viele Superreiche haben starke narzisstische Züge und präsentieren auf Instagram Autos, Yachten und exklusive Urlaube sowie motivierende Zitate über Geld. Ein Narzisst gibt sich meist charmant, sodass alle von ihm begeistert sind. In der Bar ist er oft der Lauteste, der eine Runde schmeißt, und zum Date kommt er im Porsche. Aber wenn er das Essen bezahlt hat und keine sexuelle Gegenleistung bekommt, kann es sein, dass du ihm später deinen Anteil an der Rechnung überweisen sollst.

Der andere Fall ist der verdeckte Narzisst, der überhaupt nicht auffällig wirkt, sondern die auffälligen Typen hasst und ihnen und anderen erfolgreichen Menschen die Schuld an seinem Versagen gibt. Vielleicht verachtet er jeden, der *Love Island* schaut, und fühlt sich allen überlegen, die in seinen Augen nicht an seine intellektuellen Fähigkeiten heranreichen. Er denkt, die Welt sei ihm etwas schuldig und er von Natur aus so toll, dass er über allen anderen steht. Er reagiert herablassend, wenn du zugibst, dass du nichts von Dostojewski kennst, und macht die Bücher, Filme oder Musik schlecht, die dir gefallen. Er gibt dir das Gefühl, ein dummes Kind zu sein. Wenn er dir dann doch endlich einmal zustimmt oder einen von dir vorgeschlagenen Film gutheißt, fühlst du dich bestätigt. Er vermittelt dir, dass er in Sachen Intelligenz den Maßstab setzt, und du wirst dich dabei ertappen, wie du versuchst, diesem Maßstab gerecht zu werden.

Der narzisstische Fuckboy dominiert das Gespräch, sodass es oft schwierig ist, überhaupt zu Wort zu kommen. Wenn er tatsächlich einmal so lange nicht über sich spricht, dass du auch etwas sagen kannst, reagiert er niemals richtig. Entweder tut er deine Äußerung ab oder nutzt sie dazu, dich zu kritisieren.

Wenn du zum Beispiel von einer Meinungsverschiedenheit mit einer Freundin erzählst, wird er nicht zuhören und dich unterstützen, sondern den Vorfall kleinreden und etwas Vorwurfsvolles sagen, etwa: »Warum streitest du ständig mit anderen? Was stimmt mit dir nicht?«

Narzissten drehen dir gerne einen Strick aus deinen emotionalen Reaktionen. Das ist eine Art von Gaslighting.

Wenn du erwiderst: »Schade, dass du mich nicht unterstützt«, wird er sich empören, zum Beispiel: »Wie bitte, ich unterstütze dich nicht? Habe ich nicht gerade erst deine Gasrechnung bezahlt und dich zur Arbeit gefahren? Na toll.« Egal, was du ansprichst, er ist fast immer anderer Meinung oder weiß es besser. Selbst wenn du Krankenschwester bist und er ein Klempner, hat der narzisstische Fuckboy seiner Meinung nach mehr Ahnung von Krankenpflege als du. Ein narzisstischer Fuckboy setzt oft auf Negging (zweifelhafte Komplimente oder richtiggehende Beleidigungen, mit denen gezielt das Selbstwertgefühl zerstört wird), um dich zu verletzen. So könnte er zum Beispiel anmerken, dass du zugenommen hast oder dass ihm gerade deine große Nase aufgefallen ist – aber das sagt er so scherzhaft, dass er dir Überempfindlichkeit vorwerfen kann, wenn du dich darüber ärgerst. Auch das ist ein Fall von Gaslighting.

Narzissten werden nicht gerne kritisiert, teilen jedoch liebend gerne Kritik aus.

Sie wollen sich allen überlegen fühlen und arbeiten daher daran, dein Selbstvertrauen ganz subtil zu erschüttern, bis du schließlich selbst glaubst, dass du nicht an sie heranreichst.

Das Schlimmste an Narzissten ist, dass sie die aufmerksamsten, liebevollsten, fürsorglichsten und charmantesten Menschen sein können, denen du je begegnet bist. Wenn sie dich wollen – das ist nur dann der Fall, wenn sie dich brauchen, damit du ein Bedürfnis erfüllst (nach Gesellschaft, Intimität, Sex, einem Boost für das Ego, einem Dach über dem Kopf) –, behandeln sie dich, als wärst du die attraktivste und wichtigste Frau der Welt. Das macht sie unwiderstehlich.

Wenn sie gut sind, sind sie sehr, sehr gut, aber wenn sie nicht gut sind, sie sind entsetzlich. Narzisstisches Verhalten bedeutet sehr oft emotionaler Missbrauch. Narzisstische Fuckboys bringen dich um den Verstand, sie nehmen dir das Selbstvertrauen und bewirken, dass du die Schuld an allen Problemen bei dir selbst suchst – und weil der Narzisst auf Außenstehende so charmant wirkt, nimmt dein Umfeld deine Empfindungen oft nicht ernst, weil er allen anderen nur seine wunderbare Seite zeigt. Sobald er das Interesse an dir verloren hat, lässt er dich eiskalt fallen. Gut möglich, dass er dich ghostet – welche Folgen sein Abtauchen für dich haben könnte, kümmert ihn nicht im Geringsten. Er ist nicht empathisch genug, um zu verstehen, was sein Verhalten für dich bedeutet, und genießt gleichzeitig die Macht, dir zu schaden. Ein Narzisst fühlt sich in seinem Ego bestätigt, wenn du ihm vorwirfst, er habe dein Leben ruiniert und dir das Herz gebrochen. Deshalb schick ihm keine emotionalen Nachrichten, die an seine Gefühle appellieren, denn damit bekommt er die Bestätigung, dass er sein Ziel erreicht hat.

Narzissten halten immer Kontakt, mindestens einmal im Jahr, meist am Geburtstag oder zu wichtigen Ereignissen. Sie möchten, dass man sich weiterhin für sie interessiert, auch wenn sie kein Interesse daran haben, dass sich jemals etwas Ernstes entwickelt. Der Gedanke, dass jemand sie nicht will, ist ihnen unerträglich – auch wenn sie diesen Jemand selbst gar nicht wollen. Narzissten nehmen dir jedes Selbstwertgefühl. Sie bringen dich dazu, dich ständig zu hinterfragen, und können eine starke, selbstsichere Frau in eine stille Person verwandeln, die ihre Meinung für sich behält, weil sie nicht zählt. Solche Menschen sind komplett irre, du verlierst dich selbst, wenn du zu lange bei ihnen bleibst. Zieh einen Schlussstrich, ehe sie dich abservieren, weil sie eine andere gefunden haben, die ihnen attraktiver erscheint.

Der spirituelle Fuckboy

Der spirituelle Fuckboy hat teuflische Wesenszüge, die nur schwer zu erkennen sind. Er gibt sich so woke und erleuchtet, dass man ihm gar nicht zutraut, andere schlecht zu behandeln. Doch leider gelingt ihm das nur zu gut. Allerdings übernimmt er dafür nie die Verantwortung – das Universum hat ihn leider dazu gezwungen. Dein erstes Date mit ihm ist wahrscheinlich eine Einladung zum Yogakurs oder zu sich nach Hause, wo er dir sein Visionboard zeigt und dir dabei hilft, dir selbst eines zu gestalten. Der spirituelle Fuckboy will dir immer etwas beibringen, damit du ihn bewunderst, dich zu Dank verpflichtet oder ihm unterlegen fühlst. Vielleicht behauptet er, dass er magische heilende Hände hat, und redet dir ein, dass er dich spirituell reinigen oder dich allein durch die Kraft seiner Berührung der Erleuchtung näherbringen kann.

Er bietet dir Reiki an,
will dich in Wirklichkeit aber nur befummeln.

Er trägt Perlenketten aus Holz und Schmuck aus Lavasteinen mit Gurkenkernen. Vielleicht hat er auch mystisch wirkende Tattoos. Entweder konsumiert er viel Gras und macht regelmäßig psychedelische Trips, oder er lebt vollkommen clean und achtet sehr darauf, was in seinen Körper gelangt. Er hält dir Vorträge darüber, welche verheerenden Folgen ein Kaffee oder eine Paracetamol für deinen Körper und den Planeten nach sich zieht. Ungeschützten Sex sieht er dagegen ganz entspannt. Er behauptet, er sei gegen Geschlechtskrankheiten immun, weil er täglich 75 Avocados isst.

Im Dating-Profil des spirituellen Fuckboys siehst du Bilder von seinen Yoga-Posen oder wie er barfuß und mit freiem Oberkörper in Peru verführerisch Mangos lutscht. Seine Bio könnte lauten: »Vegan, ätherisch, nemophil (wenn du weißt, was das bedeutet, und auch nemophil bist, dann sind wir ein Match aus dem Nirwana).« Entweder ist er überhaupt nicht in den sozialen Medien unterwegs, weil er kein Schaf ist, das brav den Meistern der Täuschung folgt, die unser spirituelles Erwachen durch immer neue TikTok-Tänze verhindern wollen, oder er ist dort äußerst aktiv und nutzt Instagram, um seine Ansichten über die Gefahren von Social Media und die Kontrolle durch die Staatsmedien zu verbreiten. Abgesehen von ein paar Fotos, auf denen er Elefanten in Kenia streichelt, und einem Kommentar zur Zerstörung des Planeten, den er vor seinem siebten Langstreckenflug des Jahres in der Abflughalle verfasst hat, postet der spirituelle Fuckboy nicht viele Bilder von sich. Er findet, dass das physische Ich nicht richtig zum Ausdruck bringt, wer er wirklich ist. Deshalb bevorzugt er Bilder mit Zitaten über das Universum oder Sprüchen, die die Mitte der Erde mit einer Gebärmutter vergleichen.

Dein erstes Date mit dem spirituellen Fuckboy ist fantastisch. Er verkündet, dass du eine beruhigende Aura hast, während er dir vielsagend in die Augen schaut. Er sagt, er sei sehr bescheiden, »anders als die anderen«, die nicht an ihn heranreichen, weil sie noch nicht so bemerkenswert erleuchtet sind wie er. Er bezeichnet sich als Humanisten, nicht als Feministen, preist jedoch die Tugenden der Frauen und lässt sich ausführlich über seine Theorien zur Weiblichkeit des Göttlichen aus.

Um seine tiefe Liebe zu Frauen zu verdeutlichen, weist er dich im Park auf unbelebte Gegenstände hin, die ihn an Gebärmütter und Vaginas erinnern. Oder er bietet an, dir eine Binde aus Aloe-Vera-Blättern zu basteln, um seiner Ehrfurcht vor der Menstruation Ausdruck zu verleihen. Er behauptet, er bete den Altar der Vagina an, und mansplaint ausführlich, was es bedeutet, eine Frau zu sein. Er legt gerne dar, inwiefern Frauen falschliegen, und will mit Beispielen aus dem Tierreich beweisen, dass es dem Wohl der Menschheit dient, wenn Frauen sich unterordnen.

In diese Kategorie fällt auch der religiöse Fuckboy. Er nutzt die Religion, um zu begründen, warum er Frauen angeblich überlegen ist. Dieser Typ ist gegen Abtreibung, ruft aber sofort in der Klinik an, wenn seine Geliebte schwanger wird. Er überredet dich zu unverbindlichem Sex und sagt dann, dass er keinen Respekt vor Frauen hat, die nicht als Jungfrau in die Ehe gehen. Slut-Shaming und starre Geschlechternormen sind sein Ding. Er behauptet, an religiösen Feiertagen müsse er in die Kirche und könne dich nicht treffen, postet jedoch kurz darauf auf Snapchat, wie er mit seinen Kumpels einen Joint raucht. Deine Verfehlungen sind Sünden, die er dir vorwirft, seine Verfehlungen dagegen vergibt Gott ohne Weiteres, und weil Gott ihm vergeben hat, musst du das natürlich auch tun.

Der spirituelle Fuckboy ist in der Regel ein Narzisst. Er ist davon überzeugt, dass seine Denkweise der deinen überlegen ist. Wenn du anderer Meinung bist, wird er dir »schlechte Energie« vorwerfen. Manchmal lässt er tagelang nichts von sich hören. Wenn du die Frechheit besitzt, ihm zu sagen, dass dir das nicht gefällt, erwidert er, er habe sich eine »Auszeit zum Heilen« genommen. Wenn du dich darüber beklagst, wirft er dir vor, dass du seine spirituelle Entwicklung blockierst. Die »Wokeness«, mit der er dich anfangs angelockt hat, nutzt er jetzt, um dich kleinzumachen.

Er wickelt dich mit seinen heilenden Vibes ein, und ehe du dich versiehst, bist du der herabschauende Hund, während er deine Chakren aus dem Gleichgewicht bringt.

Irgendwann meldet er sich dann gar nicht mehr, weil – so wird er behaupten – Merkur im Ur-Anus seine Vibes als Lichtarbeiter überstrapaziert hat.

Der kriminelle Fuckboy

Gangster und Kriminalität gibt es in unterschiedlichen Abstufungen. Auf der untersten Stufe stehen die Straßendealer, die Drogen direkt an die Konsumenten verkaufen oder bei Diebstählen, Raubüberfällen und anderen Bandenaktivitäten mitmischen. Diesen Typ Fuckboy erkennt man an der Daunenjacke, die er bei jedem Wetter mit geschlossenem Reißverschluss und hochgeschlagener Kapuze trägt. Dazu hat er ein Cap mit dem Aufdruck »NY« auf dem Kopf und eine Nike- oder Gucci-Tasche über der Brust. Oft sitzt seine Hose irritierend tief, sodass der größte Teil seines Gesäßes und seine grauen Boxershorts zu sehen sind, als wolle er die Welt für seinen Hintern begeistern. Das ist deshalb seltsam, weil ein krimineller Fuckboy notorisch homophob ist (es sei denn, er will Frauen zu einem Dreier überreden). Solche Typen haben zwei Telefone, eines

DER KLEINKRIMINELLE FUCKBOY RIECHT NACH AXE, GRAS UND GEFAHR.

davon ist ein Prepaid-Handy, das ständig klingelt. Dieser kleinkriminelle Fuckboy riecht nach Axe, Gras und Gefahr.

Eine Stufe darüber steht der fortgeschrittene Gangster, der Drogen an die Straßendealer verkauft, sein Geld mit Kreditkartenbetrug verdient oder ausgefeilte Raubüberfälle auf andere Verbrecher oder Unternehmen organisiert. Dieser Gangster ist meist ein Angeber. Er hat eine Vorliebe für Louboutins und Rolex, die er aus dubiosen Quellen bezieht. Manchmal gibt es Fotos von ihm, auf denen er wie ein Fünfjähriger ein Geldbündel als Telefon ans Ohr hält. Auf Instagram präsentiert er seinen Urlaub in Miami, Vegas und Dubai (meist mit gestohlenen Kreditkarten finanziert). Am Swimmingpool trägt er dicke Goldketten. Er hat beträchtliche Einnahmen, aber weder das Wissen noch den Verstand, um damit etwas Vernünftiges anzufangen. Er kann dir Balenciagas kaufen oder für einen Monat ein Penthouse mieten, aber keine Sicherheit bieten. Eine gemeinsame Hypothek oder finanzielle Stabilität sind von ihm nicht zu erwarten. Sein Geld ist so wie er selbst: wie gewonnen, so zerronnen.

Top-Gangster dagegen sind subtiler; anders als die niederen Gangster-Typen wollen sie nicht, dass jeder weiß, wie viel Geld sie verdienen. Dieser Gangster ist so schlau, dass er seinen Wohlstand nicht aufs Spiel setzt, nur um andere zu beeindrucken. Wahrscheinlich ist er vor einiger Zeit vom Straßengangster zum zwielichtigen Geschäftsmann aufgestiegen. Vielleicht hat er in legale Betriebe investiert (Autowerkstätten und Imbissbuden sind beliebt), um sein Geld zu waschen. Er besitzt Immobilien und fährt einen Range Rover. Normalerweise hat er irgendwo eine langjährige Partnerin, eine Jugendliebe, die über seine Geschäfte bestens Bescheid weiß. Er wird sie nie verlassen, und als Entschädigung dafür, dass sie über seine anderen Frauen hinwegsieht, genießt sie ein äußerst angenehmes Leben. Der Top-Gangster ist in der Regel etwas älter, sexy, charismatisch und im Bett unanständig.

Alle Gangstertypen haben gemeinsam, dass du bei ihnen nie an erster Stelle stehst. Der »Job« ist dem Gangster fast immer wichtiger als du. Vielleicht lebt er sogar nach dem entzückenden Motto »*Money over bitches*«. Gangster-Fuckboys bedeuten Gefahr. Unter Umständen wird dir Gewalt angetan – bei Bandenkriegen kommt es immer häufiger vor, dass zur Vergeltung gezielt die Freundinnen oder weiblichen Verwandten des Gegners verletzt werden. Selbst wenn ihr einfach nur gemeinsam die Straße entlanggeht, könnte jederzeit die Hölle losbrechen. Die Polizei könnte dein Haus durchsuchen. Gangster-Fuckboys benutzen Frauen oft, um Drogen, Geld oder Waffen zu lagern. Wenn du für ihn etwas aufbewahrst, weil du dir nichts dabei denkst oder er dich dazu zwingt, machst du dich vielleicht sogar strafbar.

Vermutlich sitzt er immer mal wieder im Knast, aber diese Phasen bedeuten eine gewisse Erleichterung, weil du dann zumindest weißt, wo er gerade steckt.

Eine Beziehung zu einem Gangster ist kein Spaß.

Oft kann er sich tagelang nicht melden, weil er sich bedeckt halten muss. Häufig könnt ihr nicht kommunizieren, weil er wieder einmal das Telefon gewechselt hat. Er ist tagtäglich mit miesen, kranken Typen und Situationen konfrontiert. Er ist gestört und hat Probleme damit, dir zu vertrauen. Posttraumatische Belastungsstörungen sind unter Berufskriminellen weit verbreitet. Häusliche Gewalt ist in den Beziehungen von Gangstern an der Tagesordnung, da sie oft wütend und traumatisiert sind und unablässig Gewalt oder Gewaltandrohungen erleben. Nur in den wenigsten Fällen bleibt das Privatleben davon verschont.

Das soll nicht heißen, dass ich nicht verstehe, was an Gangstern und Bad Boys im Allgemeinen so faszinierend ist; glaub mir, das verstehe ich nur zu gut. Aber irgendwann muss man die Reißleine ziehen und die Vernunft einschalten. Deine Sicherheit geht vor, deshalb weg mit der rosaroten Prada-Brille. Dieses Leben bedeutet Razzien, Gefängnisbesuche und ewige Ungewissheit, weil du nie genau sagen kannst, wo dein Kerl gerade steckt.

In meiner Jugend war es ein Statussymbol, wenn man damit angeben konnte, dass man ein Gangmitglied kannte oder gedatet hatte. Man fühlte sich stark, wenn man mit gefährlichen Typen in Verbindung gebracht wurde (im Nachhinein ist das absurd, denn eigentlich ist man dadurch viel vulnerabler). Diese Typen haben schicke Autos und jede Menge Geld, und wenn man jung und naiv ist, begreift man nicht, dass es nicht von soliden finanziellen Verhältnissen zeugt, wenn man Tausende in bar in der Tasche herumträgt und alles für Designerklamotten ausgibt, die dann in der Sozialwohnung liegen, die einem nach der Haftentlassung zugeteilt wird. Dieses Leben kann ziemlich glamourös erscheinen. Doch wenn ein Kerl dir Loubs kaufen kann, aber keinen Kredit bekommt, dann ist sein Geld im Grunde wertlos. Darauf lässt sich kein gemeinsames Leben aufbauen.

Welche Zukunft kann es mit jemandem geben, bei dem Ermordung oder Gefängnis zum Berufsrisiko zählen? Komm bloß nicht auf die Idee, deine Kinder einem solchen Leben auszusetzen. Eine Beziehung zu einem Gangster-Fuckboy hat weitaus mehr Risiken als Vorteile. Es ist ohnehin schon schwer, sich aus einer missbräuchlichen Beziehung zu befreien, aber bei Gangstern kommt erschwerend hinzu, dass sie meist Waffen haben. Außerdem kann es sein, dass du nicht ohne Weiteres die Polizei rufen kannst, weil du an Straftaten beteiligt warst und fürchtest, dich selbst zu belasten. Oft gilt es unter Kriminellen auch als Verrat, wenn man die Polizei ruft. Du solltest dir professionelle Unterstützung suchen, denn vermutlich hast du dich auf diese Beziehung eingelassen, weil du in der

Kindheit Erfahrungen mit Machtdynamik, der Normalisierung von Missbrauch und Kontrolle sowie Kriminalität gemacht hast. Es ist sehr unwahrscheinlich, dass du strafrechtliche Folgen fürchten musst, wenn du dich aus Angst um deine Sicherheit an die Polizei wendest. Du *musst* aber nicht die Polizei rufen; wenn du dich in einer Situation befindest, aus der du keinen Ausweg siehst, kann dir auch eine Beratungsstelle für häusliche Gewalt weiterhelfen.

Menschen können sich ändern, deshalb verdienen ehemalige Verbrecher, die mit kriminellen Machenschaften nachweislich nichts mehr zu tun haben, durchaus eine Chance – es sei denn, sie sind wegen häuslicher oder sexueller Gewalt vorbestraft. Vor aktiven Gangstern dagegen solltest du dich hüten, denn es ist nicht gerade sexy, wenn ein Kerl Kokain in seinem Hintern versteckt.

Der unverbindliche Fuckboy

Der unverbindliche Fuckboy ist nur dann problematisch, wenn du auf der Suche nach etwas Ernsterem bist. Er tritt meist eher großspurig auf, ist oft ziemlich attraktiv und charmant, und es fällt ihm leicht, Frauen kennenzulernen. Wahrscheinlich behauptet er, dass er gerade eine längere Beziehung hinter sich hat oder beruflich sehr eingespannt ist und deshalb »im Moment nichts Festes sucht«. Gegen ein Date hat er aber nichts einzuwenden. Er will es langsam angehen und schauen, was sich ergibt. Darauf lässt du dich gerne ein, denn zu Beginn hast du noch keine Gefühle entwickelt und deshalb keine Bedenken. Die Aussicht, es langsam anzugehen, gibt dir Hoffnung. Du denkst vielleicht, es spiele keine Rolle, was er jetzt am Anfang sagt, denn schließlich werden deine reizende Persönlichkeit und deine unglaubliche Vagina in ihm den Wunsch nach einer festen

Beziehung wecken. Aber ich sage es klipp und klar: Wenn er ausdrücklich betont, dass er nur Sex will, und nicht einmal die Aussicht auf eine Beziehung in den Raum stellt und du dich darauf einlässt und anschließend verletzt bist, dann ist er kein Fuckboy, sondern du hast leider nicht richtig zugehört.

Der unverbindliche Fuckboy führt dich in die Irre, weil er dir das Gefühl vermittelt, dass er ernsthaft interessiert ist. Er stellt zwar klar, dass er »im Moment« nicht auf der Suche nach einer Beziehung ist (dieses Fünkchen Hoffnung gibt es immer), behandelt dich aber, als wärst du die erste Frau, die seit längerer Zeit seine Aufmerksamkeit erregt. Er ist reaktionsfreudig, interessiert und gerne bereit, jeden Tag mit dir zu reden. Die ersten Gespräche dauern stundenlang. Ihr unterhaltet euch so oft, dass es nicht seltsam oder abschreckend wirkt, wenn es bald auch um Sex geht. Er macht deutlich, dass er ein sexueller Typ ist und gerne jemanden hätte, der genauso viel Lust hat wie er. Du merkst, dass du betont offen mit dem Thema Sex umgehst, denn er sagt, dass er eine Frau braucht, die nicht kindisch ist und zu ihrer Sexualität steht. Er macht kleine Anspielungen auf die wahnsinnige sexuelle Chemie – wie schwer es ist, sich nicht zu verlieben, wenn man bei einer Frau das gewisse Etwas entdeckt. Er überschüttet dich mit Komplimenten.

Nach solchen Gesprächen fühlst du dich als umwerfende Hammerfrau.

Das erste Date läuft gut. Vielleicht hat er vorgeschlagen, ihr könntet euch privat treffen, aber das ist nicht zwangsläufig der Fall, denn schließlich will er seine Absichten nicht zu deutlich machen. Oft geht der unverbindliche Fuckboy mit dir essen oder etwas trinken, und genau wie die vielen Gespräche vermittelt dir das den Eindruck, dass er mehr will als nur Sex. Nach dem ersten Date – oder vielleicht dem zweiten, wenn du beim ersten auf keinen Fall mit ihm schlafen wolltest oder deine Tage hattest – erscheint es dir vollkommen natürlich, mit diesem Typen ins Bett zu gehen. Ihr habt schon so viel miteinander geredet, der Funke ist eindeutig übergesprungen, also wird der Sex nur bestätigen, was zwischen euch ist. Er schwärmt den ganzen Abend davon, wie sexy du bist und wo er in Zukunft mit dir hinfahren wird, sodass du vor Vorfreude ganz feucht wirst und unbedingt mit ihm in die Kiste willst. Ein solcher Typ ist nicht so dumm, dass er nach dem Sex sofort abhaut.

Am nächsten Tag kommt eine Nachricht, in der er schreibt, wie toll es war, und du bist erleichtert, dass er immer noch Interesse hat. In den nächsten Tagen spürst du jedoch eine deutliche Veränderung. Er ist nicht mehr derselbe wie vorher. Zwar meldet er sich noch ab und an bei dir und antwortet auf Nachrichten, aber seine Antworten lassen länger auf sich warten, und sein Leben scheint viel hektischer geworden zu sein. Er gibt dir gerade so viel Aufmerksamkeit, dass du dich fragst, ob du die Veränderung vielleicht überbewertest. Er macht dir immer noch ein paar Komplimente, meist sexueller Art, sodass du nicht daran zweifelst, dass er dich immer noch mag, auch wenn sich die Dynamik verändert hat.

Du fängst an, dich in ihn zu verlieben (vielleicht ist es auch Limerenz, siehe Kapitel 6). Du ertappst dich dabei, wie du alle acht Minuten seinen »Zuletzt online«-Status, seine Aktivitäten auf WhatsApp oder sein Instagram checkst, während du dir den Kopf darüber zerbrichst, warum er sich verändert hat. Du überlegst hin und her, ob du ihn anschreiben sollst oder nicht.

Mein Ratschlag: Tu es nicht. Wenn du dir nicht sicher bist, ob du ihm schreiben solltest, ist die Antwort Nein.

Vielleicht meldet er sich irgendwann und schlägt vor, dass ihr euch am Wochenende trefft. Du bist begeistert, aber am Tag der Verabredung gibt es irgendein lächerliches Drama (Reifenpanne, ein Familienmitglied wird krank, die Mutter eines Freundes stirbt), sodass er plötzlich nicht kommen kann. Du hast dich enthaart, frisiert und geschminkt, deshalb bietest du an, dass er nach dem Drama vorbeikommt, damit deine Verschönerungsmaßnahmen nicht umsonst waren. Er taucht um Mitternacht auf und geht um drei Uhr morgens mit der Begründung, wegen der Arbeit könne er nicht bleiben. Nach diesem Muster läuft euer Verhältnis künftig ab. Manchmal gibt es mit unverbindlichen Fuckboys regelmäßig Sex und viele gemeinsame Nächte, und dass er über Nacht bleibt, ist für dich ein wichtiges Zeichen. Es kann auch sein, dass er gar nicht bleibt, sondern nach dem Sex verschwindet und erst wieder auftaucht, wenn er mehr will – dann siehst du es als Zeichen, dass er überhaupt wiederkommt. Er hält dich in einem Zustand der stabilen Ambivalenz – dieser von Esther Perel geprägte Begriff beschreibt die Situation perfekt. Der Kontakt ist regelmäßig und verlässlich, doch die Gefühle und euer Beziehungsstatus sind ambivalent.

Vielleicht geht er mit dir aus, stellt dich seinen Freunden vor (aber nicht als seine Freundin) und hält regelmäßig Kontakt, gibt der Beziehung jedoch keine offizielle Bezeichnung. Ihr »trefft euch« oder »seht« euch. Wenn er mit einem Freund spricht, während ihr zusammen seid, spitzt du immer die Ohren, weil du hören willst: »Ich bin mit meiner Freundin unterwegs.« Aber das passiert nicht. Du versuchst verzweifelt, die drängende Frage – »Was sind wir?« – zurückzuhalten, weil du fürchtest, dass du damit alles ruinierst.

Der unverbindliche Fuckboy schläft wahrscheinlich mit anderen Frauen, wird darin jedoch kein Problem sehen, weil ihr schließlich keine feste Beziehung führt. In diesem Fall kann das »Pick-Me-Girl« in uns zum Vorschein kommen, sodass wir andere Frauen als Konkurrenz sehen. Er sagt, dass er dich und das, was ihr habt, mag, aber dass er innerlich nicht bereit ist, sich zu binden oder binden zu lassen. Das Etikett »fester Freund« bringt Verpflichtungen und Verantwortung mit sich, die er einfach nicht will. Er will Spaß und Leichtigkeit. Wie du dich fühlst, spielt keine Rolle, denn er legt fest, was Sache ist. Wenn du ihn unter Druck setzt, damit er Farbe bekennt, oder dich über den unklaren Status beklagst, wird er einfach Schluss machen. Da du auf eine Beziehung hoffst, hältst du den Mund. Oft müssen wir feststellen, dass wir für den unverbindlichen Fuckboy die »Ehefrau« spielen. Wir präsentieren ihm unsere besten »Ehefrau«-Skills, damit er erkennt, wie toll wir als Freundin wären. Oft ermöglichen wir ihm den Luxus, eine Beziehung zu führen *und* uneingeschränkt mit anderen zu schlafen. Wieso sollte er das ändern wollen? Eine solche Beziehung bringt Single-Männer nicht dazu, sich in dich zu verlieben. Mach deine Grenzen klar und lass dich nicht länger einwickeln.

Der privilegierte Fuckboy

Dieser Fuckboy ist bestens ausgebildet, hat vielleicht ein Eliteinternat besucht und studiert, vermutlich an einer privaten Uni. Man erkennt ihn an seinen Markenklamotten und am schicken Auto. Er kommt aus gutem Hause und hat von seinen Eltern gelernt, dass jeder reich werden kann, wenn er sich nur genug anstrengt, und dass Armut ein Zeichen von Faulheit ist. Obwohl ihm sämtliche Möglichkeiten des Lebens auf dem Silbertablett serviert wurden, ist er davon überzeugt, dass er seinen Erfolg seiner eigenen harten Arbeit zu verdanken hat. Seine Mutter nennt er »Mami«. Er wählt konservativ und ist stolz darauf. Er macht sich über Linke und Sozialisten lustig und empört sich über die Vorstellung, die Vermögenssteuer könnte wieder eingeführt werden. Er spielt Tennis oder Golf und besäuft sich mit seinen Kumpels beim Après-Ski.

Sein Anspruchsdenken und seine Arroganz zeigen sich auch im Dating-App-Profil. Alle Stationen seines Bildungswegs sind ausführlich aufgeführt. In seiner Bio steht in etwa: »Wenn du keine Fremdwörter beherrschst und mit den Linken sympathisierst, dann wische bitte auch nach links.« Er wird sich nichts dabei denken, beim ersten Treffen deinen tollen Vorbau zu loben. Er schnippt mit den Fingern nach Kellnern und lacht, wenn sie »foie gras« falsch aussprechen. Er glaubt an traditionelle Geschlechterrollen und erwartet von seiner künftigen Gattin, dass sie sich um die Kinder kümmert und sich nebenbei ein wenig ehrenamtlich engagiert. Er sagt zum Beispiel: »Sei ein Schatz und hol mir einen Drink, ja?«, und haut dir dazu auf den Po. Er ist elitär und hat einen Überlegenheitskomplex. Aufgrund seiner Herkunft und seines ererbten Reichtums hält er sich für besser als alle anderen. Er behandelt Frauen aus einfachen Verhältnissen herablassend und macht Witze darüber, dass man Prolos leicht ins Bett kriegt, solange man den Geruch erträgt. Er genießt sexistische und rassistische Scherze und weiß, dass er mit allem durchkommt, denn bislang konnte er sämtliche Tatvorwürfe abschmettern. Weil er gut vernetzt ist und genug Geld hat, um die besten Anwälte zu engagieren, drohen ihm keine Konsequenzen, wenn er wildfremde Frauen betatscht. Er hat Bindungsprobleme, die aus seiner Internatszeit resultieren, und ist oft kalt und herrschsüchtig mit narzisstischen Tendenzen. Wenn du einen mittelprächtigen Abschluss an einer staatlichen Uni gemacht hast, wird er dich verachten. Eine Partnerin wird ihm nie so wichtig sein wie er selbst; sein Mangel an Empathie erstreckt sich nicht nur auf Menschen aus einfachen Verhältnissen, Mitgefühl fällt ihm generell schwer. Er hat zu allem eine stoische Haltung, deshalb kannst du nicht auf ihn zählen, wenn dich Regelschmerzen quälen.

Diese Art von Fuckboy nutzt seine Privilegien, um alle zu untergraben und kleinzuhalten, die ihm nicht ebenbürtig sind – und das gilt für fast alle Frauen, außer Mami.

Er nutzt die Privilegien, um mit Frauenfeindlichkeit und sexuell aggressivem Verhalten durchzukommen, und aufgrund seiner Verbindungen zu mächtigen und einflussreichen Leuten hat das meist Erfolg. In seinen Augen hat er auf Frauen genauso ein Anrecht wie auf so ziemlich alles andere.

Der Loser-Fuckboy

Der Loser-Fuckboy zeichnet sich dadurch aus, dass er sich von den Frauen, die er datet, finanziell komplett abhängig macht. Es ist nicht verwerflich, wenn man arbeitslos ist oder Arbeitslose datet – das Leben ist grausam, und Arbeitslosigkeit kann uns alle treffen; man sollte niemanden dafür verurteilen. Allerdings gibt es Szenarien, in denen dauerhafte Arbeitslosigkeit kein Schicksalsschlag ist, sondern eine freie Entscheidung, und wenn wir mit solchen Leuten zusammen sind, müssen wir uns wirklich fragen, warum wir Gary bereitwillig finanzieren, obwohl er nur an seinen Mixtapes arbeitet und bis auf seinen Penis nicht das Geringste beisteuert.

Ein solcher Typ wird schon nach dem dritten Date bei dir einziehen, ohne dass du es merkst. Du wirst denken, ihr hättet euch verliebt und könnt nicht genug voneinander bekommen, aber in Wirklichkeit hat er keine Bleibe, obwohl er das nicht zugeben wird. Er wird dir erzählen, dass er eigentlich ein Haus hatte, aber irgendwie alles schiefgegangen ist (natürlich ohne sein Verschulden), sodass er unverhofft bei Oma/Bruder/Cousin unterkommen musste, aber das ist kein Ding, denn er hat diese tolle Wohnung in Aussicht und wird bald einziehen. Dann folgt die komplizierte Geschichte, dass irgendein Bekannter gerade aus einer anderen Wohnung ausziehen muss und er deshalb wartet, bis er einziehen kann. Du bist also beruhigt, weil du denkst, dass er nur vorübergehend bleibt. Du gehst den ganzen Tag arbeiten, während er zu Hause ist, Gras raucht und FIFA spielt. Wenn er es schafft, in deiner Abwesenheit Staub zu saugen, redest du dir ein, dass er dir den Alltag erleichtert, und durchschaust vielleicht gar nicht, dass du einen erwachsenen Mann adoptiert hast. Er wird dir vorgaukeln, er sei zu Großem bestimmt; zwar hat er in 35 Jahren noch nichts erreicht, glaubt aber fest daran, dass sein neuester Soundcloud-Upload alles verändern wird. Vor lauter Fantastereien findet er einfach keine Zeit zum Geldverdienen und erledigt nur alle paar Wochen einen Gelegenheitsjob für einen Kumpel. Er ist der Typ, der aufgrund seiner Einstellung keinen Vollzeitjob annehmen kann. Er hasst es, wenn jemand sein Chef ist, deshalb diskutiert er herum oder weigert sich, Anweisungen zu befolgen. Er ist nicht bereit, für andere zu arbeiten, und will sich daher ein Imperium aufbauen und CEO seines eigenen Unternehmens werden – ohne jegliche Anstrengung und ganz ohne Vorkenntnisse oder Berufserfahrung.

Wenn er Kinder mit einer anderen Frau hat, wird er ganz sicher weiter mit ihr schlafen. Zum Haushalt kann er außer seinem Schwanz nichts beisteuern, aber sie duldet ihn um der Kinder willen. Er braucht sie, damit er einen festen Platz zum Schlafen und Essen hat, wenn es hart auf hart kommt. Diese praktische Zweckbeziehung wird er auch dann nicht aufgeben, wenn er eine Freundin hat. Oder mehrere Freundinnen, denn ein Loser braucht eine möglichst große Anzahl von Frauen, die ihm Kleidung kaufen und sein Prepaid-Handy aufladen. Und wenn er keine anderen weiblichen Optionen hat, wird er darauf drängen, bei dir einzuziehen, und sehr schnell von dir abhängig werden.

Der Loser-Fuckboy wird nie zugeben, dass er pleite ist, und auch nicht direkt um Geld bitten; stattdessen wird er dich geschickt dazu bringen, dass du ihm Geld anbietest. Es wird immer einen Grund geben, wieso er ausgerechnet heute nichts hat – irgendetwas ist krass schiefgelaufen, zum Beispiel hat er seine Bankkarte verloren oder er musste der Mutter seines Kindes gerade 400 Pfund für die Schuluniformen zahlen (gelogen) und ist deshalb etwas knapp bei Kasse. Er wird betonen, wie leid es ihm tut, dass er dich nicht einladen kann, und dass ihr euch vielleicht eine Zeit lang nicht sehen könnt, weil er kein Geld für die Fahrtkosten hat, und natürlich bist du so nett und fürsorglich, dass du ihm etwas leihst. Du wirst ihm eine Monatskarte kaufen und ihm eine Tupperbox zum Mittagessen vorbereiten. Du wirst im Restaurant bezahlen (denn sonst würdet ihr nie ausgehen), bis es schließlich zur Gewohnheit wird. Allerdings wird er auch von seinen großen Zukunftsplänen erzählen, sodass du das Gefühl hast, ihn in einer schwierigen Phase zu unterstützen, bis er wieder auf die Beine gekommen ist.

Der Loser-Fuckboy ist normalerweise fantastisch im Bett – das muss er sein, sonst würden die Frauen ihn nicht ständig anflehen, dass er zurückkommt. Sex ist seine Währung, das wirklich Einzige, was er zu bieten hat.

Ein Loser kann anfangs toll wirken, weil er immer da ist, aber lass dich nicht täuschen: Dass er immer da ist, liegt nicht daran, dass er so verrückt nach dir ist, sondern dass er nicht das Geringste zu tun hat und dein Essen will.

Du solltest dir unbedingt überlegen, welches Leben mit jemandem möglich ist, der darauf angewiesen ist, dass du ihn ernährst. Mutter sein ist nicht leicht – vor allem, wenn das Kind ein erwachsener Mann ist. Wenn du an einen solchen Fuckboy gerätst, google so schnell wie möglich die Nummer des städtischen Entsorgungsbetriebs.

Der gewalttätige Fuckboy

Gefahr! Große Gefahr!

Achte auf die Frühwarnzeichen dieses Fuckboys und handele, sobald du sie erkennst. Und denke bitte nicht, dass Gewalt immer körperlich sein muss; in vielen Fällen ist sie das nicht. Kontrolle ist Gewalt, emotionaler Missbrauch ist Gewalt, sexuelle Kontrolle und sexueller Missbrauch sind Gewalt, finanzielle Kontrolle ist Gewalt, die Androhung von Gewalt ist Gewalt. Wenn du etwas davon erlebst, bist du in einer gewalttätigen Beziehung, auch wenn er dich niemals schlägt. Bei gewalttätigen Fuckboys gibt es keine Prototypen, keine Kleiderordnung und keine anderen äußerlich erkennbaren Merkmale. Der gewalttätige/kontrollierende Fuckboy kann jede Form und Größe, jedes Alter, jede ethnische Zugehörigkeit und jeden gesellschaftlichen Hintergrund haben (das gilt übrigens für alle Fuckboys, außer vielleicht den privilegierten Fuckboy, der immer aus einer bestimmten Gesellschaftsschicht kommt).

Anfangs verhält er sich meist einwandfrei und wiegt dich in einem falschen Gefühl der Sicherheit. Du bist schnell hin und weg und meinst, den Traummann gefunden zu haben – jemanden, der dir Komplimente macht, mit dir zusammen sein will, dich oft anruft, über FaceTime für dich da ist, wenn ihr nicht zusammen seid, und

MUTTER SEIN IST NICHT LEICHT –

VOR ALLEM, WENN

DAS KIND EIN

ERWACHSENER MANN

IST.

dich nach durchzechten Nächten abholen will, um dich zu beschützen. In einer solchen Beziehung läuft alles viel schneller und intensiver ab als bei jeder anderen Fuckboy-Kategorie. Er gibt dir das Gefühl, gewollt und gebraucht zu werden. Schon in den ersten Tagen oder Wochen spürst du, dass er dein Seelenverwandter ist. Noch nie hast du dich bei jemandem so sicher gefühlt, und es scheint, als könne nichts schiefgehen. Er lullt dich in eine Traumwelt ein und spielt eine Rolle, die wenig mit seinem wahren Ich zu tun hat. Das nennt man »Love Bombing«.

Wenn du ihm dann komplett verfallen bist, merkst du, dass er übertrieben eifersüchtig ist oder sich intensiv nach deinen Ex-Freunden oder anderen Männern erkundigt. Vielleicht unterstellt er dir, dass du abends mit Männern flirtest, oder fragt jedes Mal, wenn du zum Handy greifst, mit wem du textest. Vielleicht flippt er aus, wenn du etwas verschüttest, und hält dir das tagelang vor. Der gewalttätige Fuckboy straft dich wegen kleinster Vergehen mit Schweigen – manchmal über Tage oder Wochen –, bis du dich entschuldigst, obwohl du gar nichts falsch gemacht hast. Er bricht Streit vom Zaun, wenn du ausgehen willst, oder wirft dir vor, dass du dich nuttig anziehst, wenn du dich fertig machst. Vielleicht beschwert er sich darüber, dass du auf einem Instagram-Foto zu viel Dekolleté zeigst. Er äußert sich gehässig über deine Freundinnen, bezeichnet sie als »Schlampen« oder »leicht zu haben« und warnt dich davor, welchen Eindruck du vermitteln könntest, wenn du mit solchen Frauen zusammen bist. Er überredet dich dazu, sie nicht mehr zu treffen, weil er meint, dass man sonst auch von dir schlecht denken wird, oder macht dir weis, dass deine Freundinnen in Wirklichkeit gegen dich sind.

Ehe du dich versiehst, hat er dich von deinem Freundeskreis isoliert.

Du gehst kaum noch aus, weil es den Stress nicht wert ist, den er dann jedes Mal macht.

Der gewalttätige Fuckboy macht dich gerne klein, sowohl zu Hause als auch in der Öffentlichkeit. Er untergräbt dein Selbstvertrauen mit negativen Kommentaren oder unverhohlener Kritik. Er lässt dich vor Freunden und Angehörigen unzulänglich wirken oder zeigt irrationale Eifersucht, wenn du zu ihnen ein gutes Verhältnis hast. Eine Freundin von mir hatte einen gewalttätigen Freund, der ihr unterstellte, Sex mit ihrem Vater zu haben, weil sie einmal bei ihm übernachtet hatte. Der gewalttätige Fuckboy wirft dir vor, dich für männliche Kollegen zu interessieren, und rastet aus, wenn ein Vorgesetzter dir außerhalb der Arbeit Nachrichten schickt. Vielleicht ist er gemein zu deinem Haustier und droht, es zu verletzen, wenn du seine Forderungen nicht erfüllst.

Möglicherweise nimmt der gewalttätige oder kontrollsüchtige Fuckboy Drogen oder trinkt viel und schiebt seine Ausbrüche dann auf den Rausch. Auch dich macht er für seine schlechte Laune verantwortlich. Alles, was er tut, ist deine Schuld. Er schlägt vielleicht gegen Wände, wirft mit Sachen oder fährt absichtlich halsbrecherisch, wenn du im Wagen sitzt, damit du Angst bekommst. Er zerstört dein Vertrauen und gibt dir ständig das Gefühl, ihm deine Liebe beweisen zu müssen.

Wahrscheinlich hat er dir von seiner schwierigen Kindheit oder einem früheren Trauma erzählt. Du hast Mitleid mit ihm. Er zeigt nicht nur Gewalt oder Kontrollsucht, sondern ist zwischendurch immer wieder richtig nett. Sein Fehlverhalten schiebt er auf seine traurige Vergangenheit. Er manipuliert dich, damit du Mitgefühl hast. Seine Ausbrüche werden dir in die Schuhe geschoben, weil du ihn angeblich provoziert oder getriggert hast. Nach besonders schlimmen Vorfällen zeigt er Reue, was dich davon überzeugt, dass es Hoffnung auf Veränderung gibt.

Er lullt dich in eine Traumwelt ein und spielt eine Rolle, die wenig mit seinem wahren Ich zu tun hat.

Mittlerweile zeigt er ein komplett anderes Verhalten als zu Beginn. Aber weil du ihm jetzt emotional verbunden bist und weil er dir das Gefühl gibt, dass diese Veränderung deine Schuld ist, bleibst du bei ihm und glaubst, dass alles wieder so wird, wie es einmal war. Hin und wieder ist das auch der Fall; hin und wieder sorgt er dafür, dass du dich wunderbar fühlst, hin und wieder ist er nett, hin und wieder gibt es Momente, in denen dir wieder klar ist, warum du dich in ihn verliebt hast, und diese Momente sind gerade gut genug, um dich bei der Stange zu halten. Aber nicht nur das hält dich. Du glaubst, dass du ihn nicht verlassen kannst, weil du weißt, dass er das nicht zulassen wird, oder weil du finanziell von ihm abhängig bist oder weil er dein Selbstwertgefühl so vernichtet hat, dass du glaubst, niemand sonst wird dich jemals wollen oder du wirst niemals eine erfolgreiche Beziehung führen, weil du die Behandlung verdienst, die du bei ihm erlebst.

Der gewalttätige Fuckboy hat oft Sex mit dir, ob du willst oder nicht. Das ist Vergewaltigung, auch wenn ihr eine Beziehung führt. Er will erreichen, dass du deinen Körper für ekelhaft und wertlos hältst. Möglicherweise wird er auch körperlich gewalttätig – dazu zählt alles von heftigem Zwicken und hartem Anfassen bis hin zu richtiggehenden Schlägen.

Dieser Mann könnte dich irgendwann umbringen. Wirklich.

In Deutschland stirbt jeden dritten Tag eine Frau durch die Hand ihres Partners oder Ex-Partners, im Durchschnitt gibt es täglich einen polizeilich registrierten Tötungsversuch.[3] Selbst wenn er dich nicht tötet, raubt er dir bereits das Leben, indem er dich so mies behandelt.

Es ist sehr schwer, einen gewalttätigen Fuckboy zu verlassen, weil er droht, dass er dir dann etwas antun wird – oder droht, dass er sich umbringt. (Solche Drohungen sind sehr häufig, aber du bist keinesfalls dafür verantwortlich, ihn vor sich selbst zu schützen.) Es ist nicht auszuschließen, dass er dich stalkt und belästigt, wenn du die Beziehung beendest. Er wird danach trachten, deine zukünftigen Beziehungen zu zerstören oder – noch besser – dir weiszumachen, dass niemand sonst dich jemals haben will. Aber du kannst gehen. Es ist *möglich*. Man kann häusliche Gewalt überleben und gestärkt daraus hervorgehen. Ich habe großen Respekt vor allen, die das geschafft haben, denn es gehört viel dazu, die Flucht zu wagen. Deshalb rate ich dazu, schon bei den ersten Anzeichen zu flüchten, ehe man einem solchen Kerl in die Falle geht. Ich kann gar nicht genug betonen, wie wichtig es ist, Love Bombing zu erkennen – wenn die Beziehung sehr schnell sehr intensiv wird, ist das eine Red Flag, und wenn der rasante Rausch sich plötzlich wandelt, musst du die Flucht ergreifen und darfst nicht versuchen, diesen Wandel rückgängig zu machen.

Diese Art von Fuckboys ist mit Abstand die schlimmste. Sobald du ein Warnsignal entdeckt hast, darfst du ihnen unter keinen Umständen weitere Chancen geben. Schütze dich selbst – und deine Kinder, wenn du welche hast –, indem du gehst. Die Trennung ist der gefährlichste Augenblick, deshalb solltest du nach Möglichkeit mit fachkundiger Hilfe einen Sicherheitsplan entwerfen. Wenn du in einer solchen Situation steckst, versuch bitte, dir Hilfe zu holen. Mein Podcast mit der Organisation Women's Aid kann dabei helfen (den Link zum Podcast gibt es in meiner Instagram-Bio). Es gibt auch vertrauliche Unterstützungsangebote in deiner Nähe – google danach oder sprich mit einer Freundin oder Verwandten, wenn du keine professionelle Hilfe in Anspruch nehmen kannst. Du hast keinen Grund, dich zu schämen, und du bist für nichts davon verantwortlich.

Wenn du nach diesen Erläuterungen ganz deprimiert und entmutigt bist, weil es vor miesen Typen nur so wimmelt, dann mach dir bitte eines klar: Dieses Wissen über sie gibt dir Macht. Du hast jetzt eine ganze Liste von Red Flags für die gängigen Fuckboys, an die du geraten wirst, und diese Liste ist ein wichtiges Werkzeug.

Mach dich nicht verrückt, weil es solche Typen gibt, sondern schöpfe Kraft aus der Gewissheit, dass du sie entlarven wirst und ihnen damit viel besser aus dem Weg gehen kannst.

Kapitel 5

Wo bist du, Romeo?

Wo stecken die vernünftigen Männer? Alle guten Männer, die ich kenne, sind verheiratet oder schwul. Ich habe sämtliche Apps durchprobiert und hasse sie alle, aber ich hätte so gerne einen Partner und will mich nicht geschlagen geben. Sind manche Apps empfehlenswerter als andere? Gibt es irgendeinen geheimen Trick, wie man gute Männer findet? Mache ich mit meiner Bio etwas falsch?

Wenn du dir sicher bist, dass du gerne jemanden kennenlernen möchtest – ganz gleich, ob du Liebe, Sex oder nur einen Flirt suchst, weil dein Handy dir zu oft schweigt –, musst du überlegen, wo du jemanden finden könntest. Seit es Dating-Apps gibt, hat sich alles verändert. Früher haben wir uns alle in natura kennengelernt, an der Uni, in Bars, durch Freunde – uns blieb ja gar nichts anderes übrig –, aber heute geht man davon aus, dass im Jahr 2035 mehr als die Hälfte aller Beziehungen online ihren Anfang genommen haben werden.[4] Wenn du die Apps schon einmal ausprobiert hast, weißt du sicher, dass der Dating-Pool ziemlich düster aussieht, vor allem, wenn man über 30 ist – er erinnert eigentlich eher an eine Kloake. Auf Frauenfeindlichkeit und die zahlreichen Fuckboys, die sich dort tummeln, sind wir bereits eingegangen. Warum zur Hölle sollte man freiwillig in diese Brühe hüpfen? Tja, wenn du meinst, dass ein Partner dein Leben schöner machen würde, und dir sicher bist, dass zwischen dem ganzen Dreck auch nette, liebevolle, treue, ehrliche, intelligente und liebenswerte Männer herumschwimmen, dann lohnt es sich, vorsichtig einen Zeh ins Abwasser zu tauchen. Es gibt durchaus gute Männer: Wir müssen nur herausfinden, wo sie stecken, und bereit sein, ihnen zu begegnen.

Im echten Leben

Dass wir im echten Leben immer seltener Leute kennenlernen, liegt unter anderem daran, dass alle auf ihr Handy starren, wenn sie unterwegs sind. Im Restaurant spricht man kaum noch mit der Begleitung am Tisch, sondern fotografiert lieber das Essen, und Gespräche mit Fremden sind noch viel unwahrscheinlicher. Außerdem habe ich den Eindruck, dass man immer seltener unverhofft angesprochen wird, je älter man wird. Das liegt nicht daran, dass du weniger attraktiv bist, sondern dass du mit höherer Wahrscheinlichkeit »Verzieh dich« antworten wirst. Trotzdem kann es vorkommen, dass dich jemand anspricht, und ich rate dazu, dann ruhig etwas mutiger zu sein. Damit meine ich: Wenn man im Vorbeigehen oder im gleichen Zugabteil jemanden sieht, der einem gut gefällt und der vielsagende Blicke oder ein Lächeln erwidert, bereut man es später oft bitter, dass man aus Schüchternheit nichts gesagt hat und diesen Menschen nun nie wiedersehen wird. Mir selbst ist das schon oft so ergangen – ich bin an einem Mann vorbeigelaufen, wir haben uns beide mehrfach umgedreht, aber ich war zu unsicher und bin deshalb einfach weitergegangen. Nach solchen Erlebnissen gräme ich mich dann mindestens zwei Tage lang, weil mir wegen meiner Hemmungen die Liebe meines Lebens entgangen sein könnte. Seit Kurzem setze ich in solchen Situationen auf eine andere Strategie: Ich drehe mich um, bleibe stehen und nicke ermutigend – und am Ende tauschen wir unsere Nummern aus. Dass ich dabei puterrot bin und vor Aufregung zittere, scheint die Männer nicht abzuschrecken. So etwas kann überall passieren, auf der Straße oder im Supermarkt. Ich tusche mir neuerdings vor dem Einkaufen die Wimpern, nur für den Fall, dass mein Seelenverwandter zufällig in der Gemüseabteilung steht. Du könntest auch eine Flasche Wein, eine Fertigmahlzeit für eine Person, eine Gurke und etwas Vaseline in deinen Einkaufskorb legen, um allen im Laden ganz deutlich zu zeigen, dass du Single bist.

Bars, Kneipen, Konzerte, Festivals und dergleichen bieten sich natürlich an, um potenzielle Partner kennenzulernen. Strategisch günstig ist es, in eine Kneipe zu gehen, die gerade ein Fußballspiel

DER DATING-POOL ERINNERT EHER

AN EINE KLOAKE.

oder einen Boxkampf zeigt, denn dann sind jede Menge Männer dort. Allerdings wird man dich vermutlich kaum beachten, solange die Übertragung läuft. Bars sind meist besser geeignet als Kneipen, obwohl es ziemlich lästig ist, wenn man sich anschreien muss, um die Musik zu übertönen. Konzerte sind toll, weil dann immerhin ein gemeinsames Interesse feststeht, aber auch hier ist es laut, und die meisten gehen mit Freunden hin, sodass man nicht ohne Weiteres ins Gespräch kommt. Bei Open-Air-Festivals trifft man leicht auf Gleichgesinnte, allerdings beschränken sich solche Veranstaltungen auf die Sommermonate.

Auch bei der Arbeit kann man einen Partner finden, obwohl ich davon abrate; schließlich heißt es nicht umsonst, man soll nicht dort essen, wo man scheißt. Anfangs ist es wirklich schön (die Romanze am Arbeitsplatz, nicht das Scheißen!), denn wenn man in einen Kollegen verknallt ist, wird der Arbeitstag zu einem aufregenden Abenteuer – andererseits kostet es dann sehr viel Zeit, sich morgens fertig zu machen. Heimlichtuerei vor dem Kollegium sorgt für sexy Spannung und schweißt dich und deinen Partner zusammen, weil ihr ein gemeinsames Geheimnis habt. Alles ist toll und prickelnd – bis es vorbei ist. Eine schlimme Trennung von jemandem, den man trotzdem *jeden Tag* sehen muss, ist gelinde gesagt traumatisch und kann jede Menge Stress bei der Arbeit nach sich ziehen. Bei einem Sommerjob, der dir egal ist, spielt das keine Rolle, aber wenn du dir deine Stelle hart erarbeitet hast und sie dir wichtig ist, solltest du dir gut überlegen, ob du dich in eine Büroliebe stürzen willst.

Ein Hobby ist ideal, um Gleichgesinnte zu treffen. Sei es Töpfern, Laufen, Kochen oder Singen – wenn du dich für etwas begeistern kannst, such dir einen Verein in der Nähe und melde dich an. Werde aktiv. Selbst wenn unter den Vereinsmitgliedern keine potenziellen Partner sind, lernst du dort neue Leute kennen, und vielleicht haben diese wiederum attraktive Geschwister oder Bekannte, die für dich infrage kommen. Auch Fitnessstudios sind ein guter Hotspot, und wer auf dich steht, wenn du schweißüberströmt und außer Atem bist, wird erst recht keinen Rückzieher machen, wenn du dich bei einem Date in Normalform präsentierst. Ehrenamtliche Tätigkeiten sind sogar noch besser: Du tust damit etwas Gutes und hast gleichzeitig die Chance, neue Bekanntschaften zu machen.

Allerdings kann man Liebe längst nicht nur in einer romantischen Partnerschaft erleben. Wenn du dich für eine gute Sache engagierst, wirst du in jedem Fall eine enorme Quelle seelischer Verbundenheit anzapfen und damit die Leere lindern, die wir manchmal empfinden, wenn uns romantische Liebe fehlt. bell hooks schreibt in *Alles über Liebe* kluge Worte darüber: »Gemeinschaft, Spiritualität, Familie, Freunde, Arbeit – gegenseitige Liebe findet man an vielen Orten.«[5] Wer liebt, erzeugt Liebe, und wenn du dich mit Dingen beschäftigst, die dir Freude bereiten, fühlst du dich als Single fantastisch und eröffnest dir mehr Möglichkeiten für Liebe. Wenn du aus anderen Quellen Kraft schöpfst, ehe du dich in den Dschungel wagst, bist du für die deprimierenden Seiten der Partnersuche unter Garantie besser gerüstet. Andere Formen der Liebe, auch die Liebe zu sich selbst, sind ein mächtiger Fuckperson-Filter.

Nicht nur in speziellen Dating-Apps, sondern auch in den sozialen Medien kann man Partner finden – auf Instagram, Twitter, Facebook und so weiter. Mittlerweile ist es üblich, über persönliche Nachrichten zu kommunizieren, und obwohl Instagram keine Dating-App ist, könntest du dort sicherlich auf potenzielle Partner stoßen. Aber Vorsicht – anders als auf Dating-Apps sucht dort niemand gezielt nach Liebe/Sex. Wenn jemand in den Kommentaren etwas äußert, das ganz deine Meinung trifft, oder wenn du jemanden, der mit einem Freund markiert ist, attraktiv findest, dann schau dir die Seite dieser Person an, um herauszufinden, ob sie Single ist. Verteile strategisch geschickt ein paar Likes, und die Sache läuft.

Unabhängig davon, wie man sich kennenlernt, ob persönlich oder online – wichtig ist, wie jemand mit dir redet. Es versteht sich wohl von selbst, dass ein Kerl, der als Allererstes Hintern, Brüste oder Körper lobt oder einen offensichtlich sexuellen Kommentar abgibt, vermutlich nicht auf eine langfristige Beziehung aus ist. Früher hat mir so etwas geschmeichelt. Wenn Männer, an denen ich kein Interesse hatte, mich als Sexobjekt betrachteten, fand ich das furchtbar, aber wenn mir ein Kerl gefiel, hatte ich nichts gegen sexualisierte »Komplimente«, sondern deutete sie als Zeichen dafür, dass er in mir eine potenzielle Ehefrau sah. Ich begriff nicht, welch gewaltige Red Flag allein die Tatsache war, dass er sich nichts dabei dachte, einer Fremden gegenüber sexuelle Bemerkungen zu machen. Ich konnte das nicht erkennen, weil ich immer noch dem männlichen Blick gefallen wollte. Sexy bedeutete für mich wertvoll. Ich hatte keine Ahnung.

Insgesamt gilt, dass in jeder Lebenslage grundlegender Respekt ungeheuer wichtig ist. Wenn dir jemand aus dem Auto oder auf der Straße hinterherpfeift, ist das respektlos. Gleiches gilt, wenn dich jemand am Arm packt oder rücksichtslos in deine Distanzzone eindringt. Alles, was erkennen lässt, dass dem Mann nicht klar ist, wie oft Frauen unerwünschte Kommentare und öffentliche Belästigungen erdulden müssen, ist bedenklich. Manchmal hat man Angst, einem Mann die Telefonnummer zu verweigern, wenn er darum bittet – er könnte erwidern, dass du sowieso hässlich bist, oder das Nein nicht akzeptieren oder dir so lange zusetzen, bis du behauptest, dass du einen Freund hast (weil er vor einem imaginären Mann mehr Respekt hat als vor einer Frau). Das kann lähmend wirken. Männer sollten sich darüber im Klaren sein und deshalb respektvoll vorgehen, wenn sie eine Frau ansprechen.

Natürlich möchten wir von Menschen, die uns gefallen, begehrt und gemocht werden, aber wir können von ihnen erwarten, dass sie sich zusammenreißen, bis sie grünes Licht bekommen.

Aggressive, dominante oder sexuelle Avancen, ob online oder im echten Leben, verraten viel über das Frauenbild eines Mannes, und das wiederum lässt darauf schließen, wie er dich letztendlich behandeln wird.

Dating-Apps

Wenn du auf der Suche nach Liebe, Sex oder irgendetwas dazwischen bist, sind Dating-Apps die naheliegende Methode. Sie sind vor allen Dingen bequem; man muss nicht aus dem Haus und kann den Kandidaten etwas auf den Zahn fühlen, ehe man sich persönlich trifft. Doch obwohl viele erfolgreiche Beziehungen online ihren Anfang genommen haben, kenne ich eigentlich niemanden, der behaupten würde, sich gerne mit diesen Apps zu beschäftigen – die meisten Leute sind davon entweder gestresst oder gelangweilt. Bei vielen ist es immer wieder das Gleiche: Sie laden sich die App herunter, haben nach einer Weile die Nase voll, löschen sie und schwören sich, sie nie wieder zu nutzen … Und nach sechs Monaten, wenn sie sich langweilen oder etwas Aufmerksamkeit vertragen könnten, geht es wieder von vorne los.

Dating-Apps können wirklich zermürbend wirken, aber das muss nicht sein. Das Wichtigste ist vermutlich, sich stets vor Augen zu führen, dass alle ganz ähnliche Erfahrungen machen – nicht nur bei dir gibt es Matches, aber keine Nachrichten oder kaum Matches oder Matches, die aufgelöst werden, oder befremdliche, sexuelle Kontaktaufnahmen. Das liegt nicht an dir oder daran, dass du nicht gut genug bist. Es liegt nicht daran, dass du hässlich oder unwürdig bist. Es passiert den allermeisten Frauen, und wir dürfen uns so etwas nicht zu Herzen nehmen.

Es liegt nicht an dir, sondern an Tinder.

Trotzdem kann man mit den Apps durchaus tolle Menschen finden, deshalb lohnt es sich, sie zu nutzen, wenn man wirklich für einen tollen Menschen bereit ist. Wir müssen nur wissen, wie wir die schlechten herausfiltern.

Zwischen den Apps gibt es definitiv Qualitätsunterschiede. Oft heißt es, auf kostenpflichtigen Apps gebe es mehr Männer mit ernsten Absichten, aber ich weiß von unfassbar vielen Frauen, die über kostenpflichtige Apps verheiratete Männer kennengelernt haben (natürlich gibt es auch in kostenlosen Apps Verheiratete, aber es lohnt sich eben nicht, dafür zu bezahlen). Tinder ist sehr anstrengend, denn es herrscht der gewaltige Irrglaube, auf dieser App gehe es nur um das eine, sodass man ständig erklären muss, dass man ein Date möchte und keinen unverbindlichen Sex (es sei denn natürlich, man möchte unverbindlichen Sex). Meine männlichen Freunde behaupten, auf Tinder könne man Frauen treffen, die Sex wollen. Ich glaube, viele Frauen hoffen, auf Tinder einen Partner fürs Leben zu finden, und obwohl ich ein paar Leute kenne, denen genau das gelungen ist, laufen zahlreiche Unterhaltungen in etwa so ab:

Er: *Und, was suchst du hier? [Diese Frage zeigt meiner Ansicht nach oft, dass er nichts Ernstes will.]*
Wir: *Ich bin auf der Suche nach einem Date und hoffe auf jemanden, bei dem es Klick macht. Nach unverbindlichem Sex ist mir gerade nicht. Und du?*
Er: *Oh, cool. Hast du eigentlich große Titten?*

Das ist anstrengend. *Plenty of Fish* ist allerdings noch schlimmer. 90 Prozent der Männer auf POF sehen aus, als hätten sie einen Screenshot von ihrem Myspace-Profilbild gemacht. Männer präsentieren sich dort vor allem mit Selfies, aber mit schrecklichen – meist sind es Webcam-Aufnahmen aus schwach beleuchteten Räumen mit welligen Tapeten im Hintergrund, auf denen sie ein schlecht sitzendes Sakko und ein Adidas-Cap tragen und mit zwei Fingern eine Schussgeste imitieren. Bei Cis-Hetero-Frauen ist *Bumble* beliebter: Die Profilbilder sind meist moderner und aktueller, und die Frauen müssen den ersten Schritt machen, sodass sie nicht so extrem mit Nachrichten bombardiert werden.

Die Bilder spielen in Dating-Apps eine große Rolle, und ich glaube, deshalb fällt es vielen so schwer, geeignete Partner zu finden. Es schreckt mich ab, wenn ein Mann nur Selfies zeigt, vor allem, wenn sie alle am selben Tag aufgenommen wurden, nur er und sein Gesicht aus drei verschiedenen Perspektiven. Das wird nicht besser, wenn er auf diesen Selfies einen Schmollmund zieht oder sich an der Lippe nagt/über die Lippen leckt, um sexy zu wirken, oder wenn er aussieht, als hätte er aus Versehen die Frontkamera eingeschaltet und das Bild trotzdem gepostet. Schlimmer ist noch, wenn diese Selfies vor einem verschmierten Spiegel mit eingeschaltetem Blitzlicht oder vor einem ungemachten Bett in einem unordentlichen Zimmer aufgenommen werden. Das zeigt mir, dass dieser Typ entweder ein falsches Selbstbild hat oder sich keine Mühe gibt, sich von seiner besten Seite zu zeigen.

Ich sehe gerne Bilder, die erkennen lassen, dass ein Mann Freunde und ein Leben außerhalb des Schlafzimmers hat – solange es sich nicht um Schnappschüsse handelt, auf denen er mit einer Gucci-Männertasche über der nackten Brust im Kreis von Freunden steht, die mit Gin-Flaschen in der Hand gegenseitig auf sich zeigen. Oder einen betäubten Tiger streicheln. Oder einen traumatisiert wirkenden Fisch in die Höhe halten und sich abklatschen. Ich weiß nicht, warum Männer das Bedürfnis haben, auf Fotos aufeinander zu zeigen, oder warum sie sich gerne mit Getränken und Tieren ablichten lassen – allerdings nur mit ganz bestimmten Tieren, niemals mit Wüstenrennmäusen oder Hamstern.

Interessanterweise hatten einige Männer, die mir im wirklichen Leben gefielen, Social-Media-Bilder, bei denen ich dachte: »Wenn ich diese Fotos in einer App gesehen hätte, wäre es ein klares Nein gewesen.« Wenn wir nur nach 2-D-Bildern gehen, kann es passieren, dass wir jemanden aussortieren, der eigentlich gut zu uns passen würde. Ich hasse Apps und wünschte, wir könnten zurück in eine Zeit, in der persönliche Begegnungen die einzige Option waren. Dann müssten wir uns nicht zwischen Garys Selfie mit der Großaufnahme seiner Nasenlöcher und Gareths Oben-ohne-Foto am Strand entscheiden – aber so ist es leider nun mal.

Auch dein eigenes Profil solltest du kritisch prüfen. Was willst du dort zeigen? Man beurteilt uns anhand unserer Bilder, und mit den Bildern, die wir auswählen, sagen wir etwas aus. Lächeln ist ungeheuer wichtig; es lässt dich fröhlich und sympathisch aussehen. In jeder App stößt man schnell auf Personen, die auf jedem Bild kreuzunglücklich wirken – das ist nicht gerade anziehend. Such dir fünf Bilder aus, auf denen du etwas machst, das dir Freude bereitet. Was die Kleidung betrifft: Selbst wenn du einen Ganzkörperkittel trägst, werden die Männer sich immer noch wie wilde Tiere gebärden. Realistischerweise ist jedoch zu sagen: Je mehr Haut du zeigst, desto eher werden sie vermuten, dass du in der App nur das Eine suchst. Natürlich ist das patriarchalischer Quatsch, aber es ist trotzdem eine traurige Tatsache. Leider ist bei vielen Cis-Hetero-Männern noch nicht angekommen, dass unsere Kleidung keinerlei Rückschluss auf unser Sexleben zulässt. Deshalb zieh an, was dir gefällt, aber rechne damit, dass ein sexy Outfit unvermeidlich eine Fülle von schleimigen Kakerlaken anlocken wird.

Die Bio im Dating-Profil ist genauso wichtig, und auch diese will sorgfältig erstellt werden. Ich finde es am besten, wenn man sich anhand der Bio ein Bild von den Menschen machen kann: deine Interessen, Hobbys, welche Musik du magst, ob du besonders fromm bist oder vegan lebst und auf keinen Fall einen Fleischfresser daten würdest.

Doch zuallererst solltest du dir klarmachen, wonach du suchst. Was willst du wirklich? Bist du bereit, dich mit jedem zu treffen und zu schauen, was sich ergibt, ob unverbindlich oder mehr? Oder bist du ganz entschieden auf der Suche nach einem festen Partner? Gibt es bestimmte Punkte, die für dich nicht verhandelbar sind? Die sind wichtig, und es sollte dabei nicht um Äußerlichkeiten und die körperliche Anziehung gehen. Für mich ist entscheidend, dass ich mit einem potenziellen Partner intellektuell und politisch auf einer Linie bin. Jeder Mensch hat seine eigenen Kriterien, aber du könntest dich fragen: Ist der Typ feministisch? Setzt er sich gegen Rassismus ein? Ist ihm der Klimawandel ein Anliegen? Ist er religiös? Bist du sehr reisefreudig und brauchst deshalb jemanden, der bereit ist, jederzeit die Koffer zu packen? Was auch immer es ist, wenn dir etwas sehr am Herzen liegt, sollte es deinem Partner unbedingt auch wichtig sein, damit ihr die gleiche Weltanschauung teilt.

Allerdings solltest du das, was du willst oder nicht willst, nicht zu präskriptiv oder negativ auflisten – und es sollte nicht der Eindruck entstehen, dass du alle, die diese Kriterien nicht erfüllen, widerlich findest. Sicher kennst du diese Profile, in denen Männer eine Fülle von Ansprüchen aufzählen, die eine Frau für sie erfüllen muss. In ausnahmslos jeder Dating-App findet man schnell einen Kerl, der aussieht, als hätte er seit 1975 denselben Haarschnitt, aber eine Frau sucht, die feminin (nicht feministisch) und natürlich ist, ungeschminkt, aber gepflegt, schlank, aber kurvig, die sich selbst nicht zu ernst nimmt, aber den Beruf über das Aussehen stellt, die stolz auf ihr Äußeres ist, aber keine Fotos in Social Media teilt, die gut zuhören kann, aber nicht zu laut ist … Solche Listen sind oft endlos und sollen Frauen, die diesen lächerlichen Kriterien nicht entsprechen, Minderwertigkeitsgefühle vermitteln. In Wirklichkeit helfen sie uns dabei, Idioten herauszufiltern. Mach es besser und formuliere deine nicht verhandelbaren Ansprüche nicht zu herablassend. Schreibe also nicht: »Suche jemanden, der keine ermordeten Tiere verspeist«, sondern vielleicht: »Bin Veganerin und wünsche mir einen Partner, der sich pflanzlich ernährt.«

Unsere grundlegenden Moralvorstellungen und Werte sind wichtig. Man muss nicht in jeder Hinsicht einer Meinung sein, gesunde Debatten und unterschiedliche Ansichten sind toll. Aber nicht, wenn es um ganz entscheidende Dinge geht – zum Beispiel, wenn einer von beiden auf keinen Fall Kinder haben will –, und vor allem nicht, wenn sich diese Dinge direkt auf andere Menschen auswirken.

Homophobie, Transphobie, Rassismus, Ableismus, Klassismus, Fettphobie, Antisemitismus, Islamfeindlichkeit – im Prinzip jeder -ismus, der zur Folge hat, dass manche Personengruppen sich anderen überlegen fühlen – sind eindeutige Red Flags.

Falls du nicht zu den Personen gehörst, die jemand ablehnt, könntest du versucht sein, seine ekelhaften Ansichten zu tolerieren, weil sie dich nicht betreffen. In diesem Fall überleg dir bitte genau, was wirklich dahintersteckt. Solche Einstellungen stützen das Patriarchat und sind ein wichtiger Indikator für Narzissmus. Sie verraten viel über den Charakter einer Person und darüber, wie sie in einer Beziehung funktionieren wird. Eine Beziehung mit einem Menschen, der politische Unterdrückung gutheißt oder irrationalen Hass oder einen Mangel an Empathie zeigt, kann niemals gut sein. Verschaff dir frühzeitig Klarheit über derartige Ansichten – sie bilden den Kern der Persönlichkeit.

Achte genau darauf, was Männer in ihren Profilen schreiben. Wenn du mehr willst als eine kurze Affäre, triff dich nicht mit Männern, die in ihrer Bio verkünden, dass sie nichts Ernstes suchen, selbst wenn sie wahnsinnig attraktiv sind. Orientiere dich an dem, was sie über die Gegenwart sagen – in Zukunft könnten sie von einem Bus überfahren werden, wer weiß? Es lohnt schlichtweg nicht, sich an ein »vielleicht« zu klammern. Wer in Apps keinen Hehl daraus macht, dass er nach unverbindlichen Kontakten sucht, ist kein Fuckboy. Apps sind perfekt, um lockere Bekanntschaften zu machen – problematisch wird es nur, wenn jemand seine wahren Absichten verschleiert, um eine Frau ins Bett zu kriegen.

Diese Red Flags deuten auf einen Sex-Desperado hin:

- **Du bekommst nur Komplimente, die dein Äußeres betreffen.**
- **Er will dich nicht richtig kennenlernen und stellt deshalb nur banale Fragen.**
- **Er will viele Bilder und bittet um »freizügigere«.**
- **Er will sich lieber in den eigenen vier Wänden treffen als außer Haus.**
- **Er versucht ständig, das Gespräch in eine sexuelle Richtung zu lenken.**

Auf Instagram gibt es ein paar hervorragende Accounts, die Profile und Nachrichten von Dating-Apps genau analysieren. @tindertranslators, @thirtysomethingsingle und @singleblackwoman_x kann ich sehr empfehlen.

Wenn du Dating-Apps benutzt, solltest du dir unbedingt ein dickes Fell zulegen. Rechne damit, dass man dich beschimpfen wird, denn das passiert oft. Dein Posteingang wird mit widerlichen Nachrichten geflutet werden, zum Beispiel: »Du siehst richtig schmutzig aus, in dein Gesicht würde ich gerne abspritzen.« Oder: »Der Match muss ein Versehen sein. Du spielst nicht in der gleichen Liga, looool.« Lass so etwas nicht an deinem Selbstwertgefühl kratzen, sondern sag dir: »Aha, war ja klar, dass ich hier auf ein paar Incels stoßen würde, und da sind sie schon.« Dass du damit rechnen musst, beschimpft zu werden, heißt allerdings nicht, dass du es erdulden musst – denk immer daran, dass es nicht an dir liegt. Diese Strategie wird »Negging« genannt und ist leider weit verbreitet (bei Narzissten ist sie sehr beliebt). Der Begriff »Negging« wurde von so genannten Pick-Up-Artists geprägt – Männern, die online Tipps dazu geben, wie man eine Frau am besten ins Bett bekommt. Sie setzen auf Elemente der neurolinguistischen Programmierung und Psychologie, um Frauen zu manipulieren und zu verführen. Solche Männer sind ganz fürchterlich. Das Negging gehört zu ihren wichtigsten Strategien; dabei wollen sie unser Selbstvertrauen schwächen, indem sie uns schlechtmachen, weil sie meinen, dass wir dann eher auf Annäherungsversuche anspringen – vor allem, wenn auf einen negativen Kommentar ein Kompliment folgt. Wir werden verunsichert und fürchten, irgendwie unattraktiv zu sein, während wir gleichzeitig dankbar dafür sind, dass der Typ trotzdem noch Interesse an uns hat. Mit der Zeit brauchen wir seine Bestätigung. Negging wäre zum Beispiel, wenn dir jemand sagt, dass er dich auf einem bestimmten Bild wirklich heiß findet, sich dann aber über deine Schuhgröße lustig macht, oder dass du ein hübsches Gesicht hast und früher bestimmt toll aussahst.

Kelechi Okafor stellt fest, dass Schwarze Frauen, die online mit nicht-Schwarzen Männern gematcht werden, oft rassistisches Negging erleben: »Für eine Dunkelhäutige bist du richtig hübsch.« Oder: »Glaubst du, ich bin deinem dicken afrikanischen Hintern gewachsen?« Fetischisierung ist genauso weit verbreitet und genauso schlimm: weiße Männer, die Schwarze Frauen als »Schoko-Königin« bezeichnen, nicht behinderte Männer, die behinderte Frauen wegen ihrer Behinderung sexy finden, Männer, die dicken Frauen erklären, wie sehr sie auf »BBW« [Abk. *big beautiful women*] stehen, und das Gespräch immer wieder auf ihren »gewaltigen Arsch« lenken. Wenn man sich diesen üblen Fetischismus verbittet, heißt es, man solle für das Kompliment dankbar sein. Die Äußerungen sind immer als Scherz oder Flirt getarnt, und wenn man sich dagegen zur Wehr setzt, hört man den Vorwurf, keinen Spaß zu verstehen. Auf so etwas solltest du in der Anfangsphase unbedingt achten. Und nimm es auf keinen Fall persönlich! Dieser Mist ist weit verbreitet. Höchstwahrscheinlich wirst du irgendwann erleben, dass dich jemand kleinreden will.

Denk immer daran:
Es liegt nicht an dir, sondern an ihm.

Dahinter steckt eine Strategie, es ist gemein und sagt nichts über dich aus. Nimm es dir nicht zu Herzen. Melde den Kerl in der App, blockier ihn, lösch ihn und hak ihn ab. Lass dich nicht auf das Negging ein. Er will, dass du dich aufregst; das genießt er. Mach dir die fiesen Kommentare von Dating-App-Trollen nicht zu eigen, sie haben nichts zu bedeuten.

Wenn man mit einer Behinderung auf Partnersuche ist, wird die Herausforderung noch größer, als sie ohnehin schon ist. Über dieses Thema habe ich mit Joy Addo (@joysworldthepodcast) und Cathy Reay (@thatsinglemum) in meinem Podcast gesprochen (Link in meiner IG-Bio). Beide Frauen haben eine Behinderung, und wir haben uns ausführlich darüber unterhalten, wie sich Behindertenfeindlichkeit und Behinderung auf die Partnersuche auswirken. Cathy sagte: »Eine Behinderung bedeutet oft, dass man niemanden in einem Club oder in einer Umgebung kennenlernen kann, in der man ohne Apps normalerweise Leute treffen würde. Für mich ist es eigentlich angenehm, mich online zu präsentieren und nicht zu wissen, wer mich ablehnt. Man sieht mich und wischt nach rechts, wenn man mich mag, und nach links, wenn man mich nicht mag, und das ist in Ordnung. Weil ich nicht sehe, wer nach links wischt, kann mich das nicht verletzen. Ich weiß einfach, dass mein Match mich akzeptiert, und das nimmt mir die anfängliche Unsicherheit, ob er damit klarkommen wird, dass ich behindert bin.«

Joy riet: »Es ist wirklich gut, selbstbewusst zu seiner Behinderung zu stehen. Man muss sie annehmen. Wenn man selbst darunter leidet und sie als Problem sieht, kann man nicht erwarten, dass der andere damit keine Schwierigkeiten hat. Die eigene Einstellung färbt ab. Wenn du also sagst: ›Übrigens, das ist meine Behinderung, und diese Folgen hat sie für mich‹, heißt das im Prinzip: ›super, Thema abgehakt.‹ Sie ist ein Teil von dir, aber nicht deine Identität.« Wer mehr dazu erfahren will, sollte diesen beiden wunderbaren Frauen folgen.

Anständige Leute werden in einer App respektvoll kommunizieren und deutlich machen, dass sie an dir als Mensch interessiert sind und nicht nur daran, was du ihnen geben könntest oder wie du aussiehst. Männer stellen auf Dating-Apps extrem häufig Fragen, mit denen sie nur ermitteln wollen, ob du ihrer Vorstellung von der perfekten Mutter-Ehefrau-Kombination entsprichst, zum Beispiel: »Kannst du kochen? Wann kochst du mal für mich? Kannst du gut massieren? Wie würdest du mich beeindrucken?« Das nervt mich tierisch; solche Typen wollen nicht das Geringste über meinen Beruf, mein Leben oder meine Interessen erfahren, sondern nur, ob ich grundlegende Alltagsfähigkeiten beherrsche, die ihm nützen.

Ich bin nicht bereit, für unfähige Männer zu sorgen.

Es macht mir Freude, meine Partner zu bekochen und zu massieren. Aber beides will ich für meinen Mann tun, wenn ich es möchte. Auch wenn man gerne für seinen Partner sorgt, kann man trotzdem Feministin sein – wenn es aus Liebe geschieht und nicht deshalb, weil er es wegen der Geschlechterrollen erwartet. Ein Mann, der ständig solche Fragen stellt, zeigt damit, dass er dich in einer bestimmten Rolle sieht, noch ehe er dich als Mensch kennengelernt hat. Gemeinsame Interessen sind ihm egal, solange du einen Sonntagsbraten hinbekommst und ihm einen blasen kannst.

Wenn du dann mit jemandem ins Gespräch kommst, der dich nicht beschimpft oder anderweitig unangemessen behandelt, solltest du unbedingt fragen, ob du ihn auf anderen sozialen Medien kontaktieren kannst, ehe du ihm deine Nummer gibst. Eine kurze Google-Suche kann sehr aufschlussreich sein, hilft dir aber nur, wenn die jeweilige Person dir die richtigen Angaben geliefert hat. Heutzutage ist es ungewöhnlich, nicht in sozialen Medien unterwegs zu sein. Wenn jemand also behauptet, er nutze keine, könnte das eine Red Flag sein (natürlich gibt es Leute, die wirklich keine Social Media nutzen, aber zumindest auf LinkedIn sind die allermeisten zu finden). Schau dir an, ob die angeblichen Profile echt wirken: Sind dort Freunde und Angehörige zu sehen, oder scheinen die Follower nur Zufallsbekanntschaften aus Apps zu sein? Es ist kinderleicht, Bilder von Instagram zu klauen, deshalb sieh dir an, ob er Freunde auf den Bildern getaggt hat und ob er mit echten Menschen interagiert. Bei den ersten Kontakten solltest du im Hinterkopf behalten, dass der Mensch auf den Bildern vielleicht nicht der ist, mit dem du sprichst. Er könnte ein Catfish sein – also eine Person, die sich online als jemand anderes ausgibt. Dann denkst du, du chattest mit Charlie, einem 32-jährigen Finanzmanager aus Balham, während es in Wirklichkeit Carl ist, ein 72-jähriger Wissenschaftler aus Slough, der sich auf Dating-Apps als junger Mann tarnt. Mittlerweile fällt es mir sehr leicht, solche Typen zu erkennen – sie behaupten, dass sie keine Social Media nutzen, aber ihre Bilder sind gefiltert und gerahmt und stammen ganz offensichtlich von Instagram. Ein Catfish verwendet meist wirklich heiße Bilder, auf denen er wie ein Model aussieht, und ist von Beruf Bauunternehmer, Arzt oder Anwalt. Allerdings passt die Bio dann nicht dazu, denn ich kenne keinen Anwalt, der schreiben würde: »Suche Königin, Brieffreundschaft unerwünscht.« Weitere Indizien für Catfishing sind, dass er Videoanrufe ablehnt, keine persönlichen Treffen möchte, zu Verabredungen nicht auftaucht oder ständig Ausreden erfindet, weshalb er absagen muss.

Ein Catfish kann sehr gefährlich sein, denn oft steckt dahinter ein Betrüger. Laut *Action Fraud* haben die Opfer von Online-Romanzen im Jahr 2020 im Vereinigten Königreich Schäden in Höhe von 63 Millionen Pfund erlitten.[6] Wenn du unverhofft eine Privatnachricht oder Facebook-Anfrage von einem angeblichen texanischen General bekommst, der ganz allein für seinen kranken Sohn sorgt und ihn zur Behandlung in eine Klinik in Großbritannien bringen muss, der sich sehr schnell in dich verliebt und dir einen Link zur Überweisung per Western Union schickt, dann handelt es sich eindeutig um einen kriminellen Betrüger. Oft ist die Masche jedoch subtiler: Der Kerl baut den Kontakt langsam auf und berichtet dann, seine Mutter sei gerade gestorben und er habe nicht genug Geld für die Beerdigung. Vergewissere dich, dass er wirklich der ist, der er behauptet. Mit einer Rückwärtssuche bei Google kannst du feststellen, ob seine Bilder anderswo unter einem anderen Namen auftauchen. Oder bitte ihn um ein Bild, auf dem er etwas ganz Bestimmtes tut, zum Beispiel sich ans Ohr fasst und dazu vier Finger hochhält – also etwas, das nicht ohne Weiteres auf den Bildern der Person zu finden ist, als die er sich ausgibt.

Gib ihm nicht zu viele Informationen über deine finanziellen Verhältnisse.

Schicke niemals Geld an Personen, die du nicht persönlich kennst. Unbekannten sollte man niemals Geld leihen oder geben, selbst wenn man schon eine Weile miteinander chattet. Und wenn jemand um Geld bittet, ist das eine gewaltige Red Flag.

Wenn ein Mann angeblich keine Social Media nutzt, kann das auch bedeuten, dass er eine Freundin oder eine Frau hat. Ich habe es einmal erlebt, dass mir ein Typ während unseres Dates sagte, ich hätte genau die gleiche Haarfarbe wie seine Freundin. Ich fuhr entsetzt zusammen und fragte, warum er mir nichts von der Freundin gesagt habe, und er erwiderte lässig, ich hätte nicht danach gefragt. Man sollte meinen, dass auf Dating-Apps nur Singles unterwegs sind, aber das stimmt nicht. Mittlerweile frage ich Männer immer zuallererst nach dem Beziehungsstatus, und mehr als einmal lautete die Antwort, dass sie in einer Beziehung waren. Manchmal kam auch: »Natürlich bin ich Single, warum wäre ich sonst in einer Dating-App?«, doch dann habe ich durch Recherchen in den sozialen Medien herausgefunden, dass seine Version von Single in Wahrheit »verheiratet« bedeutete.

Solche Fremdgeher lassen sich die tollsten Ausreden einfallen, wenn sie entlarvt werden. Sie behaupten, dass sie nur noch wegen der Kinder mit ihrer Ex zusammenleben, oder erzählen rührselige Geschichten. Eine meiner Followerinnen geriet an einen Kerl, der behauptete, er könne seine Frau nicht verlassen, weil sie die Kinder ohne ihn nicht angemessen betreuen könne. Später fand sie heraus, dass seine Frau Lehrerin war und keine Schwierigkeiten hatte, allein für ihre Kinder zu sorgen. Wir müssen wachsam sein, damit wir nicht auf solchen Schwachsinn hereinfallen – leider finden sich in den Apps viele Leute mit festen Bindungen. Ihre Lügen klingen oft sehr überzeugend, deshalb achte unbedingt auf weitere Indizien. Oft fragen solche Männer schon sehr früh, mit wem du zusammenwohnst, und wollen wissen, ob sie zu dir nach Hause kommen können – zu ihnen könnt ihr schließlich auf keinen Fall. Vielleicht dauert es immer ein paar Tage, bis sie auf Nachrichten antworten. Sie wollen kein Date bei sich in der Nähe. Sie reagieren komisch, wenn du telefonieren willst, und abends und an Wochenenden bleibt es eher still. Sie können deine Anrufe nicht sofort beantworten und keine spontanen Videochats führen.

Folgendes versteht sich eigentlich von selbst: Wenn irgendetwas darauf hindeutet, dass ein Mann bereits vergeben ist, solltest du schleunigst die Flucht ergreifen.

Wenn dieser Mensch seit Langem der erste Match ist, mit dem du dich gut verstehst und der dir gefällt, und wenn er aufrichtig beteuert, Single zu sein, obwohl alles darauf hindeutet, dass das nicht stimmt, kann es sehr verlockend sein, die Zeichen zu ignorieren. Aber das führt unweigerlich zur Katastrophe und macht dich und alle anderen Beteiligten unglücklich. Es ist viel einfacher, sofort einen Schlussstrich zu ziehen als später, wenn seine Frau vor deiner Tür steht.

Wenn es so weit ist, dass der Kontakt gut läuft und man denkt: »Endlich! Endlich ein normaler Mensch, der soziale Medien nutzt, offenbar keine Freundin hat und vernünftige Gespräche führen kann«, ist es verheerend, wenn er plötzlich wie aus dem Nichts sexuelle Bemerkungen ablässt, die alles zunichtemachen. Wenn du ihm zum Beispiel berichtest, wie anstrengend dein Arbeitstag war, und er erwidert: »Bestimmt brauchst du jetzt jemanden, der dir deinen saftigen Hintern massiert. Schick mir ein unanständiges Foto in deinen Arbeitsklamotten« – gefolgt vom Emoji mit dem verschämten Affen.

Früher habe ich mich zu Sex-Chats hinreißen lassen, weil es mit ausnahmslos allen Männern auf Dating-Apps in diese Richtung ging, und obwohl mir klar war, dass ich für unverbindlichen Sex nicht zu haben war, wusste ich auch, dass Männer mich nur attraktiv finden würden, wenn ich so war, wie sie es sich wünschten – »auf der Straße eine Lady, im Bett eine Bitch«. Ich wollte nicht prüde wirken, denn das bin ich nicht, und obwohl es mir unangenehm war, schon so früh über Sex zu sprechen, fürchtete ich, den falschen Eindruck zu vermitteln, wenn ich mich dagegen sträubte. Es hat eine Weile gedauert, bis ich begriff, dass ein Mann, der dieses Thema schon so früh anspricht, eindeutige Absichten hat und nicht auf eine langfristige Beziehung aus ist. Wenn jemand dich wirklich kennenlernen möchte, fragt er dich nach deinen Träumen und Zielen und nicht nach der Größe deiner Brustwarzen.

Wenn es zu früh zu viel ist, wirkt das extrem abtörnend. Du kennst deine Grenzen am besten. Ich selbst habe keinen Spaß an Gesprächen über Sex, wenn ich den Gesprächspartner noch nicht persönlich kenne. Nach einigen enttäuschenden ersten Dates weiß ich, dass man sich von Angesicht zu Angesicht oft leider nicht so sexy findet. Ich habe gelernt, meine Grenzen zu setzen, aber offenbar reagieren alle genau gleich, wenn man das Sexting abblockt – als gäbe es dafür ein Drehbuch. Es heißt dann: »Warum nimmst du das so ernst?« oder »Wir sind doch beide erwachsen«, oder sie sagen, du sollest locker bleiben, oder fragen, ob du deine Tage hast. Nein, Gary, ich möchte mit einem Fremden, der meinen Hintern offenbar für das Interessante an mir hält, einfach nicht über meine Vagina reden. Ich brauche eine Weile, bis ich so weit bin; versuch nicht, mich dazu zu drängen, um zu beurteilen, ob ich sexuell befreit oder leicht ins Bett zu kriegen bin, und versuch nicht, mich ruhigzustellen, indem du sagst: »Bleib mal ruhig, das war nur ein Scherz.« Wäre es ein Scherz, wenn ich deine Mutter am Essenstisch nach der Größe ihrer Brustwarzen fragen würde? Nein, deshalb halte dich bitte an die gleichen Regeln, wenn du mit mir »Scherze« machst.

Das gilt auch, wenn jemand Nacktfotos will. Frag mich nicht nach Nacktfotos oder »frechen Bildern«, sondern lass mich dann welche schicken, wenn ich finde, dass du es verdient hast. Allerdings rate ich dringend davon ab, Nacktaufnahmen an jemanden weiterzugeben, den man kaum kennt. Selbst in einer festen Beziehung kann das riskant sein, aber bei quasi Fremden ist das Risiko enorm. Man gerät leicht in Versuchung, vor allem, wenn dem eine prickelnde Unterhaltung vorausgegangen ist, aber du solltest dich immer fragen: Könnte ich damit leben, wenn mein Vater das auf einer Pornoseite sieht? Könnte ich damit leben, wenn es anderen Fremden gezeigt wird? Wie würde ich mich fühlen, wenn das alle sehen, die mir auf Insta folgen? Die traurige Wahrheit lautet, dass Nacktbilder in WhatsApp-Gruppen, in schrecklichen Incel-Foren und im gesamten Dark Web verbreitet und gegen uns verwendet werden können. Natürlich ist es überhaupt keine Schande, Bilder des eigenen nackten Körpers zu verschicken, und schämen sollte sich ausschließlich die Person, die die Nacktbilder verbreitet – das ist eine Straftat und gehört angezeigt –, doch wir müssen die Folgen bedenken, die das für uns haben kann. Wenn du wirklich ein Bild verschicken willst, dann achte darauf, dass es weder dein Gesicht noch andere unverwechselbare Merkmale wie Tätowierungen zeigt.

Männer machen oft auch alles kaputt, indem sie unaufgefordert Dickpics schicken.

Es ist jammerschade, wenn sie mit einem unerwünschten Pimmelbild alles ruinieren.

Wenn jemand

dich wirklich kennenlernen möchte,

fragt er dich

nach deinen Träumen und Zielen

und nicht nach der Größe deiner Brustwarzen.

Mir ist das schon ein paarmal passiert. Der Kontakt läuft gut, ich erzähle ganz unschuldig, dass ich Bücher liebe, und dann kommt ein Kommentar wie »Ich habe etwas, das dir vielleicht noch besser gefällt als ein Buch …«. Schon sehe ich ein Pimmelchen vor mir und denke: »Nö, ein Roald-Dahl-Buch finde ich viel spannender als diesen kleinen Willi.« Dann muss man den Kerl blockieren, der sich als unsexy Exhibitionist entlarvt hat. Es ist im Grunde eine traurige Vorstellung, wie er mit heruntergelassenen Boxershorts im Schlafzimmer steht, in der einen Hand seinen Penis, in der anderen das Handy, und sich bemüht, sein Gemächt besonders eindrucksvoll zur Geltung zu bringen, während er denkt: »Das wird sie *lieben*.« Ich habe schon mehrmals gesehen, dass Männer ihr Ding neben einer Sky-Fernbedienung fotografiert haben, um seine Länge zu beweisen. Die Fernbedienung fand ich immer attraktiver … Ich kann den Tag kaum erwarten, an dem sie kapieren, wie gruselig das ist, und obwohl ich darüber Witze machen kann, ist das eigentlich ein Sexualdelikt und eine schreckliche Grenzüberschreitung. Die meisten Frauen wollen nicht mit Dickpics überfallen werden. Schwänze ohne Kontext sind widerlich. BLOCKIEREN.

Ein Ende setzen

Hier heißt es nun blockieren, löschen, abhaken. Es klingt offensichtlich, dass du einfach das Gespräch beendest und keinen Gedanken mehr daran verschwendest, wenn jemand bei dir schlechte Gefühle weckt, dich als Fetisch sieht oder zu früh sexuelle Grenzen überschreitet. Allerdings ist das leichter gesagt als getan, vor allem, wenn du dir einredest, das Problem läge bei dir, oder wenn du auf keinen Fall mehr Single sein willst, oder vielleicht auch, wenn du den

Kerl so verdammt attraktiv findest, dass du den Match nicht verlieren willst. Man tappt nur zu leicht in die Falle, dass man den Fauxpas zwar kritisiert, aber trotzdem darüber hinwegsieht. Zum Beispiel, wenn du ihn nach einem zweideutigen sexuellen Kompliment nicht zum Teufel jagst, sondern nur sagst, dass dir das nicht gefällt, worauf er erwidert, es sei bloß Spaß gewesen. Dann kommst du dir albern vor, weil du dich darüber aufgeregt hast, und lässt die Sache auf sich beruhen. Oder du hast den dringenden Verdacht, er könne eine Freundin haben, weil er angeblich keine sozialen Medien nutzt und komisch reagiert, wenn du nach seiner Nummer fragst. Statt auf dein Bauchgefühl zu hören, lässt du dir wilde Ausreden liefern.

In dieser Phase, wenn ihr euch gerade erst kennengelernt habt und keine Gefühle im Spiel sind, lässt sich die Sache sehr viel leichter beenden als später. Hör auf alles, was auf eine Red Flag hindeutet, und auf jedes Bauchgefühl, das dir sagt, dass etwas nicht stimmt. Nimm das Ruder wieder selbst in die Hand und blockiere so jemanden – in der App, auf deinem Handy und in den sozialen Medien. Das muss nicht aus einem Gefühl der Wut heraus geschehen, sondern stellt lediglich sicher, dass dieser Mensch dich nicht mehr kontaktieren kann, um dich davon zu überzeugen, dass du einen Fehler gemacht hast. Wenn du alle Nachrichten löschst, bleiben keine Spuren von ihm auf deinem Handy, sodass du nicht in Versuchung kommst, die Unterhaltung Revue passieren zu lassen und dich an die schrecklichen Dinge zu erinnern, die er zu dir gesagt hat. Dann kannst du nach vorne schauen, gerüstet mit dem, was du gelernt hast, und in dem Bewusstsein, dass du dich mit niemandem abgeben musst, der dir das Gefühl gibt, nicht uneingeschränkt fantastisch zu sein.

Diese Hürden sind die traurige Wirklichkeit der Dating-Apps. Aber wir können Tinder, Hinge, Bumble und Co. nicht ändern, sondern nur unsere Denkweise.

Wir müssen die Sache mit der Energie einer umwerfenden Hammerfrau angehen, in dem Wissen, dass der Weg nicht so steinig ist, weil mit uns etwas nicht stimmt, sondern dass die Partnersuche für alle schwierig ist. Gönn dir eine Pause von den Apps, wenn sie dir zu anstrengend werden.

Nimm den ganzen Mist nicht persönlich und sieh es niemals als Wettstreit. Mach dir bewusst, dass du eine umwerfende Hammerfrau bist, dann schaffst du das.

Kapitel 6

Liebe im 21. Jahrhundert

Nach meiner Scheidung bin ich neuerdings auf Partnersuche und fühle mich wie in einem Hindernisparcours. In den sechs Monaten, die ich auf Tinder bin, wurde ich zweimal nach dem Sex geghostet, bin einmal an einen Catfish geraten und wurde einmal von einer Frau kontaktiert, weil ich ohne mein Wissen mit ihrem Mann geschrieben hatte. Der Liebe bin ich dabei nicht nähergekommen, sondern vielmehr kurz davor, ins Kloster zu gehen. Heutzutage scheint alles ganz anders zu sein als damals, als ich zuletzt Single war. Liegt das an mir? Was sollte ich anders machen?

Die Partnersuche im 21. Jahrhundert ist brutal, und meiner Ansicht nach sind daran Online-Dating und soziale Medien schuld. Wir sehen auf Knopfdruck Millionen potenzieller Partner, und ich glaube, deshalb ist die Bereitschaft gesunken, Zeit oder Mühe in einen Menschen zu investieren – schließlich wird es schon in wenigen Minuten den nächsten Match geben. Seit Sex leichter zu bekommen ist, wird es schwieriger, Liebe zu finden.

Sexuelle Befreiung und Empowerment sind uneingeschränkt wundervoll. Den Frauen, die in den 1960er Jahren dafür kämpften und mit ihren Aktionen feministische Anliegen in den öffentlichen Diskurs gebracht haben, werde ich bis an mein Lebensende dankbar sein, genauso wie der Wissenschaft, die gebärfähigen Menschen die Möglichkeit gegeben hat, besser zu steuern, ob sie schwanger werden oder nicht. Heute jedoch, da Männer sich nicht mehr besonders anstrengen müssen, um Sex zu bekommen, und für ein aktives Sexleben keine Partnerin brauchen, haben sie weitaus seltener das Bedürfnis nach einer Beziehung. Eines möchte ich klarstellen: Das soll nicht heißen, dass es falsch ist, wenn Frauen unverbindlichen Sex genießen. Ich sehe auch nicht in jedem Mann einen gefühlskalten Sexfanatiker, Männer wollen und brauchen ebenfalls ernsthafte Beziehungen. Aber es ist nicht zu bestreiten, dass Fuckboys, die nur vögeln und dann Leine ziehen oder ständig für unklare Situationships ohne Zukunft sorgen, es sehr leicht haben – nicht nur, weil Frauen heute viel eher bereit sind, auch ohne feste Beziehung Sex zu haben, sondern auch, weil ihnen zahllose frische, willige Frauen zur Verfügung stehen. Diese »Hook-Up«-Kultur hat enorme Auswirkungen auf die Partnersuche. Das bedeutet nicht, dass wir irgendetwas ändern müssen oder dass die sexuelle Befreiung rückgängig gemacht werden sollte, aber dir sollte klar sein, dass du weder etwas falsch machst noch nicht gut genug bist, wenn du verarscht wirst, wenn man dich ghostet oder wenn ein Mann dich in der Schwebe hält – das liegt nur daran, dass die Lage sich geändert hat und du leider an einen Fuckboy geraten bist, dem die Jagd nach einer frischen Vagina wichtiger ist als eine feste Beziehung.

Trotz allem darf man nicht vergessen, dass Dates Spaß machen sollen und können. Bei einem Date sollte es um die Schmetterlinge im Bauch gehen – um die erste Kontaktaufnahme, das schöne Gefühl, einen anderen Menschen kennenzulernen, und die spannende Unterbrechung des Alltagstrotts. Natürlich dokumentiert dieses Buch den ganzen Mist, durch den man sich kämpfen muss, um dieses Ziel zu erreichen, aber denk daran, dass Dates etwas Schönes sein sollten.

Du wirst ganz sicher auch an Fuckboys geraten, besonders, wenn du Apps nutzt, aber du darfst dir von ihnen nicht den Spaß verderben lassen.

Wenn man bereit ist, sich auf Liebe einzulassen, kann man verletzt werden. Doch das ist es wert, denn wenn es schön ist, ist es so *verdammt* schön – und Liebeskummer vergeht. Nun wollen wir unter die Lupe nehmen, womit du dich in dieser Phase auseinandersetzen musst, damit du nicht blind in etwas hineinstolperst.

Pink Flags/Red Flags

Probleme lassen sich am besten vermeiden, wenn man die Pink Flags und Red Flags kennt, um die es in diesem Buch geht, und sich fest vornimmt, sofort die Reißleine zu ziehen, wenn man sie entdeckt. Auf eine Red Flag solltest du sofort reagieren, zum Beispiel, wenn ein Mann kontrollsüchtig oder frauenfeindlich wirkt, verheiratet ist oder bereits eine Beziehung führt. Bei einer Pink Flag musst du nicht sofort die Flucht ergreifen, solltest aber auf jeden Fall misstrauisch werden und sie zur Kenntnis nehmen. Eine einzelne Pink Flag ist oft nicht weiter schlimm, aber mehrere Pink Flags ergeben zusammen eine Red Flag. Wenn ein Mann zum Beispiel sagt, seine Ex habe eine einstweilige Verfügung gegen ihn erwirkt, ist das eine klare Red Flag. Sagt er dagegen, dass die Ex mit der Trennung Schwierigkeiten hatte und er sie jetzt blockiert hat, ist das eine Pink Flag. Ein Ehering am Finger ist eine Red Flag. Wenn er offenbar nur während der Arbeitszeit mit dir kommunizieren kann, ist das eine Pink Flag. Wenn er noch dazu behauptet, er nutze keine sozialen Medien, ist das eine weitere Pink Flag. Mehr als zweimal Pink entspricht bereits einer Red Flag. Sammele nicht noch mehr Flags, sondern ziehe die Konsequenzen.

Wenn du beim Dating allerdings nur noch eifrig nach Flags Ausschau hältst, kannst du unmöglich locker und unbeschwert du selbst sein; du bist dann im FBI-Modus (FBI wie Fuckboy-Identifikation) und kannst deine Dates nicht genießen. Red und Pink Flags werden von selbst zum Vorschein kommen; du musst nur entsprechend reagieren, wenn sie sich zeigen.

Spielchen

Die wichtigste Lektion, die ich gelernt habe, lautet: Um echte Verbindungen zu jemandem aufzubauen und beim Dating Spaß zu haben, muss man sein wahres, authentisches Ich zeigen. Ausnahmslos alle Dating-Bücher, die ich gelesen habe, wollten mir weismachen, ich müsse mich verstellen, um mir den Kerl zu schnappen. Mein erster Ratgeber war *Warum die nettesten Männer die schrecklichsten Frauen haben* von Sherry Argov. Er stammt aus dem Jahr 2002 und ist deshalb etwas überholt, vermittelt jedoch unmissverständlich, dass sich ein Mann nur dann in eine Frau verliebt, wenn sie stark, unabhängig und durchsetzungsfähig ist (bis hierher stimme ich zu) und so tut, als hätte sie nicht das geringste Interesse an dem Typen, auf den sie aus ist. Das Buch behauptet, du müsstest den Mann dazu bringen, dass er dir nachstellt, und rät unter anderem: Reagiere auf Nachrichten erst nach zwei Stunden. Wenn er mit dir ausgehen will, sag, dass du keine Zeit hast, aber schlag einen anderen Termin vor. Sei nicht zu emotional. Lass ihn nicht wissen, was du fühlst, sondern zeig ihm, was ihm entgehen könnte. Die Ratschläge sagen im Prinzip, dass Männer nur das wollen, was schwer zu kriegen ist. Und in gewisser Weise funktioniert das. Vermutlich waren wir alle schon einmal in der Lage, dass jemand, an dem wir kein Interesse hatten, ganz wild auf uns war und diese Begeisterung sehr unangenehm wurde. Ich habe mir oft gewünscht, dass ich mit Männern, die ich mag, genauso umgehen könnte wie mit denen, die ich nicht mag – lässige Gleichgültigkeit scheint sie um den Verstand zu bringen –, aber die Schauspielerei, die *Warum die nettesten Männer* … empfiehlt, gelingt mir einfach nicht.

Dating-Tipps für Männer klingen ganz ähnlich, auch sie sollen unnahbar sein, auf Nachrichten nicht reagieren und nicht zu viel Begeisterung zeigen. Wir hören also alle das Gleiche – möglichst cool bleiben, gleichgültig wirken, ein aktives Sozialleben vortäuschen, Spielchen spielen, um im Bett zu landen –, und das sorgt für eine seltsame, falsche Dynamik im Umgang mit Menschen, die wir nie richtig kennenlernen, weil wir ständig so tun, als wären wir furchtbar fies. Manche Menschen sind nicht durchsetzungsfähig, manche sind sehr direkt, manche tragen das Herz auf der Zunge, manche können keine Gefühle vortäuschen, die sie nicht empfinden, und wenn wir uns verstellen, wirken wir ein wenig befremdlich. Diese überholten Ratschläge lassen nicht zu, dass man sich entspannt und auf den anderen einlässt, sondern verlangen im Prinzip, dass man eine Verbindung zu anderen herstellt, während man nur mit sich selbst und dem eigenen Verhalten beschäftigt ist.

Und ich glaube auch nicht, dass wirklich nette Männer nur schreckliche Frauen mögen.

Die Jagd macht ihnen vermutlich genauso viel Spaß wie uns, aber ich glaube, man muss schon ein selbsternanntes »Alphatier« mit narzisstischen Tendenzen sein, um einer Frau nachzustellen, von der man glaubt, dass sie kein Interesse hat. Ein netter Kerl dagegen wird vermutlich die Signale erkennen und denken: »Schade, aber wenn sie mich nicht mag, werde ich das respektieren.« So entsteht auch ein Machtkampf, bei dem es darum geht, wer die Kontrolle hat, wer wen mehr mag und wem es am besten gelingt, den anderen rumzukriegen. Sobald es in einer Beziehung zu Machtkämpfen kommt, ist man auf verlorenem Posten. Beziehungen sollten ein sicherer Raum sein, in dem man das Gefühl hat, alle Macht abgeben und sich hingeben zu können.

Wir können besser Verbindungen aufbauen, wenn wir uneingeschränkt wir selbst sind. Keine Fassade, kein Taktieren, kein Vorspiegeln von Eigenschaften, die wir gar nicht haben. Allerdings ist es sehr wichtig, nicht zu früh zu viel zu wollen. Spiel keine Spielchen, aber sei auch nicht *zu* enthusiastisch. Mach es ihm nicht zu leicht, aber lass ihn trotzdem wissen, dass du Interesse hast. Beschäftige dich oder schalte wenigstens das Handy stumm, während

Sobald es in einer Beziehung zu **Machtkämpfen kommt,** ist man auf **verlorenem Posten.**

du fernsiehst oder ein Buch liest. Dann antwortest du *wirklich* nicht sofort, statt aus taktischen Gründen so zu tun, als würdest du ihn nicht mögen.

Die Gesellschaft und die Popkultur vermitteln uns, eine Frau müsse einem bestimmten Typ entsprechen, um einen Mann zu bekommen: feminin, unterwürfig, zerbrechlich, stark, zwar unabhängig, aber mit dem Bedürfnis nach einem maskulinen Mann, gut im Bett, aber Jungfrau, mit überragenden Kochkünsten, aber schlank, nicht an Partys interessiert, sehr gepflegt, aber »natürlich«. Und manchmal ertappen wir uns dabei, dass wir all das erfüllen wollen. Wir spielen eine Rolle, von der wir glauben, dass Männer sie von uns erwarten. Wenn ich früher einen Neuen kennengelernt hatte, änderte ich stets sofort meine Social-Media-Accounts, um zu zeigen, dass ich die Richtige für ihn war. Auf Insta zeigte ich dann nicht mehr in erster Linie meinen Sohn, sondern setzte auf eine seltsame Mischung aus Hobbyküche, Sport und Glamour, gespickt mit Memes und motivierenden Zitaten, die ganz sicher seinen Geschmack trafen.

Alles, was ich postete, zielte nur darauf ab, meinen potenziellen Lover bestmöglich zu beeindrucken. Wenn er gerne trainierte, dokumentierte ich jeden Besuch im Fitnessstudio auf Instagram – aber erst, wenn der Schweiß verführerisch auf meinem Dekolleté glänzte. Und da jeder Mann gerne isst, fotografierte ich selbstverständlich jeden Eintopf und jedes Curry, das ich fabrizierte, um ihm zu vermitteln, dass ich Zutaten in einen Topf werfen und erhitzen kann. Wenn er Lyrik liebte, baute ich ein paar tiefgründige Gedichte in meine Storys ein, als hätte ich davon Ahnung. Wenn ihm ein Bild nicht gefiel oder er auf eine Story nicht reagierte, war das für mich eine Tragödie. Ich antwortete nicht auf seine Nachrichten, sondern versuchte, seine Aufmerksamkeit indirekt über die sozialen Medien zu gewinnen, indem ich sämtliche Hobbys und Interessen änderte, damit es so schien, als hätten wir viele Gemeinsamkeiten. Dabei wäre es viel einfacher gewesen, mir einen Mann auszusuchen, mit dem ich tatsächlich vieles gemeinsam hatte.

Nicht nur online versuchen Frauen, den richtigen Eindruck zu vermitteln. Viele von uns reißen sich geradezu ein Bein aus, um Leute zu beeindrucken, die uns kaum beachten. So lassen wir uns zum Beispiel Tattoos oder Piercings verpassen, wenn wir wissen, dass ein Typ auf tätowierte Frauen steht, helfen ihm bei Bewerbungsschreiben oder bereiten unzählige Mittagssnacks für ihn vor. Wir haben das Bedürfnis, ihm zu zeigen, wie viel besser sein Leben mit uns an seiner Seite sein könnte. Wir wollen eine Abhängigkeit schaffen, indem wir ihm Gutes tun oder ihm im Alltag helfen. Wir wollen nützlich und unentbehrlich werden. Wir wollen eine fürsorgliche, hilfsbereite Ersatzmutter sein, oft ohne Gegenleistung. Wir müssen stattdessen lernen, für uns selbst zu sorgen.

Du bist, wer du bist, und für den Richtigen bist du nicht zu leidenschaftlich, zu schüchtern, zu begeistert, zu laut, zu übertrieben oder zu irgendetwas anderes. Es ist sehr anstrengend, etwas vorzuspielen, und wir halten das nur dann für nötig, wenn wir uns selbst nicht genug lieben. So, wie du bist, bist du gut genug. Überleg dir, warum sich jemand glücklich schätzen könnte, dich zu bekommen. Das sind bestimmt mindestens fünf Gründe. Schreib sie dir auf. Sag dir täglich, dass du großartig bist, auch wenn du das nicht zu 100 Prozent empfindest. Schau in den Spiegel und sag dir, dass du toll bist, und gehe Dates mit dieser Einstellung an.

Einen Mann, der uns nicht so nimmt, wie wir sind, wollen wir gar nicht.

Das erste Date

Das erste Date ist aufregend, nervenaufreibend und angstbehaftet. Vielleicht markiert es den Beginn einer lebenslangen Liebesgeschichte, vielleicht wird es ein hysterisches Drama, über das du dich noch mindestens zehn Jahre lang auslassen kannst. Und für Frauen, die Männer treffen, kann das erste Date weitaus schlimmere Folgen haben als eine wilde Anekdote. Auf Sicherheitsaspekte werde ich in Kapitel 8 eingehen, aber für den Fall, dass bei dir ein erstes Date ansteht, ehe du das Kapitel liest, will ich schon jetzt eines ganz klar sagen: Geh nicht zu einem Mann nach Hause und empfange niemanden bei dir, den du noch nie gesehen hast, selbst wenn du nur mit ihm schlafen willst. Das ist gefährlich, und auch wenn er ein vollkommen harmloser Typ ist, kann es sein, dass du ihn unverhofft ekelig findest. Was, wenn er nicht so ist, wie du ihn dir vorgestellt hast? Wenn eine seltsame Spannung zwischen euch herrscht oder die Chemie einfach nicht stimmt? Dann bist du in einer unangenehmen Lage, zu der es nicht gekommen wäre, wenn ihr euch zunächst nur auf einen Kaffee getroffen hättet. Ein gemeinsames Abendessen ist keine gute Idee, denn dann kann man sich schlecht vorzeitig aus dem Staub machen, wenn es nicht gut läuft.

Ideal ist ein kurzes erstes Kennenlernen.

Dann kannst du für das nächste Mal ein richtiges Date planen (falls es zum zweiten Date kommt, ohne dass du vorher geghostet wirst).

Wenn ihr doch etwas essen oder trinken geht, stellt sich immer die altbekannte Frage, wer bezahlen soll. Bei diesem Thema gibt es viele strategische Aspekte zu bedenken. Ich teile hier meine persönliche Meinung, aber das ist keine in Stein gemeißelte Regel. Vielen Frauen ist es lieber, wenn jeder für sich bezahlt, andere zahlen sogar am liebsten alles. Aber wenn ein Mann nicht zahlt, ist das für mich ein Zeichen dafür, dass er kein Interesse hat. Ich biete immer an, meinen Anteil zu übernehmen, und wenn er dieses Angebot annimmt, kommt es nur selten zu einem zweiten Date. Männer verdienen immer noch mehr als Frauen, ich selbst muss vermutlich aus Sicherheitsgründen ein teures Taxi nehmen, während er gefahrlos in die U-Bahn steigen kann, und ich habe vor dem Date höchstwahrscheinlich weitaus mehr in die Schönheitspflege investiert, als ihn das bisschen Aftershave gekostet hat. (Kurze Anmerkung: Natürlich proklamiere ich ständig, dass wir die Schönheitserwartungen der Männer nicht erfüllen müssen, dass wir so, wie wir sind, schön genug sind und dass sich deshalb niemand vor einem Date verschönern *muss*, aber ich tue das gern und will mich herausputzen. Das heißt nicht, dass du das auch tun solltest. All das ist eine subjektive Meinung, und nicht jeder Frau ist es wichtig, sich vor einem Date die Haare machen zu lassen.) Außerdem versteht es sich von selbst, dass ein Mann als Gegenleistung für das Abendessen keinen Sex verlangen sollte. Kürzlich habe ich auf Insta eine Umfrage gesehen, in der Männer gefragt wurden, ob sie meinten, dass ihnen Sex zusteht, wenn sie im Restaurant bezahlt haben. 79 Prozent bejahten das. Der Körper einer Frau ist für sie offenbar genauso viel wert wie ein Glas Wein und ein nettes Essen – unfassbar! Wir sind ihnen gar nichts schuldig, egal wie viel ein Typ ausgegeben hat, wie schick das Restaurant war oder wie lange er zu dem Date anreisen musste.

Oft genug versuchen Männer, das erste Date ganz zu umgehen. Sie fragen ganz lässig, wann du mal für sie kochst, oder sagen: »Ich gehe nicht so gerne weg, ich mag es lieber ruhig, dann lernt man sich besser kennen als in lauten Bars und Restaurants.« Ganz gleich, wie er es formuliert, wenn er möchte, dass die erste Begegnung in seiner oder deiner Wohnung stattfindet, will er wahrscheinlich Sex. Wenn du damit noch warten willst, solltest du deshalb von Anfang an klare Grenzen setzen.

Mach dich allerdings darauf gefasst, dass diese Grenzen auf Widerstand stoßen werden. In solchen Situationen wollen dir Männer oft das Gefühl geben, dass du albern bist – vielleicht sagen sie, es sei kindisch, sich vor Männerbesuch zu fürchten. Oder sie geben sich gekränkt, wenn du ihnen nicht traust, oder kommentieren spöttisch, sie könnten sich schon beherrschen, weil du gar nicht so sexy bist. Oder sie unterstellen dir schmutzige Gedanken, weil du dir nicht vorstellen kannst, dass ein Mann mit einer Frau zusammen ist, ohne sie rumkriegen zu wollen.

Wenn er bei diesen Psychotricks geschickt vorgeht, bekommst du vielleicht wirklich Zweifel und fragst dich, ob du übervorsichtig bist. Vertrau mir: Das bist du nicht. Wenn er dich davon überzeugen kann, dass du ihn ruhig einladen kannst und er dir nicht an die Wäsche gehen wird, landest du mit hoher Wahrscheinlichkeit in einer Situation, in der Sex ein Thema wird.

Das erste Date muss in der Öffentlichkeit stattfinden. Das Risiko ist zu hoch.

Ein guter Mann wird das verstehen und geduldig und nachsichtig sein. Er wird sich nicht darüber lustig machen, dass du Grenzen setzt, deshalb setze sie laut und deutlich – damit kannst du Idioten sehr gut herausfiltern. Wenn deine Grenzen dazu dienen, dass du von solchen Typen verschont bleibst, ist das eine wunderbare Sache.

Eine weitere Hürde ist oft die Frage, ob es schon am ersten Abend zum Sex kommen soll. Die meisten Dating-Bücher für heterosexuelle Frauen vertreten die gleiche Meinung – sie raten davon ab –, und manche Autoren, wie Steve Harvey in seinem frauenfeindlichen Buch *Frag einen Mann, wenn du mit Männern glücklich werden willst*, empfehlen sogar, ganze 90 Tage zu warten. Viele Fuckboys testen beim ersten Date sehr geschickt, wie eine Frau zu Sex steht. Sie tun so, als würde für sie nichts dagegensprechen, wenn zwei Erwachsene miteinander schlafen, wenn beide Lust haben und aufeinander stehen, aber insgeheim wollen sie damit herausfinden, wie leicht du ins Bett zu kriegen bist, und wenn du zu schnell zustimmst, hast du den Ehefähigkeitstest nicht bestanden. Das ist ein absolutes Arschloch-Verhalten, sorgt aber trotzdem dafür, dass man sich ausgenutzt fühlt oder schämt, wenn man merkt, dass man ausgetrickst wurde. Indem du nicht gleich beim ersten Date mit einem Mann schläfst, kannst du dich vor solchen Typen schützen.

Viele Millionen Ehen haben mit Sex beim ersten Date ihren Anfang genommen, und wenn ein Mann deshalb schlecht von uns denkt, zeugt das von Frauenfeindlichkeit und Doppelmoral. Allerdings fehlt meiner Erfahrung nach manchmal das gewisse Etwas, wenn man sehr früh zur Sache kommt. Das kann dazu führen, dass es bei einer kurzen Affäre bleibt, obwohl etwas Längeres möglich gewesen wäre – nicht, weil er eine schlechte Meinung von dir hat, sondern weil das nächste Treffen dann unweigerlich eine Verabredung zum Sex ist. Das kann die Beziehung in eine gewisse Richtung lenken. Außerdem finde ich es sexy, wenn eine Beziehung sich langsam entwickelt. Die Wartezeit steigert das Verlangen, man lernt sich besser kennen und wird vertrauter, sodass der Sex oft besser ist, wenn es dann dazu kommt. Ich würde nicht dazu raten, dem Mann zu verkünden, dass du warten willst oder dass du erst nach einer bestimmten Anzahl an Dates zum Sex bereit bist. Das kann unreif und berechnend wirken, deshalb sorg am besten dafür, dass ihr euch an Orten trefft, an denen Sex von vornherein ausgeschlossen ist. »Komm zu mir nach Hause, aber wir gehen nicht ins Bett« funktioniert nur selten; Männer sehen das sogar manchmal als Herausforderung. Und vergiss die Strategie, dass du dich absichtlich nicht rasierst (falls du das üblicherweise tust), um dich vom Sex abzuhalten, weil du eigentlich noch nicht willst; das klappt nicht, und euer erstes Mal wird dann dadurch ruiniert, dass du ständig an deinen Busch denken musst (der den meisten Männern übrigens egal ist – und wenn nicht, hat er darin nichts verloren. Deine Schambehaarung ist deine Sache: Wenn du rasiert bist und er sich beschwert, weil er es haarig mag, schmeiß ihn raus. Und wenn du unrasiert bist und er sich über die Haare beschwert, gilt das Gleiche).

Ob du bereit bist, sollte sich danach richten, wie du dich fühlst – magst du ihn? Findest du ihn richtig scharf? Wirst du ganz kribbelig, wenn du nur an ihn denkst? Schläfst du mit ihm, weil du das willst, und nicht etwa, weil du meinst, ihn nur so halten zu können? Hab Sex, weil du kommen willst, weil du körperliche Leidenschaft willst, weil es deinen eigenen Bedürfnissen entspricht, aber nicht, um jemandem einen Gefallen zu tun oder damit er dich mag – das wird kein gutes Ende nehmen.

Vor einem ersten Date solltest du gespannt sein, ob er *dir* gefallen wird, nicht umgekehrt. Und vergewissere dich, dass du wirklich *ihn* magst und nicht eine Traumversion, die du dir vielleicht ausmalst. Frage dich, ob ihr wirklich gut zusammenpasst oder ob dir nur gefällt, dass er 1,90 Meter groß ist. Hört er dir zu und interessiert er sich für dein Leben und deine Ansichten? Versteht er deine Scherze? Seid ihr auf der gleichen Wellenlänge? Bist du locker und unbeschwert, wenn ihr zusammen seid? Das sollte dir wichtig sein und *nicht*, ob er auf dich steht und wie du dafür sorgen kannst, dass er dich mag.

Hin und weg

Wenn du oft geradezu verrückt nach dem Menschen bist, den du datest, rate ich dir dringend, dass du dich über »Limerenz« informierst. Dieser Begriff stammt von der Psychologin Dorothy Tennov und beschreibt die geistige Verfassung, die sich einstellt, wenn man in jemanden verknallt ist. Limerenz hängt eng mit der Bindungstheorie zusammen und betrifft vor allem Menschen mit unsicheren Bindungen. Oft stellt sie sich so dar: Du lernst jemanden kennen, den du extrem attraktiv findest, und sofort beherrscht dieser Mensch all deine Gedanken und wird das Objekt deiner Limerenz. Du bist von ihm geradezu besessen und denkst den ganzen Tag nur an ihn. Du versuchst, das abzustellen, bekommst die Gedanken an diese Person aber nicht aus dem Kopf. Du wirst unruhig, besonders, wenn die Antwort auf Nachrichten auf sich warten lässt oder wenn er sich nach einem Date nicht sofort bei dir meldet. Alles dreht sich nur noch um ihn; wenn bei eurer ersten gemeinsamen Autofahrt ein bestimmter Song im Radio lief, spielst du ihn in Endlosschleife. Wenn er erwähnt hat, dass er eine bestimmte Fernsehserie mag, schaust du dir sofort jede Folge an. Das solltest du nicht für Liebe halten – Liebe bedeutet, dass man für den anderen da sein möchte, während es bei der Limerenz in erster Linie darum geht, den anderen zu bekommen, und zwar um jeden Preis. Wer von Limerenz betroffen ist, übersieht sämtliche Red Flags und achtet oft nicht einmal darauf, ob es überhaupt gemeinsame Interessen gibt.

Limerenz führt zu Verliebtheit und lässt uns nach Anzeichen und versteckten Hinweisen suchen, die zeigen könnten, dass der andere genauso empfindet. Winzige, unbedeutende Dinge bestätigen uns, dass der andere uns insgeheim begehrt. Die Angst vor Zurückweisung ist groß, deshalb gerätst du in Panik, wenn du ein paar Stunden lang nichts von ihm hörst. Doch Zurückweisung kann dich nicht stoppen, sondern verstärkt die Limerenz noch weiter. Du gibst dich selbst auf, alles dreht sich nur noch um ihn. Er wird der Mittelpunkt deines Lebens. Du würdest sogar die Geburtstagsfeier deiner Mutter absagen, um eine einzige Stunde mit ihm zusammen sein zu können. Dass er unerreichbar ist, befeuert deine Leidenschaft; seine Unverbindlichkeit und Gleichgültigkeit machen dich verrückt, können dich aber nicht abschrecken. Du willst ihm alle Vorteile einer Beziehung bieten, damit er sieht, wie unentbehrlich du bist.

Es gibt drei Möglichkeiten, wie eine solche Limerenz enden kann. Erstens kann es sein, dass er deine Gefühle erwidert und eine Beziehung entsteht, in der sich beide gegenseitig lieben. Das ist jedoch unwahrscheinlich, denn deine Hartnäckigkeit hat ihn vermutlich bereits abgeschreckt. Zweitens kannst du ihn aus deinem Leben verbannen, indem du ihn blockierst, löschst und abhakst: Du kannst das Ende erzwingen, indem du dir deutlich machst, dass du unter Limerenz leidest und sämtliche Gefühle einzig und allein auf deinen eigenen Bindungsstil zurückgehen. Drittens überträgst du deine Sehnsucht auf jemand anderen, sodass sich das Objekt deiner Limerenz ändert. Wenn dir diese Verhaltensweisen bekannt vorkommen, solltest du dich genauer darüber informieren, denn sie können dazu führen, dass du den falschen Menschen aus den falschen Gründen alles gibst.

Ghosting

Ghosting ist die Hölle. Wir haben es alle schon erlebt: Du chattest schon eine Weile mit jemandem, hattest ein paar Dates und vielleicht sogar mehr, eigentlich denkst du, dass es gut läuft, aber dann hörst du einen ganzen Tag lag nichts von ihm. Und am nächsten Tag auch nicht. Und auch am übernächsten nicht. Dann wird dir flau im Magen, und in deinem Kopf geht es drunter und drüber: Du kannst nur noch an ihn denken, schaust unablässig auf dein Handy und suchst in seinen Social-Media-Accounts nach Hinweisen darauf, was passiert sein könnte. Du überprüfst, ob seine Freunde unter seinen Insta-Bildern Beileidsbekundungen hinterlassen haben, und hoffst insgeheim, dass er schweigt, weil er gestorben ist, und nicht etwa deshalb, weil er das Interesse an dir verloren hat. Das Schwierigste ist die Entscheidung, ob du dich melden solltest. Soll ich ihn noch einmal antexten, obwohl ich die letzte Nachricht geschrieben habe, die er auch gelesen hat? Vielleicht denkt er, dass ich nichts mehr von ihm will, und ich ruiniere alles, wenn ich mich nicht melde? Vielleicht habe ich etwas gesagt, für das ich mich entschuldigen muss? Vielleicht hat er einen Nervenzusammenbruch und braucht Unterstützung? Vielleicht hat er sein Handy verloren? Vielleicht ist es mir scheißegal, ob ich mich lächerlich mache, wenn ich ihm schreibe? Oder vielleicht wird ihn eine Nachricht vergraulen, weil er nur testen will, wie cool ich sein kann? Das ist albtraumhafter Stress.

Ich sehe das so: Wenn sich die Kommunikation plötzlich ohne Erklärung wandelt, wenn du die Veränderung *spüren* kannst und dein Bauchgefühl dir sagt, dass etwas nicht in Ordnung ist, dann liegst du höchstwahrscheinlich richtig. Keine Nachricht ist auch eine Nachricht. Wenn sich jemand dadurch vergraulen lässt, dass man sich bei ihm meldet, dann hatte er von vornherein kein echtes Interesse. Wenn du akzeptieren kannst, dass du geghostet wirst, dich damit abfindest und das Kapitel ohne inneren Konflikt schließen kannst, dann schreib ihm nicht. Wenn du dagegen das Bedürfnis nach einer Antwort hast und keine Ruhe findest, ehe du es ein letztes Mal versucht hast, dann tu dir keinen Zwang an. Es kann sein, dass du eine unerfreuliche Antwort bekommst – oder gar keine – und dich dann schlecht fühlst, aber ist das etwa schlimmer als noch eine ganze Woche voller Ungewissheit? Doch wenn du tatsächlich nur Schweigen oder eine Ein-Wort-Antwort erntest, dann gib auf. Das ist verschwendete Energie. Das Universum hat dir einen Gefallen getan: Es sollte nicht sein.

Wenn du dir sicher bist, dass du geghostet wirst, darfst du daraus nicht ableiten, dass mit dir etwas nicht in Ordnung ist. Es gibt eine Million Gründe für Ghosting, die nichts mit dir zu tun haben. Vielleicht war der Typ die ganze Zeit über schon vergeben, vielleicht leidet er unter lähmenden Angstzuständen, vielleicht ist er pleite und schämt sich, dir zu gestehen, dass er dich nicht einladen kann, vielleicht findet er, dass ihr doch nicht so gut zusammenpasst, und weiß nicht, wie er dir das vermitteln soll, vielleicht ist er unverhofft wieder mit seiner Ex zusammengekommen, vielleicht hat er plötzlich seine Meinung geändert. Du musst nicht wissen, warum du geghostet wurdest, um einen Schlussstrich zu ziehen. Du musst einfach akzeptieren, dass er dir aus welchem Grund auch immer nicht gesagt hat, dass er nichts mehr von dir will. Das ist alles. Es gibt keinen Grund, intensiv darüber nachzugrübeln. Selbst wenn der Grund lautet, dass er dich nicht mehr mag, bedeutet das nicht, dass mit dir etwas nicht stimmt. Es bedeutet nur, dass du nicht die Richtige für ihn warst, und das ist in Ordnung. Nicht jeder, den wir ansprechen oder mit dem wir uns verabreden, ist ein potenzieller Partner. Ein Mann ist kein Preis, er ist nicht der Einzige für dich, und er hat keinen Einfluss darauf, was andere für dich empfinden werden.

Ghosting ist verletzend und grausam. Es ist entsetzlich, andere so zu behandeln, und verrät viel über den Menschen, der so etwas tut. Deshalb hüte dich vor Zombies, die wieder auftauchen, um ihr Unwesen zu treiben. Ein Zombie ist ein Ghoster, der von den Toten zurückkehrt, normalerweise mit einer Nachricht wie »Lange nichts gehört«, und kein Wort darüber verliert, dass er abgetaucht war. Wenn du einem Zombie sagst, du hättest gedacht, er sei tot, liefert er eine rührselige Geschichte oder eine lächerliche Ausrede wie »Du wirst es nicht glauben, aber mein Handy ist in einen Vulkan gefallen und ich habe sämtliche Kontakte verloren«. Du musst selbst entscheiden, ob dir die Erklärung gut genug ist, um ihm noch eine Chance zu geben. Allerdings sind Ghoster oft Wiederholungstäter, deshalb lass dich nur dann erneut auf ihn ein, wenn du dir sicher bist, dass du es verkraften kannst, wenn er wieder abhaut.

Wenn jemand nicht ganz abtaucht, sondern sich hin und wieder meldet, könnte das ein Fall von »Breadcrumbing« sein. Das Wort stammt vom englischen Begriff für »Krümel« und bedeutet, dass sein Interesse nicht so groß ist, dass du ihm viel Zeit oder Aufmerksamkeit wert bist, er dich aber dennoch bei der Stange halten will und dir deshalb immer wieder einen Krümel hinwirft und sich sporadisch meldet, um dich nicht ganz zu verlieren. Dafür gibt es verschiedene Gründe: Entweder ist der Typ ein narzisstischer Fuckboy, der so sein Ego füttert, oder ein unverbindlicher Fuckboy, der sich nur meldet, wenn er Sex will; oder er will sichergehen, dass du bereit bist, wenn er demnächst Lust auf Sex hat; oder er ist in eine andere verliebt, will sich aber eine Alternative offenhalten, falls er bei der anderen keinen Erfolg hat. Breadcrumber und Zombies haben leider offenbar einen siebten Sinn dafür, wann sie sich am besten melden. Irgendwie passiert das immer genau dann, wenn du endlich nicht mehr an ihn denkst, wenn du dir fest vorgenommen hast, ihn abzuschreiben, oder wenn du gerade etwas einsam und verletzlich bist. Wichtig ist dabei, dass du dem sporadischen Kontakt keine Bedeutung beimisst. Nur zu gerne reden wir uns ein, dass jemand offenbar tiefe Gefühle für uns hegt und nicht loslassen kann, wenn er sich immer wieder mal meldet, obwohl sein Verhalten uns eigentlich zeigt, dass seine Gefühle nur minimal sind.

Wenn jemand Interesse hat, ist er verlässlich.

Er meldet sich regelmäßig, weil er das möchte, und schmiedet Pläne, weil er dich sehen will. Wenn jemand echtes Interesse hat, musst du bei ihm nicht um mehr Aufmerksamkeit oder häufigeren Kontakt betteln. Du musst nicht tagelang ängstlich darüber nachgrübeln, wo er stecken mag und wie es um euch steht, du hörst nicht nur sporadisch von ihm, wenn ihm gerade danach ist. Du weißt, dass er interessiert ist und es ernst meint, weil sein Verhalten dir das zeigt.

Soll ich ihm schreiben?

Die meisten von uns kennen das: Manchmal überlegt man, jemanden anzutexten, von dem man ignoriert oder schlecht behandelt wird, weil man wissen will, was los ist oder wieso er ein bestimmtes Verhalten zeigt. Wir wissen zwar, dass er ein Fuckboy ist und dass es am besten wäre, ihn zu blockieren, zu löschen und abzuhaken. Unser Bauchgefühl sagt uns, dass wir die Nachricht nicht abschicken sollen, weil wir die Antwort bereits kennen, aber wir können nicht anders. Der kleine Hoffnungsschimmer, dass dieser Mensch die ganze Zeit auf unsere Nachricht gewartet hat, zwingt uns dazu, auf »Senden« zu drücken, und dann bereuen wir das auf der Stelle, wenn er eine blöde oder gar keine Antwort gibt. Damit meine Follower nichts schreiben, das sie im Nachhinein bereuen, biete ich auf Instagram »Fuckboy-Antworten« an: Die Nachrichten gehen dann an mich und nicht an die Fuckperson, und ich antworte entweder im Stil eines Fuckboys oder mit meiner persönlichen Meinung. Die Antworten sind oft brutal und unverblümt – denn manchmal braucht es die harte Tour, damit wir die Kurve kriegen.

Die folgenden Beispiele sollen dir zeigen, wieso du dir gut überlegen musst, ob du einen Fuckboy anschreibst:

Du hast doch behauptet, dass du keine Beziehung willst. Warum bist du jetzt mit ihr zusammen? War ich dir nicht gut genug?

Solche Fragen sind selbstverletzend. Wenn ich den Fuckboy-Service anbiete, erreichen mich unzählige dieser Art, und ich begreife nicht, was sie bringen sollen. Er wollte eine Beziehung mit *ihr*, nicht mit *dir*. So einfach ist das. Vielleicht findet er sie attraktiver oder umgänglicher. Willst du das von ihm hören? Dass er eine andere attraktiver findet als dich? Vielleicht hat er gemerkt, dass du dir von ihm nichts bieten lässt, und hat sich eine andere gesucht, die gefügiger ist. Vielleicht hast du dir zu viel von ihm gefallen lassen, sodass er keinen Respekt mehr vor dir hat. Ehe du eine solche Frage schickst, solltest du dir überlegen, warum du das wissen willst. Er ist dir keine Erklärung schuldig. Er hat dir gesagt, dass er keine Beziehung mit dir will, aber du bist bei ihm geblieben, in der Hoffnung, dass er seine Meinung ändert. Stattdessen führt er die Beziehung, die du wolltest, jetzt mit einer anderen. Das bedeutet nicht, dass du irgendetwas falsch gemacht hast (falls du ihm die Vorteile einer Beziehung geboten hast, obwohl er nichts dergleichen getan hat, solltest du allerdings für die Zukunft daraus lernen), es bedeutet nicht, dass du nicht gut oder weniger wert oder weniger schön bist als seine aktuelle Freundin. Du hast einfach nicht zu ihm gepasst. Er wollte keine Beziehung mit dir, fertig: Darüber musst du nicht nachgrübeln. Blockieren, löschen, abhaken.

Warum treffen wir uns nur, wenn ich dich anschreibe? Warum ergreifst du nie die Initiative?

Weil er außer Sex eigentlich nichts von dir will. Er denkt im Alltag nicht viel an dich, aber wenn du ihn anschreibst und damit quasi eine unverbindliche Vagina anbietest, denkt er: »Cool! Warum nicht?« Er hat gern Sex mit dir, aber nach mehr steht ihm nicht der Sinn. Eine häufige Variante dieser Frage lautet: »Warum meldest du dich nur, wenn du betrunken oder high bist oder die ganze Nacht unterwegs warst?«, und die Antwort ist ganz ähnlich. Er sieht dich als Bettgeschichte. Unkomplizierter Sex, wenn er geil und high ist. Setz dem ein Ende! Jemand, für den du Gefühle hast, behandelt dich respektlos. Frag nicht, wieso er das tut, sondern wieso du deine eigenen Bedürfnisse außer Acht lässt, um ihn zu halten. Setz ihm Grenzen, triff dich nicht nur für Sex, sondern schlag stattdessen richtige Dates vor, stell das Handy nachts auf lautlos, damit du nicht sofort aufspringst, wenn er sich meldet. Wenn ihn das abschreckt, hast du erfolgreich jemanden herausgefiltert, der dich unglücklich gemacht hat.

Ich habe dir noch nicht verziehen, wie du mich behandelt hast, aber ich vermisse dich.

Vermisst du ihn, oder vermisst du das vertraute Chaos, das er verbreitet? Vermisst du, dass er dich schlecht behandelt, weil das eine Form von Selbstverletzung war und deine negative Meinung über dich selbst bestätigt hat? Fühlst du dich ihm verbunden, weil er dich traumatisiert hat? Vielleicht vermisst du ihn, weil du dich bei ihm hin und wieder toll gefühlt hast, aber lohnt es sich, das Schlechte für einen Hauch von Gutem in Kauf zu nehmen? Du hast dich tapfer aus dieser Situation befreit, und wenn du dich in einem Augenblick der Schwäche bei ihm meldest, machst du alle Fortschritte wieder zunichte. Höchstwahrscheinlich hat er sich nicht geändert und wird sich auch nicht mehr ändern. Dieser Kerl hat in eurer Beziehung sein wahres Ich gezeigt und bewirkt, dass du dich mies gefühlt hast. Du vermisst ihn, aber das bedeutet nicht, dass du dich bei ihm melden solltest, sondern vielmehr, dass du dich anderweitig beschäftigen musst. Erstell eine Liste seiner negativen Seiten, ruf dir alles Schlechte in Erinnerung. Halte durch und schau nicht zurück.

Aus meinen Fuckboy-Antworten habe ich vor allen Dingen gelernt, dass ich nie wieder eine »Romanschreiberin« sein werde. Wie viele Stunden habe ich damit verbracht, zutiefst emotionale, herzergreifende Texte zu verfassen, um einem Mann mit meinem Kummer das Herz zu erweichen, doch mittlerweile ist mir klar, dass die meisten Männer solche Ergüsse nicht einmal lesen. Sie sehen den langen Text und denken sich: »Die nervt.« Solche Nachrichten bewirken nicht, dass sie dich lieben oder begehren, sondern bestätigen ihnen, dass eine Beziehung mit dir purer Stress ist und die Mühe nicht lohnt. Das soll nicht heißen, dass du nicht das Recht hast, dein Herz auszuschütten und zu äußern, was du wirklich fühlst – aber mit langen Abhandlungen an Männer, die dir nicht genug Zeit, Mühe oder Verbindlichkeit schenken, wirst du niemals das erreichen, was du dir erhoffst. Speichere das, was du zu sagen hast, in deinen Notizen, um es dir von der Seele zu schreiben, und lass es damit gut sein.

Der »Ick«

Der »Ick« gehört zum Schlimmsten, was beim Dating passieren kann – schlimmer noch ist er allerdings in einer Beziehung. »Ick«

kommt vom Englischen »icky« für ekelig und beschreibt das Phänomen, dass man jemanden, den man vorher attraktiv fand, ganz plötzlich und oft unerklärlicherweise als ekelig empfindet. Dafür kann es durchaus vernünftige Gründe geben – zum Beispiel, wenn man feststellt, dass er Fußnägel sammelt –, manchmal jedoch so unglaublich irrationale, dass man am eigenen Verstand zweifelt – etwa, dass er versehentlich die Mütze fallen lässt. Wenn der Ick zugeschlagen hat, kannst du den anderen kaum noch ansehen. Alles, was er tut, ist absolut unerträglich; das, was du früher süß fandest, ekelt dich jetzt an. Du drehst dich weg, wenn er dich küssen will, und kannst seine Kaugeräusche nicht mehr aushalten.

Wenn der Ick zugeschlagen hat, lässt er sich nur sehr schwer rückgängig machen, und meist wird er mit der Zeit immer schlimmer.

Der Ick ist furchtbar, denn allzu oft will man diesen Sinneswandel gar nicht. Eigentlich mochtest du diesen Mann, du konntest dir eine gemeinsame Zukunft vorstellen, und er hat auch nichts falsch gemacht. Du sitzt in der Klemme und kommst dir so richtig gemein vor: Du willst ihm nicht wehtun und ihn nicht verlieren, musst aber Schluss machen, weil du dir am liebsten die Ohren abschneiden würdest, wenn du ihn atmen hörst. Ich glaube, mit diesem Phänomen sagt uns unser Bauchgefühl, dass etwas nicht stimmt – und unser Bauch ist unser eingebauter Lebensberater und Gefahrendetektor. Ganz gleich, aus welchem Grund, wir sollten nicht mit jemandem zusammen sein, der uns anwidert, und müssen uns auf unser Bauchgefühl verlassen.

Bevor du ihn abservierst, solltest du aber in dich hineinhorchen, um zu ermitteln, ob es wirklich der Ick ist und nicht ein Fall von

Selbstsabotage. Letzteres habe ich selbst mehrfach erlebt. Alles läuft gut, der Typ wirkt nett und ist genauso bemüht wie ich, und plötzlich überkommt mich Panik, weil alles zu schön ist, um wahr zu sein. Also suche ich zwanghaft nach Dingen, die mir nicht optimal erscheinen, und analysiere die kleinsten Kleinigkeiten, die in Zukunft problematisch werden könnten. So denke ich zum Beispiel: »Nun ja, er stammt nicht aus London, also könnte es sein, dass er in fünf Jahren wieder in seine Heimatstadt ziehen will. Am besten mache ich jetzt Schluss, damit ich dann nicht leiden muss.« Manchmal haben wir solche Angst vor Ablehnung und sind so daran gewöhnt, uns vor Verletzungen zu schützen, dass wir Gründe erfinden, die gegen den anderen sprechen – nur damit wir behaupten können, wir hätten ihn eh nie gemocht, wenn er irgendwann verschwindet oder sich mies verhält. Ist das der Ick oder ein Schutzmechanismus?

Der Ick kann uns zudem schmerzlich bewusst machen, dass wir selbst vielleicht auch schon einmal dieses Gefühl geweckt haben. Vielleicht wurde jemandem, von dem wir dachten, er sei gern mit uns zusammen, jedes Mal speiübel, wenn wir auf ganz bestimmte Weise mit unserem Haar spielten. Gut möglich, dass manchmal der Ick schuld daran war, dass wir geghostet wurden oder aus heiterem Himmel den Laufpass bekamen. Die Vorstellung ist entsetzlich, aber wir dürfen das nicht persönlich nehmen. Es kann ohne ersichtlichen Grund selbst die attraktivsten und tollsten Menschen treffen. Nicht du bist schuld, sondern der Ick.

Hör auf deinen Bauch

Es heißt, man solle sich auf sein Bauchgefühl verlassen – aber wie soll das gelingen, wenn die Gefühle in der Magengrube ein heilloses

DIESER INSTINKT IST ECHT UND *STARK*, UND WIR SOLLTEN IHM VERTRAUEN.

Durcheinander sind und man den Eindruck hat, dass eine Katastrophe die nächste jagt? Genau das jedoch unterscheidet das Bauchgefühl von Angst. Angst ist gnadenlos; sie macht dich unsicher und lässt dich über Dinge nachgrübeln, die vielleicht niemals geschehen werden. Angst beruht nicht auf konkreten Ereignissen, sondern auf hypothetischen Annahmen. Das Bauchgefühl regt sich nur gelegentlich und ist viel eindeutiger. Dieser Instinkt ist echt und stark, und wir sollten ihm vertrauen. Die physiologischen Phänomene bei generalisierter Angst (Appetitlosigkeit, Schlafstörungen, erhöhte Herzfrequenz, ständiges Unwohlsein, unbegründete Sorgen über die Zukunft) unterscheiden sich deutlich von der ruhigen Gewissheit, die das Bauchgefühl vermittelt.

Angst verspürst du zum Beispiel, wenn du jemanden gerade erst kennengelernt hast und in einer Unterhaltung ständig fürchtest, dass etwas schiefgeht. Dir gehen 50 verschiedene Szenarien durch den Kopf, wie dieser Mensch dich verletzen könnte, und jedes einzelne Szenario löst eine Milliarde weiterer Gedanken aus, weil du die Sorge hast, dass du nicht gut genug bist oder dass es mit euch nicht klappt. Tief in dir drin weißt du jedoch: Wenn du dir rational vor Augen führst, wie er sich verhalten hat, sind deine Gedanken vollkommen unbegründet. Dein Gehirn spielt einfach nur verrückt. Ganz anders ist es dagegen, wenn du in einer bestimmten Situation feststellst: »Moment mal, das gefällt mir gerade gar nicht.« Weibliche Intuition gibt es wirklich; die Evolution hat sie uns beschert, damit wir unseren Nachwuchs schützen können. Forschungen haben ergeben, dass zwar alle Menschen Intuition besitzen, sie bei Frauen aber stärker ausgeprägt ist als bei Männern.[7] Manchmal fällt es uns schwer, auf unser Bauchgefühl zu vertrauen, weil es immer heißt, dass Logik unbestechlich ist, dass ein Bauchgefühl ohne Beweise nicht richtig sein kann, dass Frauen »spinnen« und »übertrieben emotional« sind und dass wir auf den Verstand der Männer hören sollten, nicht auf die

Gefühle von Frauen. Dabei müssen wir lernen, diesem Gefühl zu vertrauen – immer. Doch selbst bei handfesten Beweisen und dem richtigen Bauchgefühl wird man nur zu leicht in die Irre geführt, wenn der andere die Fakten einfach verdreht. Selbst wenn man ihm einen Screenshot von einem Chat mit einer anderen zeigt, behauptet so mancher Mann, man sei verrückt und das sei nicht einmal eine Frau. Wir dürfen uns nicht verunsichern lassen.

Alleinerziehende

Bei Alleinerziehenden hat das ohnehin komplexe Dating-Leben noch eine weitere Dimension. Besonders schwierig ist es dann, wenn du kein gutes Unterstützungsnetzwerk hast oder wenn der Vater deiner Kinder dich kontrollieren will oder nicht damit einverstanden ist, dass du dich nach anderen umschaust. Es spielt auch eine Rolle, wie viel Zeit ohne Kinder du zur Verfügung hast. Wenn nur jedes zweite Wochenende oder noch seltener »kinderfrei« ist, lässt sich nicht so leicht eine neue Beziehung aufbauen. Und wenn du neue Kontakte knüpfst, musst du noch viel sorgfältiger überlegen, ob du verrätst, wo du wohnst. Dass du Männer, die du kaum kennst, nicht zu dir nach Hause einlädst, wenn dein Nachwuchs da ist, versteht sich hoffentlich von selbst; das gilt auch, wenn die Kinder schon im Bett sind. Ich würde dir nicht dazu raten, in deinem Profil anzugeben, dass du alleinerziehend bist, doch du solltest frühzeitig darauf hinweisen, wenn ein Kontakt zustande kommt – zum Beispiel könntest du es beiläufig erwähnen, wenn er dich nach deinen Plänen für die nächsten Tage fragt. Leider erleben viele Frauen, dass sie geghostet werden und der Mann nichts mehr von sich hören lässt, sobald er von ihren Kindern erfahren hat. Das kann dazu führen, dass sie

DON'T

VERSUCHE NICHT, ETWAS ZU ERZWINGEN.

DON'T

MACH KEINE KOMPROMISSE.

DON'T

GIB DICH NICHT MIT WENIGER ZUFRIEDEN.

DON'T

IGNORIERE KEINE RED FLAGS.

ihre Kinder als Hindernis sehen – dabei ist es ein Segen, wenn man von solchen Typen verschont bleibt.

Alleinerziehende fühlen sich oft weniger attraktiv. Das kann daran liegen, dass sich ihr Körper verändert hat, dass ihr Alltag hart ist oder dass ihnen die Zeit fehlt, für sich selbst zu sorgen – ganz zu schweigen von dem Bild, das die Gesellschaft von alleinerziehenden Müttern hat, und der Tatsache, dass man unmöglich spontan sein kann. Dabei ist es nicht im Geringsten unattraktiv, ganz allein einen anderen Menschen großzuziehen. Es ist auch nicht unsexy; laut *Pornhub* ist »MILF« der zweithäufigste Suchbegriff. Leider muss ich zugeben, dass ich mich gefreut habe, als ich das las, denn obwohl ich nicht als Sexobjekt und Fetisch gesehen werden will, fand ich es ermutigend, dass ich noch begehrt werde. Anschließend hätte ich mich am liebsten geohrfeigt.

Es ist ohne Weiteres möglich, großartige Partner zu finden, die dein Leben und das Leben deines Nachwuchses bereichern. Du kannst genau das finden, was du suchst. Wir müssen beim Dating lediglich unsere Kinder im Hinterkopf behalten. Sie sind ein Grund mehr, bei Red Flags direkt die Flucht zu ergreifen.

Genieß die Reise

Es ist in Ordnung, nach zwanzig Dates mit zwanzig verschiedenen Typen noch immer keinen gefunden zu haben, auf den man sich einlassen will. Du bist ein einzigartiges Individuum, und um jemanden zu finden, der optimal zu dir passt, musst du erst einmal eine Menge Nieten aussortieren. Das heißt aber nicht, dass du es mit jedem versuchen musst, den du kennenlernst. Bemühe dich nicht, etwas zu erzwingen. Ändere weder deine Persönlichkeit noch deine Interes-

sen, damit ihr besser harmoniert. Verschleiere nicht, wie intelligent du bist. Unterdrücke deinen Sarkasmus nicht. Mach keine Kompromisse. Setz dir nicht das Ziel, unbedingt einen festen Partner zu finden. Gib dich nicht mit weniger zufrieden. Sieh nicht über das hinweg, was nicht passt. Genieße deine kostbaren Single-Tage, bis du den Richtigen gefunden hast. Schränke deine eigenen Bedürfnisse nicht ein, um einen Partner zu behalten oder zu bekommen. Geh nicht auf ein Date, wenn dein Selbstwertgefühl am Boden ist. Achte auf Red Flags. Nimm Ablehnung nicht persönlich.
Denk daran: Wenn es hätte sein sollen, hätte es sich ergeben. Wir alle haben mehr als einen Seelenverwandten – sorg dafür, dass die Suche nach diesen Menschen Spaß macht.

Kapitel 7

Lohnt es sich, für ihn den pH-Wert zu gefährden?

Ich muss dir von diesem Arschloch berichten, das ich auf Tinder kennengelernt habe. Vor etwa einem Monat waren wir das erste Mal ausgegangen, danach hat er kaum noch auf meine Nachrichten geantwortet und das zweite Date in letzter Minute abgesagt. Ich war immer noch sehr an ihm interessiert, aber weil mir sein Verhalten nicht gefiel, wollte ich standhaft bleiben. Ich wurde schwach, als er mich im falschen Moment erwischte und anbot, vorbeizukommen. Zwei Stunden später waren wir im Bett. Der Sex war durchschnittlich: nicht furchtbar, aber kaum Vorspiel, und ich bin nicht gekommen. Um 4 Uhr morgens ist er gegangen, worüber ich froh war. Jetzt ist Donnerstag, und ich schwöre bei Gott, ich habe eine bakterielle Vaginose und einen verdammten Harnwegsinfekt … und seitdem nichts mehr von ihm gehört. Kannst du bitte eine Möglichkeit erfinden, wie man Sex zurücknimmt? Ich HASSE dieses Gefühl.

Wenn ich eine App erfinden könnte, mit der wir Sex rückgängig machen können, den wir bereuen, wäre ich die reichste Frau der Welt. Ich arbeite daran, aber vorläufig können wir nur den Pilz bekämpfen und dafür sorgen, dass wir nie wieder mit dem Kerl schlafen. Man sollte sich wirklich gut überlegen, ob man mit jemandem ins Bett geht oder nicht, um sich diese nachträgliche Reue zu ersparen – ganz gleich, ob es sich um den Ex, eine Zufallsbekanntschaft aus einer App oder um einen Typen handelt, mit dem man sich schon ein paarmal getroffen hat. In Kapitel 6 bin ich darauf eingegangen, ob man beim ersten Date Sex haben sollte, aber meiner Ansicht nach solltest du dir auch ganz grundsätzlich überlegen, wie du zu Sex außerhalb einer festen Beziehung stehst. Wenn ich von »unverbindlichem Sex« spreche, meine ich nicht nur One-Night-Stands, sondern allgemein Sex, bei dem nicht klar ist, ob man die Einzige ist und wie es mit der Beziehung weitergehen wird. In dieser seltsamen Phase, in der man schon ein paarmal zusammen ausgegangen ist, aber noch kein Gespräch über die Zukunft geführt hat, kann es ganz natürlich und logisch erscheinen, dass man miteinander schläft. Aber ich habe es auch schon erlebt, dass ich mit einem Mann Sex hatte, weil ich dachte, die Dates und alles andere würden danach wie bisher weitergehen, dann jedoch leider feststellen musste, dass ich für ihn nur eine Bettgeschichte war – und das war nicht das, was ich mir vorgestellt hatte.

Für mich persönlich sollte es überhaupt keine Frage sein, ob es in Ordnung ist, wenn Frauen unverbindlichen Sex haben. Es spricht nicht das Geringste dagegen, wenn man ihn genießt, und niemand sollte dafür verurteilt oder kritisiert werden. Dass sich

ES SOLLTE ÜBERHAUPT KEINE FRAGE SEIN, OB ES IN ORDNUNG IST, WENN FRAUEN UNVERBINDLICHEN SEX HABEN.

das nicht gehört, haben uns Religion, Kultur und staatliche Stellen eingeredet, die die Gesellschaft und die Geburtenrate kontrollieren wollen, und aus Frauenfeindlichkeit wird dieses Narrativ weiter gepflegt. Mittlerweile haben wir jedoch Fortschritte gemacht und können Schwangerschaften und Infektionen besser verhindern. Auch außerhalb einer Beziehung kann man ungefährdet Sex haben. Allerdings musst du für dich klären, ob du mit unverbindlichem Sex umgehen kannst. Wenn du es nicht erträgst, dass jemand, mit dem du schläfst, dich unverbindlich behandelt, dann kannst du auch nicht mit unverbindlichem Sex umgehen, und die ehrliche Wahrheit ist, dass das vielen Frauen schwerfällt. Wichtig ist allerdings, dass »unverbindlich« nicht respektlos bedeutet, sondern nur, dass ihr keine feste Beziehung führt und euch vielleicht nicht einmal regelmäßig seht. Auch unverbindlicher Sex sollte immer respektvoll sein.

Um herauszufinden, ob du mit unverbindlichem Sex umgehen kannst, solltest du dir genau überlegen, wieso du dazu bereit bist. Wenn es nur deshalb ist, weil deine Freundinnen es auch alle machen, kannst du nicht damit umgehen. Wenn der, den du willst, nichts Festes mit dir will und der Sex nur den Kontakt aufrechterhalten soll, kannst du nicht damit umgehen. Wenn du mit dem Sex nach Bestätigung und Aufmerksamkeit suchst, deine Bedürfnisse damit aber nicht erfüllt werden, dann kannst du nicht damit umgehen. Wenn du dich nach unverbindlichem Sex immer einsam fühlst und ihn bereust, kannst du nicht damit umgehen.

Wenn du dich dagegen bewusst für Intimität entscheidest, sexuelle Erfüllung findest und dich danach fantastisch fühlst – ganz gleich, ob er dich am nächsten Tag anruft oder nicht –, dann kannst du mit unverbindlichem Sex umgehen.

Meine unwissenschaftlichen, inoffiziellen Studien, die sich auf mein eigenes Sexualleben und das meiner Freundinnen erstrecken, haben ergeben, dass wir nach dreimal Sex mit demselben Menschen meist »Wie geht es mit uns weiter?« fragen wollen – selbst wenn keine feste Beziehung geplant war und selbst wenn uns der Mann eigentlich gar nicht so sehr gefällt oder wir nicht besonders viel mit ihm gemeinsam haben. Dann landen wir in einer »Situationship« oder verlieben uns in einen absoluten Vollidioten, und zwar nicht, weil er der tollste Typ der Welt ist, sondern weil wir uns an den Sex gewöhnt haben. Genau deshalb sollten wir uns vorher klarmachen, ob wir mit Unverbindlichkeit umgehen können. Manchmal wissen wir auch ganz genau, dass uns jemand nicht guttut, behaupten aber, dass es sich nur für den tollen Sex lohnt, die Sache am Laufen zu halten.

Manchmal reden wir uns ein, der Sex sei toll, weil wir nur dann seine ungeteilte Aufmerksamkeit bekommen.

Ich hatte einen toxischen Ex, bei dem ich diese Ausrede benutzte: Ich erzählte meinen Freundinnen, ich könne nicht Schluss machen, weil der Sex so gut sei. Im Rückblick war er aber gar nicht so super.

Er fragte nie, was ich gerne hätte, und nahm keine Rücksicht auf meine Bedürfnisse. Der Sex war ganz in Ordnung, doch ich empfand ihn als großartig, weil der Typ mir nur im Bett sagte, ich sei so schön und er sei so gerne mit mir zusammen und sein Schwanz gehöre nur mir. (Später fand ich heraus, dass das eindeutig nicht stimmte. Er gehörte der ganzen Stadt.) Nur beim Sex fühlte ich mich wichtig, nur dann war er nicht durch andere, spannendere Dinge abgelenkt. Nicht nach dem Sex sehnte ich mich, sondern danach, anschließend in seinen Armen einzuschlafen.

Wenn du dir all das wegdenkst – die Aufmerksamkeit, die Bestätigung, die Intimität, die Komplimente –, ist es dann wirklich so toll? Bewirkt er, dass es dir in den Zehen kribbelt? Bist du ganz scharf auf ihn? Erlebst du einen echten Orgasmus, weil er dir so viel Freude und Lust bereitet? Oder gibst du dich mit dem absoluten Minimum zufrieden und legst die Messlatte beim Sex niedrig an, weil du es nicht anders kennst oder weil du meinst, nicht mehr zu verdienen? Ist er wirklich gut im Bett, oder gibt er dir nur kurzzeitig das Gefühl, begehrt zu werden?

Und wenn er dich von den Socken haut und dir multiple Orgasmen beschert, aber dein Leben ruiniert oder dich außerhalb des Schlafzimmers zum Wahnsinn treibt, warum ist dir guter Sex dann wichtiger als dein emotionales Wohlbefinden? Warum stellst du so geringe Ansprüche, dass du Qualen und Probleme in Kauf nimmst, nur um anständig zu bumsen? Wir dürfen nicht vergessen, dass sich eine gesunde Beziehung und guter Sex nicht ausschließen. Man kann beides haben. Aber eine gesunde Beziehung ist schwieriger zu finden, wenn man sein ganzes Herz an eine toxische Person hängt. Wenn du in einer Beziehung oder Situationship bleibst, die deinem inneren Frieden schadet, vergeudest du damit dein kurzes Leben. Such dir einen Mann, der dein Leben und deinen pH-Wert nicht aus dem Gleichgewicht bringt.

Es ist völlig in Ordnung, wenn man mit einer unverbindlichen Situation nicht umgehen kann, und es ist auch keine Schande, wenn man sich lieber nicht bindet. Aber wir Frauen müssen uns das gründlicher überlegen als Männer. Eine Schwangerschaft wäre für uns eine viel größere Belastung. Ich finde es wichtig, hier über Abtreibung zu sprechen, denn viele Frauen sind damit konfrontiert. Ein Schwangerschaftsabbruch ist eine legitime Entscheidung, aber jeder Mensch geht damit anders um. Manche empfinden uneingeschränkte Erleichterung, andere dagegen Schuldgefühle und Reue, wieder andere die unterschiedlichsten Gefühle gleichzeitig. Es gibt kein richtiges Gefühl. Die Entscheidung liegt allein bei der Schwangeren, und wir sollten nicht den Druck oder Zwang empfinden, etwas zu entscheiden, das sich für uns und unseren Körper nicht richtig anfühlt. Die Menschen, mit denen wir schlafen, sollten uns bei unserer Entscheidung unterstützen und uns zu Terminen begleiten, wenn wir das möchten. Du musst jedoch niemandem von der Schwangerschaft erzählen, wenn das deine Lage schwieriger oder sogar gefährlich machen könnte, und du bist nicht verpflichtet, künftigen Partnern zu sagen, dass du schon einmal eine Schwangerschaft beendet hast. Das geht niemanden etwas an außer dich selbst. (@doposupport auf Instagram ist eine tolle Ressource für alle, die vor, während und nach einem Schwangerschaftsabbruch ganzheitliche Unterstützung benötigen.)

Auch sexuell übertragbare Infektionen sind zu bedenken, und selbst wenn wir uns nichts einfangen, besteht immer das Risiko, dass die Vagina nach dem Sex tagelang unangenehm juckt. Für guten Sex mag man eine Blasenentzündung vielleicht in Kauf nehmen, aber nach mittelmäßigem Sex, bei dem man kaum ein Kribbeln gespürt hat, ist sie geradezu tragisch. Und die Chancen, dass unverbindlicher Sex mit einem Mann mittelmäßig, schlecht oder orgasmuslos sein wird, stehen für Frauen bei 50 Prozent.

Die Orgasmus-Lücke

Sex ist für Männer und Frauen unterschiedlich. Ich weiß nicht, wie sich Sex für Männer anfühlt, würde es aber sehr gerne wissen. Es interessiert mich ungemein, wie es sich anfühlt, wenn ein Penis in eine Vagina eindringt. Es muss wunderbar sein, einfach unbeschreiblich toll, denn schließlich lügen uns die Kerle oft wochenlang etwas vor, um uns ins Bett zu kriegen, flehen uns an und führen ein Doppel- oder gar Dreifach-Leben, um Sex zu bekommen. In meiner Vorstellung fühlt es sich in etwa so an wie eine Kopfmassage, bei der es am ganzen Körper kribbelt, aber zehnmal so stark und ausschließlich auf die Schwanzspitze konzentriert.

Ich habe viele männliche Freunde gefragt, wie sich Sex anfühlt, und die einzige Antwort, die sie mir liefern konnten, war »warm, feucht, eng und jedes Mal anders«. Offenbar können sie nicht vermitteln, was genau sie spüren, wenn der Penis eindringt, sondern nur das Gefühl einer Vagina beschreiben.

Auf meiner Suche nach einer Antwort habe ich die Frage auf Instagram gestellt. Die überwiegende Mehrheit der Antworten waren Varianten von »warm«, »feucht« und »weich«. Einige waren etwas poetischer; so schrieb einer zum Beispiel: »Wie Marshmallows mit Olivenöl in einem Samtbeutel«, was für mich allerdings nach einer klebrigen Schweinerei klingt. Viele sagten, das Gefühl sei wie eine Druckentlastung. »Als käme man nach Hause«, schrieb jemand. Ein anderer sagte, es sei so, als würde man »mit der Zunge über den Gaumen fahren, nur weniger empfindlich«. Probier das mal aus – danach wirst du dich den ganzen Tag fragen, warum die Kerle sich für so etwas das Leben ruinieren.

Ich will damit nicht sagen, dass sich Sex für Frauen nicht toll anfühlt. Er *soll* sich toll anfühlen, und wir haben außerdem das Glück, dass unsere Orgasmen länger dauern und wir multiple Orgasmen erleben können. Es ist zwar ein Mythos, dass sich in der Klitoris etwa doppelt so viele Nervenenden befinden wie im Penis, aber laut @thesexdoctor Karen Gurney sitzt etwa die gleiche Menge auf einer viel kleineren Fläche. Trotz unserer Orgasmus-Fähigkeiten sind wir Frauen aber nicht so verzweifelt auf Sex aus wie Männer. Vielleicht liegt es daran, dass Männern fast immer ein wunderbares Erlebnis garantiert ist, während es für uns russisches Roulette ist. Wieso sollten wir für Sex bezahlen oder ein Doppelleben führen, wenn die Chance auf einen Orgasmus geringer ist als die Wahrscheinlichkeit eines Harnwegsinfekts?

Von den 20 000 Frauen, die auf meine Instagram-Umfrage geantwortet haben, haben nach eigenen Angaben 84 Prozent schon einmal einen Orgasmus vorgetäuscht, 69 Prozent schon oft einen Orgasmus vorgetäuscht und 46 Prozent häufiger einen Orgasmus vorgetäuscht als tatsächlich einen erlebt. Das ist lächerlich, aber dieses lächerliche Verhalten kenne ich auch von mir selbst. Guten Sex hatte ich erstmals mit Mitte dreißig. Vorher ging es für mich beim Sex darum, dafür zu sorgen, dass Männer mich mochten. Es ging nicht um mein Vergnügen, sondern um das der Männer. Ich wusste, dass Sex sich gut anfühlen sollte, aber da ich es nie als wirklich lustvoll empfunden habe, wenn ich penetriert wurde, glaubte ich, dass mit mir etwas nicht stimmte. Sex war für mich kein körperlicher Genuss, deshalb bemühte ich mich auch nicht um Sex, der sich für mich gut anfühlte. Meine Freundinnen erzählten mir von ihren tollen Erlebnissen, und ich verkündete ebenfalls, mein Kerl sei super im Bett, obwohl ich danach immer wartete, bis er endlich eingeschlafen war, damit ich mich selbst zum Orgasmus bringen konnte. Ich sah in Pornos, wie Frauen schon bei der bloßen Berührung ihrer Vulva den Verstand verloren, und grübelte darüber nach, was mit mir los sein mochte. In der *Cosmopolitan* wurden die besten Sexstellungen präsentiert, und als ich sie ausprobierte, musste ich feststellen, dass alle gleich schmerzhaft waren und keine bei mir viel bewirkte. Ich dachte, bei mir sei etwas kaputt, und konnte nicht verstehen, warum alle anderen Frauen so leicht zum Orgasmus kamen. Manchen gelingt das wirklich – es gibt vom Glück gesegnete Frauen, die tatsächlich mühelos intensive Lust erleben –, aber es hat lange gedauert, bis ich erkannte, dass diese Frauen in der Minderheit sind und dass die allermeisten heterosexuellen Frauen Sex genauso erlebten wie ich. 73 Prozent der Befragten gaben an, dass sie bei Penis-in-Vagina-Penetration nicht zum Orgasmus kommen. Dennoch gilt diese Form von Sex als Nonplusultra, als Hauptsache, als Heiliger Gral. Das ist Irrsinn, wenn man bedenkt, dass sie nur 27 Prozent von uns etwas bringt. Wenn alleinige Penetration nur 27 Prozent der Männer einen Orgasmus verschaffen würde, wäre sie kein Thema. Penetration würde dann in Nischenpornos auftauchen, aber niemals in Mainstream-Medien. Das gängige Sex-Narrativ konzentriert sich auf das, was für Männer funktioniert, und für heterosexuelle Frauen ist das furchtbar tragisch.

Bei Frauen, die Sex mit Frauen haben, gibt es dieses Problem nicht. Lesben kennen keine Orgasmuslücke. Das entkräftet die Behauptung, für Frauen sei es eben schwieriger, zum Orgasmus zu kommen. Wir sind dazu durchaus in der Lage; den Männern gelingt es nur nicht, uns einen Orgasmus zu verschaffen. Vielleicht ist es nicht ganz so einfach wie bei Männern, aber unter den richtigen Voraussetzungen kommen wir ohne Schwierigkeiten. Damit meine ich längst nicht nur die richtige Klitoris-Stimulation. Selbst wenn er deine Klit äußerst fachmännisch reibt, wirst du nicht kommen, wenn du nicht bei der Sache bist – weil du damit beschäftigt bist, wie du dich anfühlst, aussiehst oder riechst, weil du ein schlechtes Gewissen hast, weil du eigentlich gar nicht willst, weil du dich fragst, was er wohl denkt, ob er sich langweilt oder ob er dich am nächsten

Morgen noch respektieren wird, oder weil du in Gedanken bei einer Sache bist, die du noch erledigen musst, zum Beispiel deine Steuererklärung. Deshalb frage ich mich, wie sich Sex für Männer anfühlen mag, denn für uns Frauen kann er unter den richtigen Umständen zwar fantastisch sein, aber wir brauchen eine Weile, bis wir warmlaufen. Wir müssen erst im Kopf frei sein. Vielleicht liegt es daran, dass Männer ungehemmt Sex haben können, ohne fürchten zu müssen, als Schlampen bezeichnet oder weniger respektiert zu werden. Wir haben gelernt, dass es beim Sex eigentlich nicht um uns geht, dass er ein Geschäft ist, mit dem wir uns Beziehungen sichern, und dass wir als Schlampen gelten, wenn wir zu viel davon haben.

Das körperliche Erlebnis ist allerdings nicht der einzige Grund, wieso Männer für Sex lügen, betrügen und manipulieren. Ich glaube, es ist das Gefühl der Eroberung und der Drang, durch die Kraft des Penis ihre Männlichkeit zu beweisen. Die Gesellschaft redet den Männern seit jeher ein, es sei erstrebenswert und besonders männlich, so viele Frauen wie möglich zu vögeln. Dafür spricht die Gruppe von Männern, die sich als Pick-Up-Artists bezeichnen und viel Zeit investieren, um anderen Männern zu vermitteln, wie sie am besten möglichst viele Frauen rumkriegen. Dabei gehen sie oft manipulativ und aggressiv vor. Ihr ganzer Lebensinhalt scheint sich darum zu drehen, mit wie vielen Frauen sie schlafen können, und das diskutieren sie gerne ausführlich in seltsamen Foren oder in YouTube-Videos. Männer haben einen Freifahrtschein; sie können so oft vögeln, wie sie wollen, und haben die Gewissheit, dafür Beifall zu ernten. Dazu können sie sich sicher sein, dass sie zu 90 Prozent jedes Mal ejakulieren. Diesen Freifahrtschein haben wir Frauen leider nicht.

In Sachen Sex werden wir im wahrsten Sinne des Wortes aufs Kreuz gelegt.

All das geht darauf zurück, dass Männer die Welt regieren – auch wenn es mir ein Rätsel ist, wie sie das geschafft haben, aber das ist ein anderes Thema.

Liebe deine Vulva

Wir Frauen wissen nicht genug über unsere Anatomie. Die meisten Frauen bezeichnen ihren gesamten Genitalbereich als »Vagina«; das Wort »Vulva« wird kaum verwendet. Ich finde das Wort »Vagina« seit jeher unangenehm und peinlich und benutze es nicht gern, weil es so klinisch und gynäkologisch klingt – und »Vulva« klingt wie eine Familienkutsche. Ich verwende am liebsten »Pussy« oder »Muschi«. (Obwohl mir »Pussy« schwer über die Lippen kommt, ich benutze es nur beim Sexting. »Scheide« klingt mir zu kindisch, »Möse« assoziiere ich mit »böse«, und »Mumu« ist für mich ein Katzenname.) Ich tue mich wirklich schwer damit, einen Begriff zu finden, der mir zusagt, und das verrät viel über die Sicht auf weibliche Sexualität. Viele erwachsene Frauen bezeichnen ihre Vulva und Vagina als »Unterleib« oder einfach als »Untenrum«. Aber kennst du einen Mann, der »Unterleib« oder »Untenrum« sagen würde, wenn er seinen Schwanz meint? Überleg mal gut … Wir müssen mit unseren Kindern über diese Körperregionen genauso offen reden wie über Ellenbogen und Knie. Es macht selbstbewusst, wenn sie die richtigen Begriffe kennen, und dient auch ihrem Schutz, da ein Kind sexuellen Missbrauch viel leichter darlegen kann, wenn es keine Hemmungen hat, über seinen Körper zu sprechen. Wenn du eine Tochter hast, sollte sie wissen, dass sie eine Vulva hat und keine »Mumu«.

Ich war schon über 30, als ich erfuhr, dass die Klitoris nicht nur ein kleiner, einsamer Knopf ist, sondern die Spitze eines ganzen Eisbergs. Die Schwellkörper sitzen im Inneren, in der Nähe der Harnröhre, und man geht davon aus, dass sie bei den Frauen, die nur durch Penetration zum Orgasmus kommen, größer sind – der G-Punkt ist im Prinzip die innere Klitoris. Damit ist also auch bei ihnen die Klitoris für den Orgasmus zuständig. Dass sie wie ein Penis und zwei Hoden aussieht, liegt daran, dass ganz zu Anfang alle Menschen weiblich sind. In der Gebärmutter haben wir alle das Klitoris-Gebilde, doch bei manchen wächst es zu Penissen heran, während es bei anderen ein hauptsächlich inneres Organ bleibt. Wenn beim Sex die Klitoris der Frau nicht berührt wird, ist das so, als würde beim Mann der Penis nicht berührt. Eigentlich ist es unglaublich, dass dieses Körperteil so wenig Beachtung findet. Es lohnt sich auf jeden Fall, die Klitoris besser kennenzulernen. Stell dir die Spitze als Zifferblatt einer Uhr vor und erkunde, zu welcher Uhrzeit du am liebsten stimuliert wirst – um drei, um halb sechs oder um zwölf? Wie stark soll der Druck sein? Lass deine Partner das wissen und übernimm die Kontrolle über deine Lust.

Frauen sollten über ihre Genitalien ausführlich Bescheid wissen, von den Schamlippen bis zur Harnröhre. Und wir sollten sie uns im Spiegel anschauen, damit wir uns in unserem Körper wohlfühlen und ihn richtig kennenlernen.

**Wie sollen wir zum Orgasmus kommen,
wenn wir gar nicht wissen,
was dabei zum Einsatz kommt,
oder wenn wir uns dafür schämen, wie wir aussehen?**

Vulva-Shaming gibt es wirklich; viel zu viele Frauen halten ihre Vulva und ihre Schamlippen für unattraktiv. Ob lang oder kurz, dick oder dünn, runzelig oder straff, braun oder schwarz, rosa, lila oder rot, schlaff oder verborgen – alles ist normal. Jede Schamlippe sieht anders aus. Manche Schamlippen sind auf der einen Seite lang und auf der anderen kurz; manche Frauen haben eine richtig große Klitoris, andere dagegen eine winzige. Jede Variante ist gleich attraktiv, und je eher wir uns mit unserer Vulva und unserer Vagina auseinandersetzen und sie akzeptieren, desto eher werden wir besseren Sex haben.

Nimm dir jetzt einen Spiegel und mach dich mit deiner Vulva bekannt (es sei denn, du bist gerade im Zug oder bei der Arbeit). Als ich das zum ersten Mal gemacht habe, war ich vollkommen überwältigt, hatte danach aber viel mehr Selbstbewusstsein und Selbstvertrauen. So seltsam es klingen mag, es ist wirklich wichtig, sich mit der eigenen Vagina und Vulva anzufreunden. Wenn du Klitoris und Schamlippen als kleine Freundinnen siehst, die du lieben und um die du dich kümmern musst, hat das Folgen für dein ganzes Leben. Denk daran, wie sich deine arme Klitoris fühlt, wenn sie vollkommen vernachlässigt wird – schließlich ist sie einzig und allein dazu da, dich zu erregen. Stell dir vor, wie sie sich freut, wenn du Besuch mitbringst, und wie traurig sie ist, wenn sie völlig ignoriert wird. Stell dir deine unschuldigen kleinen Schamlippen vor, die ganz unbeschwert und fröhlich sind, bis sie plötzlich erfahren, dass du sie hässlich findest und dich für sie schämst. Behandle deine Vulva so, wie du eine Freundin behandeln würdest – du würdest ihr nicht sagen, dass sie hässlicher ist als deine anderen Freundinnen, also tu das auch deiner Vulva nicht an.

Deine Vulva ist einzigartig, und ich garantiere dir, dass sie wunderschön ist (auf @the.vulva.gallery auf Instagram kannst du eine ganze Reihe von Vulven sehen und wirst erkennen, wie unterschiedlich sie sind). Informiere dich über diese Körperteile, schätze sie, und kümmer dich um sie wie um deine beste Freundin. Das hilft wirklich.

Bin ich schon gekommen?

Oft wissen wir nicht genau, wie ein Orgasmus entsteht, wie er sich anfühlen sollte und ob wir überhaupt einen Orgasmus hatten, wenn es nicht zur Ejakulation kommt. Regelmäßig schreiben mir Frauen Nachrichten wie: »Ich glaube, ich hatte noch nie einen Orgasmus. Ich erlebe ein schönes Gefühl und einen Höhepunkt, wenn ich masturbiere, aber ich bin noch nie gekommen.« Kommen und Orgasmus sind ein und dasselbe; die Wörter sind gleichbedeutend. Man kann abspritzen, ohne einen Orgasmus zu haben, und man kann einen Orgasmus haben, ohne abzuspritzen. Viele Frauen ejakulieren normalerweise nicht, obwohl angeblich jede Frau dazu in der Lage ist, und im Internet finden sich viele Anleitungen mit Tipps, wie sich das erreichen lässt. Leider ist es einigen Frauen peinlich, wenn sie ejakulieren, während es anderen peinlich ist, wenn ihnen das nicht gelingt. Auch das nutzen Männer aus, um uns das Gefühl zu geben, im Bett unzulänglich zu sein. Der Song *WAP* (*Wet Ass Pussy*) von Cardi B und Megan Thee Stallion hat vielen Frauen Mut gemacht, löste jedoch eine Flut von Tweets und Memes von Männern aus, die den Text völlig falsch verstanden und meinten, das sei ein Zeichen für vaginale Infektion oder es sei ekelig, wenn Frauen kommen, weil man dann anschließend saubermachen muss. Im Laufe der Jahre habe ich Unmengen von Nachrichten erhalten, in denen sich Frauen Sorgen über ihre feuchte Vagina machten und sich fragten, ob es »zu viel« sei oder den Partner abstoßen könne. Der gängige Ratschlag lautet, einfach zu akzeptieren, wie es ist – aber das ist gar nicht so leicht, wenn Männer sich darüber beschweren, dass sie nach dem Sex die Bettwäsche wechseln müssen, oder den Eindruck vermitteln, dass wir ihnen zu feucht sind. Ein Grund mehr, mit solchen Männern nicht zu schlafen. Viele Frauen haben auch das entgegengesetzte Problem, und eine trockene Vagina ist ebenfalls normal. Mögliche Ursachen sind die aktuelle Stimmung, der Menstruationszyklus, Antidepressiva, Antihistaminika, Dehydrierung, Wechseljahre, Schwangerschaft/kürzliche Entbindung und Rauchen. Mir schreiben genauso viele Frauen wegen ihrer trockenen Vagina wie wegen ihrer feuchten. Übermäßige Trockenheit ist nur deshalb problematisch, weil sie den Sex schmerzhaft und unangenehm macht.

Gleitmittel sollte etwas ganz Normales sein.

Es ist absolut keine Schande, solche Mittel zu benutzen, und wichtig, dass sie im Schlafzimmer zur Hand sind, wenn du nicht auf natürliche Weise feucht wirst – oder selbst dann. (Auch vaginale Feuchtigkeitscremes sind eine Alternative.) In jedem Fall ist beides normal und nichts, für das man sich schämen müsste. Wichtig ist auch die Tatsache, dass der Grad der Feuchtigkeit nichts darüber verrät, wie erregt eine Frau ist. Du kannst mega-erregt, aber trocken sein oder superfeucht, obwohl du überhaupt nichts empfindest.

Auch beim Orgasmus gibt es eine breite Palette: Manche erleben ein überwältigendes Gefühl, das den ganzen Körper erschüttert und sie in andere Sphären katapultiert, andere eher kleine Wellen der Lust. Manchmal meint man, dass sich ein gewaltiger Orgasmus anbahnt, doch dann ist kurz davor alles vorbei, und man spürt nicht mehr als ein halbherziges Niesen. Es gibt klitorale Orgasmen, Nippelorgasmen, anale Orgasmen, zervikale Orgasmen und sogar Mischformen aus mehreren Orgasmusarten gleichzeitig.

Der Schlüssel zum Erfolg ist Masturbation. Ich kann gar nicht deutlich genug machen, wie wichtig es ist, den eigenen Körper kennenzulernen und zu wissen, was einem guttut. Auch Masturbation ist oft mit Scham und Ekelgefühlen verbunden, aber im Prinzip ist Selbstbefriedigung eine Form der Selbstfürsorge.

Wenn du weißt, wie du dich selbst zum Höhepunkt bringen kannst, ist es viel einfacher, jemand anderem zu erklären, wie du zum Orgasmus kommst. Allerdings erleben viele Frauen, dass sie allein leicht zum Orgasmus kommen, aber nicht mit jemand anderem – aus all den Gründen, auf die wir hier eingehen. Oft ist das Masturbieren beim Sex für sie die einzige Möglichkeit, während der Penetration zu kommen, und daran sollte nichts verwerflich sein. Experimentiere und erkunde, was bei dir funktioniert, und scheu dich nicht, das im Bett zu sagen. Aber erst lerne dich selbst kennen. Schau dir moralisch vertretbare Pornos an, lies Erotikbücher, probier Spielzeuge aus. Spiel mit deiner Sexualität. Lass dich auf alles ein, das dich scharfmacht, und experimentiere damit. Tolle Tipps rund um die Selbstbefriedigung gibt es auf der Instagram-Seite @am.appointment.

Gleichzeitig vergiss aber bitte nicht, dass der Orgasmus nicht das A und O ist: Es kann uns die Freude am Sex verderben, wenn wir uns zu sehr auf den Höhepunkt fixieren. Sex und Masturbation können auch dann wunderbar und lustvoll sein, wenn sie nicht zum Orgasmus führen. Beim Sex sollte unser Ziel nicht der Orgasmus sein, sondern dass wir Spaß haben. Wenn das zum Höhepunkt führt, ist das toll, wenn nicht, ist das nicht schlimm, solange es schön war.

Nimm mich so, wie ich bin

Guter Sex ist ausgeschlossen, wenn wir innerlich nur damit beschäftigt sind, ob Brüste oder Bauch nicht zu schlaff und unförmig wirken. Oft schämen wir uns für unseren nackten Körper, besonders, wenn er sich verändert hat, etwa nach einer Brust-OP, durch Narben oder eine Behinderung, weil wir zu- oder abgenommen haben oder weil sich die Wechseljahre auf unsere Figur auswirken. Ob Vulva oder Busen, Bauch oder Po, uns wird suggeriert, all das müsse ein ganz bestimmtes Aussehen haben, um auf Männer sexuell attraktiv zu wirken. Das kann dazu führen, dass wir beim Sex ständig daran denken, vor allem bei Licht. Es ist praktisch unmöglich, zum Orgasmus zu kommen, wenn sich deine Gedanken nur um dein Äußeres drehen. Der Kopf ist für den Orgasmus genauso wichtig wie der Körper. Selbst wenn du dich super attraktiv findest, wirst du den Sex nicht richtig genießen können, wenn du ständig daran denkst, ob du ihm auch gefällst. Wir verschwenden so viele Gedanken daran, wie breit unser Hintern ist, wie eng oder feucht unsere Vagina oder wie sie sich für ihn anfühlt, dass wir gar nicht darauf achten, was wir selbst empfinden. Der Wunsch, Männer sexuell zu beeindrucken – mit unserem Aussehen oder unseren Gefühlen –, kann den Sex ruinieren.

Man könnte einwenden, dass dieses Problem nicht nur Frauen betrifft. Männer leiden unter Penis-Shaming und haben Ängste, die Größe und Aussehen betreffen. Ich bin gegen Penis-Shaming (es sei denn, es ist eine Reaktion auf Vulva-Shaming) und kann nachvollziehen, dass so etwas für Männer furchtbar belastend sein muss. Frauen stehen jedoch insgesamt unter dem Druck, sich sexy zu präsentieren, weil die Gesellschaft den Wert einer Frau mit ihrer Sexualität verknüpft. Ein Mann kann zum ersten Sex in zerlumpten Boxershorts erscheinen, während man von uns oft unbequeme Dessous erwartet. Ich schäme mich dafür, dass ich so viel Zeit und Geld für Männer verschwendet habe, die sich vor dem Date mit mir kaum die Mühe gemacht haben, ein bisschen Aftershave aufzusprühen. Die schmerzhaftesten Enthaarungsprozeduren habe ich für Kerle über mich ergehen lassen, die noch nie ihren Busch gestutzt hatten. Wie viele Stunden wurde ich in Nagelstudios für Männer manikürt und pedikürt, die in stinkenden Turnschuhen auftauchten und sich die Zehennägel offenbar zuletzt vor drei Jahren geschnitten hatten!

Man hat uns weisgemacht, wir müssten glatt und unbehaart sein, uns das Gesicht sexy schminken und aufreizende Unterwäsche tragen, damit die Männer hart werden, doch wir selbst akzeptieren schlaffe Eier und picklige Hintern; wir akzeptieren, dass Schwänze nach Schwanz riechen statt nach Ananas oder Rosen und dass Männer einen Bauch und kahle Stellen haben – wir akzeptieren sie so, wie sie sind. Wir müssen aufwachen und erkennen, dass die meisten anständigen Männer uns ebenfalls so akzeptieren, wie wir sind: Nur die frauenfeindlichen, narzisstischen Kerle können die Realität nicht verkraften.

Dass völlig normale und alltägliche Dinge als Makel gelten, ist ein Riesenproblem. Daran hat der Mainstream-Porno genauso großen Anteil wie die Medien, die Frauenfotos mit Airbrush und Photoshop nachbearbeiten. Wir sind mittlerweile so daran gewöhnt, völlig unrealistische Versionen des weiblichen Körpers zu sehen, dass wir eine komplett verzerrte Vorstellung davon haben, was normal ist. Das geschieht schon früh im Leben und kann uns vollkommen fertigmachen. Es ist schädlich, wenn wir uns mit anderen Frauen vergleichen, vor allem, wenn diese operiert sind oder unter Studiobedingungen oder in optimalen Perspektiven abgelichtet werden. Das Normale muss normal werden: Dazu gehören Pickel durch eingewachsene Haare, Cellulite am Bauch, Haarbalgentzündungen an den Oberschenkeln, Dehnungsstreifen am Schambein, Mitesser in der Leistengegend und Brüste, die in die Achselhöhlen rutschen, wenn wir auf dem Rücken liegen. Das ist alles so verdammt normal, und wir müssen jeden Zentimeter unseres normalen Selbst akzeptieren, um großartigen Sex zu haben. Es ist eine Binsenweisheit, ich weiß, aber der richtige Mann wird sich von deinem Körper in keiner Weise abgestoßen fühlen, und wenn doch, ist er es nicht im Geringsten wert, gefickt zu werden. Du kannst nur gut im Bett sein, wenn du erwachsen bist. Wenn er bei einer erwachsenen Frau einen makellosen, unbehaarten, straffen, jugendlichen Körper erwartet, dann hat er eine ganze Menge besorgniserregender Probleme, die er in einer Therapie aufarbeiten muss, und deshalb kannst du dich glücklich schätzen, wenn er nichts von dir will.

An dieser Stelle möchte ich auf Herpes eingehen, da mir viele Frauen schreiben, die davon betroffen sind und deshalb meinen, dass ihr Sexualleben nun vorbei ist. Zwei Drittel der Weltbevölkerung haben Herpes simplex 1 (Fieberbläschen am Mund), und jeder sechste Menschen hat Herpes simplex 2 (Herpes im Genitalbereich, der aber auch oral übertragen werden kann). 80 Prozent dieser Menschen wissen nichts von ihrem Herpes, weil er noch nicht ausgebrochen ist.

Herpes ist normal, er ist nichts Anrüchiges und bedeutet nicht, dass das Sexleben vorbei ist.

Viele Kinder tragen das Virus in sich; es wird nicht zwangsläufig sexuell übertragen, sondern man kann es auch bekommen, wenn man Oma küsst.

Lippenherpes ist etwas vollkommen Normales, das niemanden in Panik versetzt, aber Herpes im Genitalbereich ist so stigmatisiert, dass Frauen oft am Boden zerstört sind, wenn sie zum ersten Mal davon betroffen sind. Ich sage Frauen, weil Männer und Frauen laut Dr. Naomi Sutton (@drnaomisutton, Fachärztin für sexuelle Gesundheit) ganz unterschiedlich reagieren, wenn bei ihnen eine Geschlechtskrankheit festgestellt wird. Frauen haben meist viele Fragen und wollen vor allem wissen, wie sie andere schützen können; wir weinen, geraten in Panik und fürchten, dass unser Leben vorbei ist und dass kein Mann uns je wieder haben will. Cis-Männer dagegen nehmen die Diagnose oft schulterzuckend hin. Es ist wichtig und richtig, die Partner zu informieren, um niemanden zu gefährden. Allerdings kostet das oft ungeheuer viel Überwindung, da die Angst vor Vorwürfen oder Ablehnung so groß ist.

Herpes kann man von jedem Menschen bekommen, mit dem man schläft, auch wenn dieser vielleicht selbst gar nichts davon weiß – das bedeutet, dass man immer die Gefahr einer Ansteckung in Kauf nimmt, wenn man sich zum Sex entscheidet. Ein Mann, der dich wegen deiner Herpes-Infektion nicht will, kann sich also ohne Weiteres bei der Nächstbesten anstecken, mit der er ins Bett geht. Deshalb ist Aufklärung zum Thema Herpes so wichtig – wer informiert ist, weiß, dass von dir kein höheres Risiko ausgeht als von jeder anderen in der Gesamtbevölkerung, wenn du offen über deine Infektion sprichst und dafür sorgst, ihn vor Ansteckung zu schützen. Ehe du von einer Herpes-Infektion berichtest, solltest du dich selbst umfassend informieren, damit du sämtliche Fakten darlegen kannst. Und wenn ein Mann dann nichts mehr von dir will, ist er ignorant und dumm und vermutlich sowieso ein ziemliches Arschloch.

Man kann gefahrlos mit jemandem Sex haben, der schon einmal Genitalherpes hatte – genau wie man gefahrlos jemanden küssen kann, der schon einmal an Lippenherpes litt. Das Stigma ist jedoch weit verbreitet, deshalb fällt es oft schwer, eine Diagnose zu akzeptieren. In diesem konkreten Fall müssen wir uns die Männer zum Vorbild nehmen und sexuell übertragbare Krankheiten locker sehen: Wir sind nur Menschen und müssen akzeptieren, dass wir alle irgendwann einmal von Krankheiten und Infektionen betroffen werden. Daran ist nichts Abstoßendes, nicht einmal, wenn es sich um eine sexuell übertragbare Krankheit handelt. Herpes mindert weder deine Attraktivität noch deinen Wert oder die Wahrschein-

Der

richtige Mann

wird sich

von deinem Körper

in keiner Weise

abgestoßen fühlen,

und wenn doch,

ist er es

nicht

im Geringsten

wert,

gefickt zu werden.

lichkeit, in Zukunft guten, sicheren Sex zu haben. All dies gilt auch für HPV – in meinem Podcast mit *Jo's Cervical Cancer Trust* erfährst du mehr zu diesem Thema.

Liebe tut weh, Sex eigentlich nicht

Wendungen wie »ihn ranlassen« oder »sich geschlagen geben« sind weit verbreitet und verstärken die Vorstellung, dass es für uns Frauen beim Sex nicht um uns geht, sondern dass wir Männern damit einen Gefallen tun und keinen großen Genuss erwarten dürfen. Uns wird vermittelt, wir sollten Männern unseren Körper schenken und uns von ihnen nach Lust und Laune ficken lassen. Mainstream-Pornos zeigen in der Regel heftige Stöße in die Vagina, dazu einen kurzen Blowjob als Vorspiel. Das nehmen sich Männer zum Vorbild. Nicht alle Pornos sind schlecht, aber die überwiegende Mehrheit der frei zugänglichen zeigt kaum weibliche Lust und nur sehr wenige echte Orgasmen. In meiner Umfrage sagten 90 Prozent der Teilnehmerinnen, sie hätten beim Sex schon einmal Schmerzen gehabt, 75 Prozent hatten schmerzhaften Sex stumm erduldet. Der Sex, den Männer in Pornos sehen, bedeutet leider sehr oft Schmerzen für die Frau. Viele Pornos zeigen Gewalt und Erniedrigung der Frauen. Manche Männer spielen gewalttätige Pornos nach, weil sie meinen, dass wir das wollen, andere tun das, weil sie Frauen gerne wehtun und keinerlei Rücksicht auf uns nehmen. Aber Sex soll keine Schmerzen bereiten, und wenn das doch der Fall ist, müssen wir deutlich sagen, dass wir das nicht wollen. Wir dürfen unsere Einwilligung jederzeit zurücknehmen, aber oft ist uns das nicht ohne Weiteres möglich.

Frauen müssen wissen, dass sie das Recht haben, Nein zu sagen. Und sie müssen begreifen, dass ein Kerl, der sich an einem Nein stört, niemals der Richtige ist. Oft lässt sich nicht so leicht äußern, dass man etwas unangenehm findet, vor allem, wenn man den Mann mag und er nicht denken soll, man sei schlecht im Bett.

Aber wenn er dir wehtut, dann ist er schlecht im Bett und muss das wissen.

Wenn du fürchtest, dass er nicht gut reagiert, hast du den Falschen erwischt. Wenn du dich aus Angst vor der Reaktion des Partners nicht traust, Sex oder bestimmte sexuelle Handlungen abzulehnen, steckst du in einer missbräuchlichen Beziehung und brauchst professionelle Hilfe. Wenn du fürchtest, dass du frigide wirkst, weil andere Frauen Rough Sex »aushalten«, oder dass er dich prüde nennen könnte, dann musst du das in Kauf nehmen. Ich kenne keinen Mann (mit Ausnahme von Masochisten), der freiwillig schmerzhaften Sex erdulden würde. Du etwa? Wenn wir uns versehentlich auf seine Eier knieten, würde er sich beschweren – warum bleiben wir dann stumm, wenn uns seine harten Stöße im Gebärmutterhals wehtun?

Natürlich gibt es Frauen, die auf extrem harten Sex stehen, während andere sich sanften, langsamen Genuss wünschen. Aber der schmerzhafte Sex gilt als normal. Männer, die mit Memes und Mainstream-Pornos groß geworden sind, kennen kaum etwas anderes. Sie glauben, dass sich ausnahmslos jede Frau im Bett danach sehnt, so heftig von seinem Schwanz gestoßen zu werden, dass es wehtut. Kürzlich schrieb mir ein Mann: »Bis ich Mitte 20 war, hatte ich keine Ahnung. Die vielen Pornos hatten mir eingeredet, dass Frauen darauf stehen, wenn man abschätzig mit ihnen redet und sie hart und schnell fickt. Ich schäme mich dafür, wie ich Frauen im Bett behandelt habe, aber ich habe wirklich geglaubt, dass sie genau das wollen.« Frauen akzeptieren diese schreckliche Pornoversion des Sex, weil sie glauben, dass mit *ihnen* etwas nicht stimmt, wenn sich dieser raue Sex nicht gut anfühlt. Allen anderen scheint er ja zu gefallen, deshalb spielen sie etwas vor, damit es schneller vorbei ist oder um so zu wirken wie die Frauen in den Pornos, und der Mann hält sich folglich für den Größten.

Die Vorstellung, dass Sex für Mädchen wehtun muss, ist unter Teenagern gang und gäbe. Mädchen lernen, dass sie beim ersten Mal mit Schmerzen rechnen müssen. Wie traurig ist das? Warum verrät uns niemand, dass es eben nicht wehtun soll? Warum werden wir nicht darin bestärkt aufzuhören, sobald es wehtut? Warum sagt uns niemand, dass es nicht wehtut, wenn unser Partner dafür sorgt, dass wir feucht, entspannt und locker sind, und dass er sonst etwas falsch macht? Darüber müssen wir mit unseren Töchtern und – was vielleicht noch wichtiger ist – mit unseren Söhnen reden. Mehr dazu in Kapitel 8.

Klar kommunizieren

Wir sollten keinen Sex mit Menschen haben, denen wir nicht mitteilen können, was wir wirklich empfinden. Oft fällt es uns schwer, sexuelle Bedürfnisse und Wünsche zu kommunizieren; das finden wir peinlich oder unangenehm, oder wir trauen uns nicht. Das empfindliche männliche Ego macht es doppelt schwer. Hast du schon einmal versucht, einem Mann im Gespräch zu erklären, dass penetrativer Sex nicht der Heilige Gral ist und dass über 70 Prozent der Frauen nur kommen, wenn ihre Klitoris stimuliert wird? Männer mögen das nicht. Bislang hat jeder, dem ich das gesagt habe, erwidert: »Jede Frau ist anders. Du kannst nicht für alle Frauen sprechen.« Okay, wenn jede Frau anders ist, warum fickst du uns dann alle auf die gleiche Weise? Warum fragst du nicht in Vorfeld, was wir mögen und ob wir der Klitoris- oder der G-Punkt-Typ sind? Wir Frauen sagen oft nichts, weil wir fürchten, die Männer zu kränken, ihre Gefühle zu verletzen oder sie vor den Kopf zu stoßen, und darunter leidet oft unsere eigene Lust. Aber wir müssen ihnen irgendwie deutlich machen, was uns gefällt, und dürfen nicht freiwillig jahrelang auf guten Sex verzichten, nur weil wir ihnen nicht vermitteln können, was sie mit unserer Klitoris anstellen sollen. Setz dich über die Scham hinweg, die dich daran hindert, dich zu äußern: Scham rund um Sex, die auf die religiösen, gesellschaftlichen oder kulturellen Überzeugungen zurückgeht, die man dir von klein auf vermittelt hat. Mach Schluss mit der Scham über deinen Körper, die dich glauben lässt, du hättest kein Anrecht auf Lust. Mach Schluss mit der Scham, die dir Frauenhasser über Frauen und Sex eingeredet haben, mit der Scham aufgrund traumatischer Erlebnisse, gesundheitlicher Probleme und Behinderungen. Wir tragen so viel Scham in uns, und das kann uns alles verderben. Wir können uns nicht uneingeschränkt gehenlassen, um Lust zu erleben, wenn unser Unterbewusstsein uns sagt, dass wir es nicht tun sollten, oder wenn es sich nicht gut anfühlt, wir das aber nicht äußern können.

Beim Sex geht es um uns, und wir müssen uns trauen zu sagen, was wir brauchen.

Leg deine Grenzen fest. Was würdest du nicht akzeptieren oder niemals ausprobieren wollen? Mach dir das klar. Denk daran, dass sich Grenzen ändern können. Vielleicht glaubst du, dass du etwas ausprobieren möchtest, änderst dann aber deine Meinung und willst es doch nicht. Das ist in Ordnung. Deine Grenze kann sich im Bruchteil einer Sekunde verschieben. Du hast jederzeit das Recht, für dich einzustehen und sexuelle Handlungen abzulehnen, bei denen du dich unwohl fühlst. Man hat uns Frauen zu der Überzeugung konditioniert, unsere Gefühle dürften nicht über den sexuellen Bedürfnissen eines Mannes stehen. Besonders schwer tun wir uns oft dann, wenn wir meinen, dass unsere Grenzen jemanden abstoßen könnten. Wir geraten leicht in die Versuchung, unsere Grenzen zu verschieben oder ganz aufzugeben, um jemandem zu gefallen, der sie nicht respektiert. Lass. Den. Scheiß.

Enthaltsamkeit tut gut

Enthaltsamkeit hat mein Leben verändert. Seit ich mit 14 Jahren zum ersten Mal Sex hatte, war ich nie längere Zeit Single. Ich war co-abhängig und brauchte Männer, die mich bestätigten. Wenn ich keinen Mann hatte, der mir Aufmerksamkeit schenkte, fühlte ich mich nicht wohl. 2016 traf ich dann die bewusste Entscheidung, ganz und gar Single zu sein. Ich unterhielt mich hin und wieder mit einem Mann, war mir jedoch ganz sicher, dass ich keinen Sex wollte. Mit der Zeit hat das mein Verhältnis zu mir selbst entscheidend verändert. Weil ich keine Bestätigung bei Männern mehr suchte, verschaffte ich mir selbst Bestätigung. Dadurch sah ich Sex in einem ganz anderen Licht. Zwar hatte ich manchmal Lust, aber darum konnte ich mich problemlos alleine kümmern. Mir wurde plötzlich bewusst, wie wertvoll mein Körper ist. Ich lebte 18 Monate lang enthaltsam und hatte seither nie wieder schlechten Sex. Diese Phase hat mir geholfen, mich neu zu orientieren und dafür zu sorgen, dass mein Körper wieder für mich da war. Ich lernte, mich selbst zu lieben, ohne mich von Männern verunsichern zu lassen. Ich entdeckte meine Grenzen und spürte, dass mein Körper wirklich mir gehörte. Das war das Beste, was ich je getan habe. Enthaltsamkeit gehört zu den besten Mitteln gegen Fuckboys, und sie muss gar nicht lange dauern. Der Reset ist oft schon nach drei Monaten geschafft.

Der Höhepunkt

Mach dich nicht verrückt, wenn du schlechten Sex hattest oder Sex, den du im Nachhinein bereust. Schäme dich nicht für das, was du mitgemacht hast, oder dafür, mit wie vielen Männern du geschlafen hast. Du bist damit nicht allein. Schlechter Sex ist eine Epidemie, die schon seit Jahren grassiert. Die Schuld liegt nicht bei uns. Wir dürfen uns nicht für den miesen Sex schämen, den wir bisher erlebt haben, sondern müssen dafür sorgen, dass er in Zukunft besser wird. Wenn wir Söhne haben, müssen wir ihnen klarmachen, welche Gefahren Pornos bergen und wie wichtig Lust und Einverständnis sind, und mit männlichen Freunden sollten wir diskutieren, wie sich der Sex mit Frauen ändern muss. Wir werden von nun an schamlos, lautstark und selbstbewusst auftreten, klare Grenzen ziehen und unbeirrbar daran festhalten. Wir werden erwarten, dass wir Lust empfinden, und diese Erwartung auch an unsere Töchter weitergeben. Wir werden das Narrativ ändern und die Lücke schließen.

Kapitel 8

Nichts geht ohne Zustimmung

Triggerwarnung: Gewalt, Vergewaltigung und sexuelle Übergriffe

Gestern Abend habe ich mit einem Mann geschlafen, den ich seit einem Monat kenne. Er ist ein netter, normaler Typ, der keine Red Flags oder seltsame Verhaltensweisen gezeigt hat. Kaum hatten wir uns ausgezogen, war er komplett verändert. Er packte mich an der Kehle und drückte zu, bis ich fast ohnmächtig wurde. Außerdem hat er ohne Vorwarnung das Kondom abgezogen – das habe ich erst bemerkt, als ich es mitten im Akt auf dem Boden sah. Er war grob, und der Sex tat weh, aber ich sagte nicht Stopp; stattdessen stöhnte ich und tat so, als würde ich es genießen. Als es vorbei war, wurde er sofort wieder sehr nett. Er strich mir über das Haar, und wir schliefen als Löffelchen ein. Heute Morgen auf dem Heimweg brach ich in Tränen aus. Warum hat er das getan? Warum habe ich so reagiert? Sollte ich ihm noch eine Chance geben, weil er außerhalb des Schlafzimmers ein netter Typ ist?

Leider kommt es noch viel zu oft vor, dass Frauen sich beim Sex unwohl fühlen. Ich finde es furchtbar, dass wir in Situationen wie der gerade beschriebenen oft so unsicher sind. Ich finde furchtbar, dass wir bestimmte sexuelle Handlungen manchmal nicht wollen und trotzdem über uns ergehen lassen, ohne etwas zu sagen. Ich finde es furchtbar, dass es im umgekehrten Fall ganz anders wäre: Ein Mann würde sich niemals bieten lassen, dass eine Frau ihn schlägt oder ihm ungefragt in die Hoden kneift, sondern den Sex sofort abbrechen und die Frau blockieren, egal wie süß sie außerhalb des Schlafzimmers ist. Ich finde es furchtbar, dass Männer solches Verhalten auch deshalb für akzeptabel halten, weil viele Frauen im Bett so tun, als würden sie es genießen, und damit den Anschein erwecken, dass alle Frauen Rough Sex lieben. Ich finde es furchtbar, dass heterosexuelle Frauen jeden Alters beim Dating mit großer Wahrscheinlichkeit an Männer geraten, die sich nichts dabei denken, sie ohne ihre Einwilligung zu ficken.

Auf die Frage, warum Männer so etwas tun, gibt es zwei Antworten: Entweder sind sie frauenfeindlich und fahren darauf ab, Frauen im Bett zu verletzen, oder sie haben zu viele Gewaltpornos gesehen und glauben deshalb, dass Frauen so etwas mögen. Dass jemand nicht weiß, dass das nicht in Ordnung ist, kann sein Verhalten aber nicht entschuldigen.

Im geschilderten Fall könnte man die zweite Erklärung vermuten, wenn er nicht ohne Absprache das Kondom abgezogen hätte; das ist eine Straftat (der Fachbegriff ist »Stealthing«, und in mehreren Ländern, auch in Deutschland, wurden Männer schon dafür bestraft). Das allein beweist, dass er ein respektloser, gefährlicher Typ ist, der sich nicht um die Sicherheit der Frau schert.

Wir Frauen suchen oft bei uns selbst die Schuld, wenn uns so etwas passiert. Täter-Opfer-Umkehr und Shaming sind in den klassischen und sozialen Medien gang und gäbe. Wir wissen, dass Frauen, die Vergewaltigung und Missbrauch anprangern, oft zuallererst gefragt werden, warum sie nicht Nein gesagt, nicht geschrien, nicht die Polizei gerufen, nicht die Flucht ergriffen haben. In gehässigen Kommentaren habe ich sogar schon gelesen, eine Frau sollte erst gar nicht mit einem Mann ins Bett gehen, wenn sie nicht vergewaltigt werden will. Es ist schwer, gegen diese Ansichten anzugehen, die seit jeher den gesellschaftlichen Diskurs beherrschen – Männer wollen und genießen Sex, und Frauen dienen nur zu ihrem Vergnügen, und wenn ein Mann etwas tut, mit dem wir nicht einverstanden sind, dann haben wir wohl nicht richtig aufgepasst. »Jungs sind eben Jungs.« Deshalb fragen wir Frauen uns, womit wir diese schrecklichen Dinge provoziert haben; dabei können wir uns sicher sein, dass wir niemals selbst schuld sind, wenn wir vergewaltigt, angegriffen oder missbraucht werden, ganz gleich, was wir tun oder sagen, wo wir hingehen oder wie wir uns kleiden.

Missbrauch kann man nicht provozieren, man kann ihn nicht herausfordern oder selbst verschulden.

Du bist niemals selbst schuld, in keinem Fall. Sogar wenn du freiwillig mit jemandem nach Hause gehst, den du gerade erst auf Tinder kennengelernt hast, sogar wenn du dich bei einem Date maßlos betrinkst. Für Missbrauch ist der Täter verantwortlich. Immer. Wenn jemand ohne deine Zustimmung eine gewalttätige sexuelle Handlung an dir vornimmt (zum Beispiel Analverkehr, Spucken, Würgen, Schlagen oder Haareziehen), der du nicht zugestimmt hast, dann ist das Missbrauch.

Da wir im kulturellen Dialog oft Täter-Opfer-Umkehr und Shaming erleben, sind wir uns manchmal unsicher, was wirklich als Missbrauch oder Übergriff gilt. Soziale Medien, Pornos, Filme und Musik vermitteln den Eindruck, Frauen sollten es akzeptieren, verletzt zu werden. In Memes wird Kontrolle und Gewalt als sexy und erstrebenswert dargestellt – zum Beispiel mit dem Spruch »Wenn er dir den Gebärmutterhals zerstößt, aber deine Mutter keine Memme großgezogen hat« unter dem schmerzverzerrten Gesicht einer Frau –, sodass gefährliche Beziehungen und schädlicher Sex normal erscheinen. In den sozialen Medien werden für Sex mit Frauen oft entsetzliche Ausdrücke verwendet. Viele Männer schreiben, dass sie Muschis »zerstören« wollen; manche bezeichnen Sex auch als »Prügeln« oder »Nageln«. Die Gewaltfantasien erstrecken sich aber offenbar nur auf den Umgang mit der Vagina, nicht jedoch auf den Penis. Ich kann mir nicht vorstellen, dass Männer begeistert wären, wenn wir Frauen verkündeten: »Ich will deinen Schwanz zertrümmern« oder »Ich werde deinen Schwanz nageln, bis du nicht mehr laufen kannst.« Wir müssen uns klarmachen, dass so etwas von Frauenfeindlichkeit zeugt.

Derartige Ausdrücke sind mittlerweile ganz normal und allgegenwärtig, wenn Männer über Sex mit Frauen sprechen, sodass wir glauben, wir müssten »Bitches« sein, die im Bett alles mitmachen, um den sexuellen Erwartungen zu entsprechen. Wir wissen, dass uns das nicht gefällt, wir wissen, dass uns das wehtut – psychisch und körperlich –, und wenn eine andere Frau so behandelt wird wie wir, erkennen wir darin sofort toxisches Verhalten. Ein Missbrauch oder Übergriff ist

WENN JEMAND OHNE DEINE ZUSTIMMUNG EINE GEWALTTÄTIGE SEXUELLE HANDLUNG AN DIR VORNIMMT, DANN IST DAS MISSBRAUCH.

jedoch viel schwieriger wahrzunehmen, wenn wir selbst betroffen sind. Wir glauben, dass wir es nicht besser verdient haben, wir kennen es nicht anders, weil wir in einer von Missbrauch geprägten Familie aufgewachsen sind, wir meinen, dass alle Beziehungen/sexuellen Interaktionen so sind. Wir reden uns ein, das sei normal und wir müssten still und unterwürfig sein, um dem Mann zu gefallen.

Die Dating-Welt ist hart. Für Frauen birgt sie echte Gefahren. Das soll nicht heißen, dass wir bei jedem Kontakt zu einem Mann in Panik geraten sollten, aber wir müssen bestimmte Sicherheitsaspekte beachten, um ein Date ohne Angst oder Missbrauch zu erleben. Dieses Kapitel soll dich nicht verunsichern, sondern dich aufklären, damit dir nichts zustößt. Außerdem solltest du wissen, dass du niemals selbst schuld bist, wenn dir etwas passiert oder passieren könnte, und dass du damit nicht allein bist.

Gefahren beim Dating

Wenn man sich mit Männern trifft, kann das gewisse Gefahren mit sich bringen, und obwohl wir uns davon nicht abschrecken lassen sollten, ist es wichtig, das im Hinterkopf zu behalten. Ich habe mehr als einmal spöttische Kommentare geerntet, weil ich aus Sicherheitsgründen darauf bestand, mich zum ersten Date in der Öffentlichkeit zu treffen, zum Beispiel: »Glaubst du etwa, ich will dich vergewaltigen oder so? Lol – keine Sorge, Süße.« Allerdings lässt sich die Gefahr einer Vergewaltigung leider nicht ausschließen. Männer, die Frauen daten, müssen schlichtweg nicht im gleichen Maß an ihre persönliche Sicherheit denken, deshalb haben sie dafür kein Verständnis – es sei denn, sie haben selbst Töchter.

Eine sehr enge Freundin von mir hat sich einmal mit einem Mann verabredet, der ihr total nett vorkam. Die beiden hatten vorher wochenlang gechattet, und sie war sich ganz sicher, dass von ihm keine Gefahr ausging. Beim Abendessen im Restaurant merkte meine Freundin ziemlich schnell, dass er nicht der Richtige war; in natura gefiel er ihr nicht, und das Gespräch verlief verkrampft. Nach dem Date wollte sie sich verabschieden und mit der U-Bahn nach Hause fahren, aber er bestand darauf, sie zu begleiten, um sie auf dem Heimweg zu beschützen. Sie versuchte, ihn loszuwerden, aber er blieb hartnäckig. Während der Fahrt erzählte er dann, wie deprimiert er sei; er sagte, er sei unglücklich und das Leben mache ihn fertig. Seine Leidensgeschichte ging weiter und weiter, bis sie ihre Haustür erreicht hatten. Er fragte, ob er reinkommen und sich ein Taxi rufen dürfe. Mittlerweile war sie nur noch genervt, und ihr Bauchgefühl schlug Alarm, aber es kam ihr schäbig vor, ihn auf der Straße warten zu lassen, zumal er so verzweifelt und niedergeschlagen war.

Er kam mit in die Wohnung, zog sich die Schuhe aus, legte sich aufs Sofa und bat sie um einen Drink. Meine Freundin sagte, es wäre ihr lieber, wenn er direkt ein Taxi rufen würde. Sofort wurde er aggressiv und drohte ihr, deshalb forderte sie ihn zum Gehen auf. Er packte die Schleife ihres Wickelkleides und zerrte daran, sie schrie, er solle das lassen. Daraufhin schlug er ihr so hart ins Gesicht, dass ihr der Kiefer brach und sie einen Schneidezahn verlor. Sie flehte ihn an zu gehen, aber er weigerte sich. Er legte sich wieder aufs Sofa und verhöhnte sie, während sie die Polizei rief. Es dauerte über eine Stunde, bis die Beamten kamen, und meine Freundin war so außer sich, dass man sie in ihr eigenes Schlafzimmer sperrte, während der Mann zu dem Vorfall befragt wurde. Er behauptete, sie sei ein Escortmädchen und habe ihn attackiert.

Die Polizei glaubte ihm trotz ihrer Verletzungen, und der Fall wurde nicht weiter verfolgt.

Wir beide haben diesen Mann seit dem Vorfall auf Dating-Apps gesehen, und obwohl wir seine Seite gemeldet haben, ist er dort weiterhin aktiv. Meiner Freundin geht es mittlerweile wieder gut, aber es hat lange gedauert, bis sie sich körperlich und seelisch von dem Vorfall erholt hat.

Auf meiner Insta-Seite hatten Frauen in einem Story-Thread die Möglichkeit, beängstigende Dating-Erlebnisse zu schildern, und Tausende berichteten mir von Vergewaltigungen oder sexuellen Übergriffen beim ersten oder zweiten Date. Eine schrieb: »Ich bin einmal mit einem Tinder-Date zu ihm nach Hause gegangen, und er wurde wütend, als ich mich verabschieden wollte. Danach hatte ich etliche Prellungen und das Gefühl, es sei meine Schuld, weil ich ihm vertraut hatte.« Solche Schuld- und Schamgefühle haben zur Folge, dass Frauen derartige Vorfälle nicht melden und die Männer sich in der App direkt die nächste Frau suchen, die sie missbrauchen können. (Es versteht sich von selbst, dass Frauen, die keine Anzeige erstatten, niemals schuld sind, sondern immer nur der Täter.)

Auch von K.-o.-Tropfen wurde immer wieder berichtet. Eine Frau schrieb: »Ich hatte einen Mann kennengelernt, der toll zu sein schien. Nach einem schönen ersten Abend war ich einverstanden, das zweite Date bei ihm zu Hause zu verbringen. Ich dachte mir nichts dabei, den Drink anzunehmen, den er mir anbot. Was danach passiert ist, kann ich nicht sagen. Ich weiß nur, dass ich im Krankenhaus aufgewacht bin und alle körperlichen Anzeichen einer Vergewaltigung hatte. Bis heute habe ich keine Ahnung, was er mit mir gemacht hat.« Frauen erlebten sowohl bei ersten Dates in Bars als auch bei Männern zu Hause, dass ihnen etwas in den Drink gemischt wurde. *I May Destroy You* von Michaela Cole ist sehr zu empfehlen, denn die Serie zeigt ganz deutlich, wie so etwas abläuft, und wirft zudem einen sehr differenzierten Blick auf alle Fragen rund um das Thema Einwilligung.

In meinem Thread wiesen auch viele Hundert Frauen auf die Gefahr von Stalking hin. Eine schrieb: »Nach einem ersten Date hat mich ein echt netter Typ nach Hause begleitet. Ich hatte kein Interesse an einem zweiten Treffen, aber das schien er locker aufzunehmen. Als ich dann abends die Vorhänge zuzog, bemerkte ich, dass er immer noch draußen stand. Sechs Monate später habe ich nun eine einstweilige Verfügung gegen ihn erwirkt, weil er wochenlang schweigend vor meinem Haus stand und mir befremdliche Geschenke schickte.« Übertriebene Vorsicht, selbst bei harmlos wirkenden Männern, ist besser als Vertrauensseligkeit. Ich kann gar nicht oft genug betonen, dass das die einzige Situation ist, in der man nicht auf sein Bauchgefühl vertrauen sollte – manchmal sagt der Bauch: »Er wirkt toll, bestimmt ist es in Ordnung, zu ihm nach Hause zu gehen, obwohl wir uns noch gar nicht kennen.« Das Bauchgefühl könnte natürlich recht haben, doch das Risiko ist einfach zu groß.

Rough Sex und Würgen

Laut einer aktuellen Studie der BBC wurde jede dritte Frau unter vierzig Jahren beim Sex schon ungewollt gewürgt, geschlagen oder angespuckt,[8] während nach Untersuchungen der NSPCC *[Nationale*

Gesellschaft zur Verhinderung von Gewalt gegen Kinder] 40 Prozent der Mädchen im Teenageralter bei ihren ersten sexuellen Erfahrungen Nötigung und Gewalt erleben.[9] Und das Traurigste daran ist, dass sie vermutlich nichts anderes erwartet haben. Memes zeigen ihnen, dass zu gutem Sex auch Gewalt und Erniedrigung gehört, und viele gehen davon aus, so sei es nun mal. Dabei dürfen wir nicht vergessen, dass das auch für Jungen schrecklich ist. Auf jedes Mädchen, das so tut, als ob es Spaß daran hätte, weil es mittlerweile so üblich ist, kommt wahrscheinlich ein Junge, dem es genauso geht. Jungen entgeht die Chance, sanften, lustvollen Sex zu genießen, weil sie glauben, dass sie sich so verhalten müssen wie die gewalttätigen Männer in Pornos, und weil Teenie-Mädchen auf TikTok die Jungen, die nicht auf sexuelle Gewalt stehen, als Nerds verspotten. All das läuft schrecklich falsch.

Polizei und Sozialkräfte fragen die Opfer häuslicher Gewalt nach einem Übergriff stets, ob sie in der Beziehung schon einmal gewürgt oder stranguliert wurden. Wir stellen diese Frage, weil fast die Hälfte aller Frauen, die von ihren Partnern oder Ex-Partnern ermordet werden, in dem Jahr vor ihrem Tod von ihrem Mörder gewürgt wurden. Würgen ist damit ein wichtiger Risikofaktor für Tötungsdelikte und versuchte Tötung im Rahmen häuslicher Gewalt. Wenn ein Mann dich in einer Beziehung würgt, besteht die Gefahr, dass er dich irgendwann umbringt. Würgen ist ein Ausdruck der Dominanz. Indem er dich im Bett würgt, zeigt er dir, dass er die Macht hat, dich zu töten. Die meisten Männer, die Würgen angeblich sexy finden, würden sich nie im Leben selbst würgen lassen, denn sie wissen nur zu gut, dass das alles andere als lustvoll ist. Sie würden sich schwach und ohnmächtig fühlen, wenn sie von einer Frau gewürgt würden, und darin niemals eine normale sexuelle Handlung sehen. Wir Frauen gelten als »spießig«, wenn wir im Bett nicht gewürgt oder verletzt werden wollen – bei Männern dagegen wird es seltsamerweise nur als »spießig« empfunden, wenn sie Frauen nichts antun wollen. Ähnlich verhält es sich mit Analverkehr. Natürlich gibt es Frauen, die das lieben, doch mittlerweile wird von uns quasi erwartet, dass wir unseren Hintern zur Verfügung stellen, damit es im Bett spannend genug ist – ob wir es wollen oder nicht. Männer gehen einfach davon aus, dass Frauen Analsex hinnehmen und sogar genießen sollten, aber wenn wir ihnen im Gegenzug Pegging vorschlagen, sind sie davon gar nicht begeistert.

Würgen ist gefährlich, ob mit oder ohne Einwilligung. Ein Ja ist nur dann ein echtes Ja, wenn man genau weiß, worum es geht, und umfassend informiert ist. Aber weiß wirklich jede Frau um die potenziellen Risiken, wenn sie einwilligt, sich von einem unerfahrenen Mann ohne richtige Ausbildung in BDSM (Bondage, Disziplinierung, Sadismus, Masochismus – eine Gruppe von Sexualpraktiken, bei denen es um einvernehmliche Macht und Kontrolle im Schlafzimmer geht) würgen zu lassen? Laut Untersuchungen der Aktionsgruppe *We Can't Consent to This* werden allein im Vereinigten Königreich alljährlich 20 Frauen beim Sex von einem Mann erwürgt; 1996 waren es noch zwei Frauen pro Jahr. Es ist kein Zufall, dass in der gleichen Zeit Gewaltpornos immer leichter zugänglicher geworden sind und das Thema durch *Fifty Shades of Grey* und Memes in den sozialen Medien zunehmend als normal empfunden wird. Je mehr Würgen als normal und »Mainstream« gilt, desto mehr Frauen sterben. In derselben Zeitspanne wurden sieben Männer beim Sex erwürgt, und zwar allesamt von anderen Männern. Würgen kann tödlich sein. Atemspiele (eine äußerst riskante Praktik, bei der man die Blutversorgung zum Gehirn unterbricht, bis sich Schwindelgefühle einstellen, und dann wieder herstellt, um einen stärkeren Orgasmus zu erzeugen) sind mittlerweile in den meisten Fetischclubs verboten, weil sie so gefährlich sind. Beim Strangulieren kann es innerhalb von Sekunden zum Herzstillstand kommen. Das Zungenbein kann schon bei minimalem Druck brechen. Würgen kann lebensverändernde Verletzungen bewirken, darunter Hirnschäden, Herzinfarkt, Inkontinenz, Erblindung, Blutungen und Schwellungen im Hals, Schlaganfälle und Stimmbandschäden.

Sind wir wirklich ausdrücklich bereit, diese möglichen Folgen in Kauf zu nehmen, wenn wir einwilligen, uns würgen zu lassen?

Viel zu viele von uns haben sich schon in diese Gefahr begeben, und das nicht einmal zu unserem eigenen Vergnügen: Wir haben Gehirnschäden und dauerhafte Erblindung riskiert, um als »gut im Bett« zu gelten. Das muss aufhören.

Das soll nicht heißen, dass ich es grundsätzlich für schlimm halte, wenn man beim Sex am Hals gepackt wird, ganz im Gegenteil. Ich genieße es sogar, wenn mir ein Mann, dem ich voll und ganz vertraue, mit vorheriger ausdrücklicher Einwilligung leicht an den Hals fasst. Und ich will auch nicht den Eindruck erwecken, dass ich den Reiz des erotischen Erstickens oder der Atemspiele nicht verstehe – aber der aktuelle Trend, Würgen als Standard-Sex zu betrachten, geht in eine falsche Richtung, und das Beispiel der Frau, die zu Beginn dieses Kapitels zitiert wurde, zeigt, wie oft Frauen so etwas ohne Einwilligung oder Rücksicht erleben. Diesem Typen ging es nicht um wohlüberlegte Atemspiele, sondern er hat ihr auf gefährliche Weise Schaden zugefügt. Davor dürfen wir nicht die Augen verschließen.

Wenn ich von den Problemen im Zusammenhang mit Rough Sex spreche, ernte ich unweigerlich empörte Reaktionen, weil viele das für Kink-Shaming halten (also die Abwertung einer Person aufgrund ihrer sexuellen Vorlieben). Ich möchte ganz deutlich machen, dass es kein bisschen verwerflich ist, Rough Sex in jeglicher Form zu genießen – aber 20-Jährige, die in Snapchat-Videos »Blümchensex« als minderwertig bezeichnen und Mädchen suchen, die sie würgen und anspucken können, stehen nicht auf BDSM, sondern nutzen das als Vorwand, um Frauen und Mädchen zu missbrauchen. Einwilligung ist das entscheidende Element des BDSM: Damit eine sexuelle Interaktion BDSM und kein Missbrauch ist, müssen alle vier Säulen des BDSM beachtet werden, nämlich Vertrauen, Kommunikation, Ehrlichkeit und Respekt. Wenn das nicht gegeben ist, handelt es sich nicht um BDSM. Beim BDSM geht es darum, Machtwechsel und gegenseitige Lust zu erkunden; beide Seiten kommunizieren von Anfang an klar miteinander, alles wird vorab besprochen, man vereinbart Safewords, und Sicherheit steht an erster Stelle. Wenn man Würgen, das nicht auf diesen vier Säulen beruht, als Missbrauch bezeichnet, hat das nichts mit Kink-Shaming zu tun.

Ein aktuelles Instagram-Posting zu den Gefahren der Verbreitung von gewalttätigem Sex und zur Bedeutung der Einwilligung kommentierte ein Mann so: »Die Frau muss eben sagen, was sie mag und was nicht. Wir (Männer) können keine Gedanken lesen. Ich werde beim Sex sicher nicht zwischendurch fragen: ›Darf ich dich würgen?‹ Ich werde dominant und sexy sein und es einfach tun. Wenn ihr das nicht gefällt, wird sie mir schon sagen, dass ich aufhören soll. Werdet endlich erwachsen!« Leider denken viele Männer so wie er. Die Ansicht, dass alle Frauen dominiert werden wollen, ist weit verbreitet und sehr beängstigend. Noch erschreckender ist der Irrglaube, es sei sexy, beim Sex ohne Vorwarnung oder Einwilligung zu würgen, zu ohrfeigen oder zu schlagen. Dagegen kann es sehr sexy sein zu fragen, ob es in Ordnung ist; das muss weder mechanisch noch störend sein. Der Mann könnte sagen: »Würde es dir gefallen, wenn ich dir eine Hand um den Hals lege?« oder »Mich würde es gerade richtig scharfmachen, dich zu würgen, würde dir das auch gefallen?«, oder er könnte darüber sprechen, noch ehe es ins Schlafzimmer geht. Es gibt viele Möglichkeiten, um festzustellen, ob ein Mensch mit etwas einverstanden ist, das man mit ihm anstellen möchte.

Ein anderer Mann sagte im selben Posting: »Wenn mein Penis in ihrer Vagina steckt, bin ich mir ziemlich sicher, dass ich die Einwilligung habe. Alle meine Sexpartnerinnen haben es genossen, gewürgt zu werden.« Stimmt das wirklich, oder ging es ihnen so wie der Frau vom Kapitelanfang? Waren sie zu schockiert oder verängstigt, um Nein zu sagen? Cis-Männer sind Cis-Frauen in der Regel körperlich überlegen.

Wenn du unter einem 1,90 Meter großen, 95 kg schweren Mann liegst, der die Hand an deiner Kehle hat, ist es gar nicht so leicht, Nein zu sagen.

Manchmal schweigen wir aus Angst vor einer bedrohlichen Reaktion, manchmal schweigen wir, weil wir nicht schlecht im Bett oder prüde wirken wollen, manchmal, weil wir ihn nicht abschrecken wollen; manchmal, weil wir meinen, dass wir etwas genießen sollten, das offenbar alle anderen genießen – dann lassen wir bestimmte Dinge über uns ergehen, weil wir glauben, dass mit uns etwas nicht stimmt, wenn sie uns nicht gefallen. Und manchmal glauben wir, genau wie das Arschloch in meinem Kommentar, dass der Sexpartner mit uns machen kann, was er möchte, nur weil wir dem Sex zugestimmt haben. Die Zustimmung zu einer bestimmten Sache bedeutet noch lange nicht, dass man allem zustimmt.

Eines möchte ich ganz deutlich machen: Es ist nicht anrüchig, wenn man gewalttätigen Sex liebt, und wenn du darauf stehst, trifft

WIR HABEN DIE

UNEINGESCHRÄNKTE

VERFÜGUNGSGEWALT

ÜBER UNSEREN KÖRPER

UND DAS RECHT,

NEIN ZU SAGEN.

das, was ich gerade erläutert habe, auf dich nicht zu. Es richtet sich an Frauen, die sich gezwungen fühlen, Gewalt hinzunehmen oder so zu tun, als würden sie sie mögen. Es richtet sich an Frauen, die sich dafür schämen, dass sie nicht Nein gesagt haben oder nicht Nein sagen konnten. Es richtet sich an Frauen, die unverhofft eine Hand am Hals spüren und nicht wissen, wie sie sich verhalten sollen. Wir haben die uneingeschränkte Verfügungsgewalt über unseren Körper und das Recht, Nein zu sagen. Wenn wir uns in einer Situation wiederfinden, wie sie zu Beginn dieses Kapitels beschrieben ist, müssen wir uns gegen die quälenden Zweifel in unserem Kopf zur Wehr setzen und laut und deutlich sagen: »Ich mag das nicht. Hör auf damit.« Wenn das bedeutet, dass er dich nie wiedersehen will, ist das kein Verlust. Wenn er nicht aufhört, dann ist das Vergewaltigung.

Vergewaltigung und sexuelle Übergriffe

Die Londoner Polizei definiert Vergewaltigung und sexuelle Übergriffe wie folgt [Hervorhebung von mir]:

> *Vergewaltigung liegt vor, wenn eine Person mit einem Penis absichtlich in Vagina, Anus oder Mund einer anderen Person eindringt, ohne dass die andere Person ihre Einwilligung dazu gegeben hat. Ein Übergriff durch Penetration liegt vor, wenn eine Person Vagina oder Anus einer anderen Person mit einem anderen Körperteil als dem Penis oder unter Verwendung eines Gegenstands penetriert, ohne dass die andere Person ihre Einwilligung dazu gegeben hat.*

Nach der allgemeinen Definition ist ein sexueller Übergriff oder sexuelle Nötigung eine ***physische, psychologische und emotionale Verletzung*** *in Form einer sexuellen Handlung, die an einer Person ohne deren Einwilligung vorgenommen wird. Das kann auch bedeuten, dass die Person durch Zwang oder* ***Manipulation*** *dazu gebracht wird, sexuelle Handlungen zu beobachten oder daran teilzunehmen.*

Nicht alle sexuellen Übergriffe gehen mit Gewalt einher, verursachen körperliche Schäden oder hinterlassen sichtbare Spuren. Sexuelle Übergriffe können schweres Leid, emotionale Schäden und nicht sichtbare Verletzungen verursachen, von denen sich die Betroffenen oft nur langsam erholen.

Vergewaltigung und Übergriffe können sowohl bei gleichgeschlechtlichen und gender-nonkonformen Paaren als auch bei Heterosexuellen vorkommen, aber die Terminologie, die ich hier verwenden werde, gilt vor allem für heterosexuelle Cis-Paare. Es ist Vergewaltigung, wenn du der Penetration zugestimmt hast und es dir dann anders überlegst, er aber nicht aufhören will. Es ist Vergewaltigung, wenn du eingewilligt hast, weil er dir Angst vor einem Nein gemacht hat. Es ist Vergewaltigung, wenn er in einer festen Beziehung oder Ehe Sex mit dir hat, obwohl du das nicht willst. Es ist Vergewaltigung, wenn du einer bestimmten Art von Sex zugestimmt hast, zum Beispiel Vaginalsex, er ihn dir aber in den Anus steckt. Es ist Vergewaltigung, wenn er Sex mit dir hat, während du schläfst. Es ist Vergewaltigung, wenn er droht, dich zu verlassen, wenn du Nein sagst, und du nur deshalb einwilligst. Es ist Vergewaltigung, wenn du dem Sex zustimmst, damit du nicht vergewaltigt wirst. Wenn er eine dieser Handlungen vornimmt, ohne mit seinem Penis in dich einzudringen, ist das ein sexueller Übergriff. Dabei spielt es keine Rolle, ob du betrunken oder high warst (und dass er betrunken oder high war, ist keine Entschuldigung – für sexuelle Gewalt oder Übergriffe sind nicht die Rauschmittel verantwortlich, sondern die Täter). Es spielt keine Rolle, ob du nackt in seinem Bett lagst, es spielt keine Rolle, ob du ihm am betreffenden Tag in 100 Nachrichten beteuert hast, wie gerne du ihn ficken willst. Sobald du nicht mehr einwilligst oder nicht mehr in der Lage bist, deine Einwilligung zu äußern, handelt es sich um eine Straftat und um Missbrauch.

Auch wenn eine sexuelle Handlung durch Täuschung zustande kommt, ist sie nicht einvernehmlich. Joyce Short, die Autorin von *Your Consent* und *Carnal Abuse by Deceit*, erklärte in einem TED-Vortrag, dass Einwilligung nur dann wirklich Einwilligung ist, wenn sie »aus freien Stücken erfolgt, also eine Einwilligung in Kenntnis der Sachlage ist«. Eine Einwilligung liegt nur vor, wenn sämtliche Fakten bekannt sind – ist das nicht der Fall, gilt die Zustimmung lediglich als Billigung. Wenn du dich beispielsweise mit jemandem triffst, von dem du glaubst, dass er Danny heißt und ein 31-jähriger, kinderloser Anwalt aus Watford ist, während es sich in Wirklichkeit um einen 19-jährigen Mechaniker namens Gary handelt, der sechs Kinder von sieben Frauen hat, dann wurdest du getäuscht. Im Prinzip hattest du dann Sex mit einem Fremden; deine Einwilligung galt nicht für Sex mit Gary. Du hattest nicht die Möglichkeit, eine Entscheidung auf Grundlage der wahren Fakten zu treffen. Das ist ein Übergriff. Genauso wie wenn dir jemand tiefe Gefühle versichert und dich mit der Aussicht auf eine langfristige Beziehung ins Bett lockt, obwohl er nur einen One-Night-Stand will und genau weiß, dass er dich nie wiedersehen wird. Wenn du unter diesen falschen Voraussetzungen mit ihm schläfst, handelt es sich im Prinzip um einen Übergriff (nach der genannten polizeilichen Definition gehört dazu auch emotionale und psychologische Manipulation). In dem erwähnten Vortrag sagte Joyce Short auch: »Durch die Täuschung wird dein

Selbstbestimmungsrecht in Bezug auf deinen Körper unterlaufen.« Das bedeutet einfach ausgedrückt, dass man keine wohlinformierte Einwilligung geben kann, wenn man nicht alle Fakten kennt. Das ist eine grausame Verletzung.

Man könnte einwenden, eine solche Definition von »Übergriff« setze die Erfahrungen all jener herab, die schlimmere Übergriffe und Vergewaltigungen erlebt haben. Sicher, wenn dir ein Verrückter die Tür eintritt und dich mit vorgehaltener Waffe ausraubt, wird dich das vermutlich schwer traumatisieren, aber es ist ebenfalls traumatisch, wenn man einen vermeintlichen Klempner in die Wohnung lässt, der sich dann als Einbrecher entpuppt. Es ist verletzend, wenn einem die Verfügungsgewalt über den eigenen Körper genommen wird. Männer prahlen oft damit, wie sie Frauen ins Bett gekriegt haben, in Memes wird das gefeiert, und wir dürfen so etwas nicht mehr als normal betrachten. Wir müssen der Wahrheit ins Auge sehen. Vermutlich kannst du keine Anzeige erstatten, wenn dir jemand so etwas antut, und vermutlich würdest du das auch nicht wollen, aber du kannst um der Gerechtigkeit willen anerkennen, dass das Unrecht war, und dir klarmachen, dass du keine Schuld daran hast, dass du nicht »dämlich« warst und dass du dich nicht schämen musst.

Viele von uns waren sicher schon einmal in einer Lage (vor allem als Teenies), in der wir uns zu sexuellen Handlungen gedrängt sahen – nicht mit Gewalt oder weil wir Angst hatten, sondern weil der Druck zu groß war und wir die Situation nicht mehr im Griff hatten. Wie bei einer außerkörperlichen Erfahrung sieht man sich dann etwas tun, das man gar nicht tun will, sagt aber nicht Nein. Man möchte sich bremsen, aber solange man in der Situation steckt, lässt sie sich nur schwer beenden. Eine Szene aus dem Dokumentarfilm *Liberated* über die sexuelle »Befreiung« während der amerikanischen Spring Breaks, die in meinen Insta-Story-Highlights unter »Coerced Consent« zu finden ist, zeigt das sehr anschaulich. Eine junge Frau lernt einen Mann kennen, der ihr viele Komplimente macht und genau das sagt, was sie hören will. Bald ist sie von seinen lärmenden Kumpels umringt, die den Flirt zwischen den beiden weiter befeuern. Sie sagt, dass sie keinen Sex will, weil das gefährlich sei; daraufhin lässt er sie sofort los und wendet sich ab. Diese Kombination aus dem, was sie hören möchte, und der Zurückweisung, weil sie keinen Sex will, zeigt große Wirkung, und nach etwa zehn Minuten geht die junge Frau trotzdem mit in sein Zimmer. Der Sex dauert etwa fünf Minuten, und am Schluss der Szene läuft sie davon, während der Mann mit seinen Kumpels darüber lacht, wie leicht sie ins Bett zu kriegen war, und sich über ihren Geruch an seinen Fingern lustig macht. Und obwohl die Frau eingewilligt hat, glaube ich nicht, dass ihre Einwilligung für das galt, was sie erlebt hat. Ich bezweifle, dass sie damit einverstanden war, dass ihr Körper schnell und rücksichtslos benutzt wurde, dass man über sie spottete oder sie als »leicht zu kriegen« bezeichnete. In der Praxis hat sie eingewilligt, theoretisch jedoch nicht. Der Zwang, dem sie ausgesetzt war, blieb äußerst subtil; der junge Mann hat ausgenutzt, dass von Frauen erwartet wird, zu Männern nett und höflich zu sein. Den gemeinsamen sexuellen Kontakt erlebten die beiden sehr unterschiedlich: Er fühlte sich als Held, sie fühlte sich gedemütigt.

Als ich das postete, meldeten sich viele Frauen, die dieses Gefühl kannten und berichteten, wie sie sich nach einer ähnlichen Situation geschämt hatten, manchmal sogar noch nach Jahren. Derartige erzwungene Einwilligung kommt bei Dates häufig vor: Man will sich eigentlich nicht auf sexuelle Handlungen einlassen, kann aber nicht mit Nachdruck Nein sagen. Auf dem Heimweg denkt man sich dann: »Warum zur Hölle habe ich das gemacht, obwohl ich es gar nicht wollte?« Wenn dir das bekannt vorkommt, solltest du dich vielleicht über die sogenannte »Fawn Response« auf traumatische Situationen informieren. Diese Reaktion wird auch als »Bambi-Reflex«

bezeichnet und erklärt, woran es liegt, dass wir manchmal solche außerkörperlichen Erfahrungen machen.

Wir müssen dafür sorgen, dass die Kinder in unserem Leben schon so früh wie möglich wissen, was ausdrückliche Einwilligung bedeutet. Ausdrückliche Einwilligung ist ein klares Ja. Unsere Kinder müssen wissen, dass Nein nicht Ja oder »Versuch weiter, mich zu überreden« bedeutet, auch wenn jemand beim Nein-Sagen kichert oder sie den starken Eindruck haben, dass das Nein eigentlich Ja bedeutet; sie müssen wissen, dass eine Einwilligung nur dann vorliegt, wenn sie ein entschiedenes Ja hören. Sie müssen wissen, dass es niemals schlecht ist, Stopp! oder Nein zu sagen – es ist niemals unhöflich, und wenn man deshalb frigide wirkt, ist das auch nicht schlimm. Wir können dafür sorgen, dass sie all das verinnerlichen, indem wir unsere Kinder jederzeit um Einwilligung bitten, bevor wir sie berühren: Wenn du dein Kind zum Beispiel durchkitzelst und es lachend »Hör auf!« ruft, musst du unbedingt aufhören und dich vergewissern, ob du wirklich nicht weitermachen sollst. Wir vermitteln unseren Kindern unklare Botschaften zum Thema Einwilligung, wenn wir sie beispielsweise dazu zwingen, der Tante einen Kuss zu geben, obwohl sie das nicht möchten, und es unhöflich finden, wenn sie sich weigern. Derartige Szenarien mögen harmlos erscheinen, doch die Botschaft, die wir damit vermitteln, ist schädlich. Unsere Kinder lernen so, dass sie kein Selbstbestimmungsrecht über ihren Körper haben und sich fügen müssen, um es Erwachsenen und Menschen in Machtpositionen recht zu machen. Wir müssen unseren Kindern klar vermitteln, dass sie nur dann Ja sagen sollten, wenn sie sich körperliche Lust und Intimität wünschen. Sie müssen wissen, dass sie immer nur dann Sex haben sollten, wenn er respektvollen, gegenseitigen Genuss bedeutet. Ihnen muss klar sein, dass es Vergewaltigung ist, wenn sie ihre Partner zum Sex überreden müssen oder den Eindruck haben, dass diese nicht uneingeschränkt einverstanden sind.

Gefahren vermeiden

Leider lässt es sich nicht ganz ausschließen, dass wir an Männer geraten, die uns im Bett oder bei einem Date verletzen könnten – allerdings gibt es bestimmte Hinweise, an denen wir uns orientieren können, zum Beispiel, wie sich ein Mann über Frauen äußert, wie er sich bei der ersten Kontaktaufnahme präsentiert, was er in sozialen Medien abonniert oder postet, welche Art von Pornos er mag und wie er zum Feminismus steht. Ehe wir uns bereiterklären, mit einem Mann zu einem Date oder ins Bett zu gehen, sollten wir seine Ansichten zu diesen Dingen in Erfahrung bringen.

Das ist die dunkle Seite der Partnersuche. Zwar sind wir niemals selbst schuld, wenn wir Red Flags übersehen oder nicht die Flucht ergreifen, obwohl wir sie erkannt haben, doch wir müssen unbedingt wissen, wie wir für unsere Sicherheit sorgen können. Bei jeder romantischen Interaktion sollten wir uns der Risiken bewusst sein, damit wir uns entsprechend schützen können. Wenn du bei einem Date feststellen musst, dass der Mann dir Angst macht, oder du mit jemandem ins Bett gegangen bist, der dich schlecht behandelt, mach dir niemals Vorwürfe.

All das klingt natürlich sehr abschreckend, aber rein statistisch gesehen wirst du bei den meisten Dates nette Männer erleben, die dir nichts Böses wollen. Dieses Kapitel soll dich also nicht vom Daten abhalten, sondern nur dafür sorgen, dass du vorsichtig genug bist.

Die folgenden grundlegenden Sicherheitsregeln können dir helfen:

- Mach in deinem Dating-Profil nicht zu viele persönliche Angaben. Niemand muss wissen, wie du mit Nachnamen heißt, wo du arbeitest oder dass du alleine wohnst. Verrate auch nicht zu viel über dich, bevor ihr euch richtig kennengelernt habt. Du könntest sagen, dass du in einem Laden arbeitest – in welchem genau, muss er nicht wissen.

- Wenn ihr über soziale Medien kommuniziert, sorg dafür, dass dein Standort nicht angezeigt wird – deaktiviere zum Beispiel die Kartenfunktion auf Snapchat. Es kann auch riskant sein, wenn du ihm nach dem Date deine Adresse nennst, damit er dir beispielsweise ein Uber bestellt.

- Google ihn, bevor du dich mit ihm triffst. Ich kenne Frauen, die durch eine schnelle Google-Suche herausgefunden haben, dass der Mann, mit dem sie Kontakt hatten, wegen Mord im Gefängnis saß.

- Triff dich die ersten Male immer an öffentlichen Orten.

- Lass dich nicht von ihm abholen oder nach Hause bringen. Vielleicht bist du im Nachhinein froh, dass er nicht weiß, wo du wohnst.

Verlass dich auf dein Bauchgefühl. Brich das Date beim leisesten Zweifel ab.

- Sorg dafür, dass jemand weiß, wohin du gehst und mit wem du zusammen bist. Und lass dein Date subtil wissen, dass du deiner Freundin sein Foto geschickt hast.

- Vereinbare im Voraus, dass jemand aus deinem Freundeskreis oder deiner Verwandtschaft während des ersten Dates wegen eines angeblichen Notfalls anruft. Dann hast du einen Vorwand, falls du dich schnell verabschieden willst.

- Vergewissere dich vor dem Date, dass dein Handy komplett geladen ist und du mobile Daten hast, falls du dir ein Taxi rufen oder einen Notruf absetzen musst. Du musst unbedingt in der Lage sein, sicher nach Hause zu gelangen. Lass dich nie auf ein Date ein, bei dem du ohne seine Hilfe nicht mehr nach Hause kommst.

- Wenn etwas schiefläuft, melde das der Dating-App. Ich würde dir auch dringend raten, zur Polizei zu gehen, und sei es nur, damit er und sein Verhalten in den Akten vermerkt werden.

- Verlass dich auf dein Bauchgefühl. Brich das Date beim leisesten Zweifel ab. Doch auch wenn dein Bauch dir sagt, dass keine Gefahr droht, solltest du immer sämtliche Vorsichtsmaßnahmen ergreifen.

Kapitel 9

Blockieren, löschen, abhaken

Mein Herz und mein Vertrauen wurden so oft gebrochen, dass ich jetzt Angst habe, jemanden kennenzulernen. Trotzdem bin ich mir sicher, dass ich irgendwann einen Partner haben möchte. Wie kann ich dafür sorgen, dass ich nicht noch einmal verletzt werde?

In meinem Beruf spreche ich jede Woche mit Hunderten von Frauen über das, was Männer ihnen angetan haben, von relativ harmlosen Dingen bis hin zu sehr extremen. Ich weiß nur zu gut, wie schmerzhaft und wie schlimm solche Erlebnisse sein können. Aber wenn ich ein Restaurantbewertungsportal betreiben und deshalb ständig von Restaurants hören würde, in denen man sich eine Lebensmittelvergiftung holt, würde ich ja auch nicht für immer aufs Essengehen verzichten. Ich würde mir die Restaurants, die ich besuche, nur sehr sorgfältig aussuchen und nicht weiteressen, wenn ich ein Haar in der Suppe finde. Mir ist klar, dass es viele schlechte Restaurants gibt, aber ich gehe gerne essen, deshalb nehme ich das Risiko in Kauf.

Ich bin davon überzeugt, dass wir alle Liebe, Romantik und Intimität verdienen, wenn wir uns das wünschen. Für mich ist das ein entscheidender Teil dessen, was den Menschen ausmacht. Meiner Meinung nach sollte man auf Dates verzichten, wenn man nicht gut drauf ist, und der Liebe nicht hinterherjagen, aber ich glaube auch, dass man offen dafür bleiben sollte, dass sie sich irgendwann einstellen wird. Viele von uns erreichen im Leben einen Punkt, an dem sie denken, dass sie nie wieder einen anderen Menschen an sich heranlassen wollen – das ist verständlich, besonders nach Missbrauch und Traumata. Man muss nicht unbedingt in einer Beziehung leben, und eine Beziehung ist nicht zwangsläufig besser als ein Leben als Single, doch wenn man romantische Liebe aus Angst vor Verletzung rigoros ausschließt, schränkt man sich sehr ein.

Nachdem Männer mich verletzt hatten, habe ich schwarze Stunden und tiefen Schmerz erlebt. Ich hatte das Gefühl, ich könnte das niemals verwinden. Jede Sekunde jeder Stunde jeden Tages drehte sich um sie, um den Wunsch, die Zeit zurückzudrehen, um herzzerreißenden Schmerz – der, so glaubte ich, nur verschwinden würde, wenn ich sie zurückbekäme –, um Trauer und Reue und Selbstverachtung. Ich war überzeugt davon, nie wieder jemanden lieben zu können, weil ich meinen Seelenverwandten verloren hatte.

Wenn ich jetzt an diese Männer zurückdenke, könnte ich mich selbst dafür ohrfeigen, dass ich jemals Gefühle für sie hatte.

Im Nachhinein ist es ein Segen, dass wir uns getrennt haben. Diese Kerle waren keine Seelenverwandten, sondern eher Zellengenossen.

Ich will damit sagen, dass wir Liebeskummer, Schmerz und Trauma tatsächlich überstehen können. Manche von uns brauchen länger als andere, manche benötigen dazu professionelle Unterstützung, aber wir sind alle stark genug, um darüber hinwegzukommen. Wir können erreichen, dass wir für jemanden, den wir innig geliebt haben, nichts mehr empfinden. Wenn man verletzt wird, tut das verdammt weh, aber nicht so schlimm, dass man sich deshalb die Zukunft verbauen sollte. Damit gibst du einem Menschen, der für dich irgendwann keine Bedeutung mehr haben wird, viel zu viel Macht.

Du kannst nicht komplett ausschließen, dass du noch einmal verletzt wirst. Du musst nur zweierlei wissen: Erstens, dass du über eine neuerliche Verletzung hinwegkommen wirst, und zweitens, dass du jetzt alle Red Flags und Pink Flags kennst, die dir zeigen, wer dir wehtun könnte, sodass du rechtzeitig reagieren kannst. Du solltest nicht mit negativen Erwartungen an ein Date herangehen und musst auch nicht nach Flags suchen. Du musst nur entsprechend reagieren, wenn du sie entdeckst. Halte nicht nach Red Flags Ausschau, sondern nach Green Flags. Vergewissere dich, dass du es mit einem anständigen Mann zu tun hast.

Anständige Männer

Anständige Männer sind das beste Mittel gegen Fuckboys. Es gibt sie überall, aber wir übersehen sie manchmal, weil uns ihre emotionale Intelligenz und Freundlichkeit fremd vorkommt und weil wir in Panik geraten, wenn ein netter Mann uns mag. Aber nachdem wir das abgestellt haben und bereit für Stabilität sind, können wir diesen Typ Mann allmählich erkennen, weil er verlässlich ist.

Er ist davon überzeugt, dass Frauen und Männer gleichberechtigt sind, und lebt nach dieser Überzeugung.

Das erkennt man daran, wie er mit Frauen umgeht – sei es das Verhalten gegenüber der Bedienung in einem Lokal oder die Pornos, die er schaut. Gespräche über die Sicherheit von Frauen wimmelt er nicht ab, indem er behauptet, dass »nicht alle Männer« so sind. Wenn sich Freunde oder andere Menschen frauenfeindlich äußern oder Frauen schlecht behandeln, stellt er sie zur Rede. Er hört dir zu, spricht mit dir und schätzt deine Meinung. Er hat kein Problem damit, verletzlich zu sein, und ist bereit, dir seine Gefühle anzuvertrauen. Er unterstützt dein Sozialleben und ist nett zu deinem Freundeskreis und deiner Familie. Er stärkt dein Selbstvertrauen und sorgt dafür, dass du dich gut fühlst. Er hilft dir dabei, deine Träume und Ziele zu verwirklichen. Er behandelt dich gleichberechtigt und übernimmt seinen Anteil an Hausarbeit, Verhütung und Kinderbetreuung. Er sieht es nicht als Aufgabe der Frau an, Hormone in ihren Körper zu pumpen, um eine Schwangerschaft zu verhindern. Er packt zu Hause mit an, und du bist nicht automatisch allein dafür zuständig, das Haus sauber zu halten und dich um die Kinder

Halte nicht
nach Red Flags
Ausschau,
sondern
nach Green Flags.

zu kümmern, nur weil du eine Frau bist. Er gibt zu, wenn er sich geirrt hat, und versucht nicht, jegliche Verantwortung abzustreiten.

Er schätzt dich und trägt dazu bei, dass du dich optimal entfalten kannst.

Er ist liebevoll, ohne Sex zu erwarten. Er zeigt Einfühlungsvermögen und Mitgefühl mit anderen. Er äußert ehrlich, was er will, und lässt dich nie im Unklaren über euer Verhältnis. Er nimmt Rücksicht auf deine Bedürfnisse im Bett. Er bittet um Einwilligung, bevor er etwas Neues ausprobiert. Er ist Kindern und Tieren gegenüber freundlich und geduldig. Er hat kein Problem mit deiner Periode und erwartet nicht, dass erwachsene Frauen vorpubertäre, haarlose Körper haben. Er ist aufgeschlossen und vorurteilsfrei. Er ist dein Freund.

Mir ist klar, dass manche höhnisch denken werden: »Solche Männer gibt es nur im Märchen!« Das ist traurig, denn was ich gerade beschrieben habe, versteht sich eigentlich von selbst. Wenn wir weiterhin so tun, als ob es gute Männer nur im Märchen gibt, verstärken wir damit das Narrativ, dass beschissenes Verhalten für Männer akzeptabel ist. Wenn wir glauben, dass gute Männer rar sind, schaden wir uns selbst, denn damit steigt die Wahrscheinlichkeit, dass wir bei schlechten Männern bleiben, weil wir fälschlicherweise glauben, dass nichts Besseres zu haben ist. Damit legen wir die Messlatte für männliches Verhalten zu niedrig und tolerieren Dinge, die wir nicht tolerieren sollten. Das Verhalten von Fuckboys wird damit normal. Wenn ein Mann fremdgeht oder vor Wut ein Loch in die Wand schlägt, tun wir das als typisches Männerverhalten ab. Kontrollsucht, Gewalt, Untreue und respektlose Promiskuität sind keine männlichen Eigenschaften. Das sind Charakterfehler, die bei Männern unverhältnismäßig oft auftreten, weil die Gesellschaft sie damit durchkommen lässt und ihnen einredet, mit diesen Wesenszügen sei man ein Alphatier.

Es gibt Millionen anständiger Männer auf der Welt, doch die toxische Männlichkeit bezeichnet sie oft als »Deppen«, »Weicheier« oder »Beta-Männchen«. Sie gelten als Männer zweiter Klasse, weil sie Frauen respektieren, und wenn wir in der »Pick-Me«-Phase stecken, glauben wir das. Wir fühlen uns bei netten, respektvollen Männern nicht wohl und laufen denen hinterher, die uns schlecht behandeln, weil wir aufgrund unserer Konditionierung glauben, dass wir das verdienen und dass echte Männer nun einmal so sind.

Dieses Phänomen, dass Frauen auf böse Jungs stehen, ist zum Verzweifeln, denn im Grunde wird niemand gerne schlecht behandelt. Aber man muss zugeben, dass sich viele von uns (oft aufgrund von Bindungsproblemen) zu Bad Boys hingezogen fühlen, weil wir denken, dass wir sie ändern können. Wir genießen das Chaos und die Ungewissheit, die sie mit sich bringen, denn das ist uns vertraut, und es kann sehr verführerisch sein, wenn jemand, der äußerlich hart und rau ist, in unseren Armen verletzlich und weich wird. Wir lernen, dass ein echter Mann keine Gefühle hat, keine Schwäche zeigt und sich durchs Leben kämpft, um besonders hart und machohaft zu sein, während er so viele Frauen wie möglich vögelt. In Wirklichkeit jedoch sind diese Männer schwach.

Typen, die sich für Alphas halten, sind fast immer Narzissten mit sehr schwachem Ego.

Sie verhöhnen anständige Männer als dämlich, obwohl das Gegenteil gilt. Ist dir bewusst, wie stark man als Mann sein muss, um gegen den

Strom zu schwimmen? Anständige Männer sind den Bad Boys weit überlegen, deshalb lohnt es sich zu warten, bis ein solcher Mann auf der Bildfläche erscheint. Und wenn das mehrere Jahre dauert, dann soll es eben so sein; besser zehn Jahre lang als Single leben, als zehn Monate mit dem Falschen zu verbringen. Bewahre dir den Glauben an gute Männer – er wird dich vor den schlechten schützen.

Wenn du jemanden findest, bei dem du nur Green Flags flattern siehst, versuch, es zu genießen. Genieße ihn, genieße das Zusammensein, genieß die Zeit, solange sie schön ist. Ob für immer oder für einen Sommer – das spielt keine Rolle; was zählt, ist, dass du eine tolle Zeit mit einem neuen Menschen hattest. Nur weil er ein anständiger Mann ist, heißt das nicht zwangsläufig, dass ihr füreinander gemacht seid. Es bedeutet auch nicht, dass du dich zu einer Beziehung mit ihm zwingen solltest. Er mag ein anständiger Kerl sein, aber trotzdem nicht der Richtige für dich. Fühl dich nicht verpflichtet, deine Zeit mit jemandem zu verbringen, den du nicht magst, nur weil er Interesse an dir hat und nett ist. Interesse und Freundlichkeit sollten eine Selbstverständlichkeit sein und nicht als Rarität gelten, an die man sich klammern muss, wenn man sie endlich gefunden hat.

Ein interessierter, anständiger Mann, der bei uns die richtigen Gefühle weckt – danach sollten wir suchen.

Der netteste Mensch der Welt ist nicht der Richtige für dich, wenn die Chemie nicht stimmt oder ihr nicht auf derselben Wellenlänge seid. Als Single bist du besser dran, als wenn du dich mit einem x-beliebigen Tom, Dipesh oder Gary zufriedengibst, nur weil er dich will. Du musst deine eigenen Bedürfnisse und Wünsche an eine Beziehung nicht aufgeben, nur weil ein anständiger Mann auf dich steht. Bring ihm das schonend bei, sei freundlich und sanft zu ihm, aber lass dich nicht auf etwas ein, nur weil du fürchtest, nichts Besseres zu finden. Warte auf das Komplettpaket – auf jemanden, der interessiert und interessant zugleich ist.

Wenn du jemanden gefunden hast, der so ein Multitalent zu sein scheint, und die Sache doch auseinandergeht, musst du dir einschärfen, dass du immerhin eine Zeit lang deinen Spaß hattest. Jeder Moment, in dem du dich mit ihm toll gefühlt hast, war real. Selbst wenn sich jemand als größter Lügner aller Zeiten entpuppt und die Anständigkeit nur Fassade war, hast du nichts verloren. Du hast etwas Positives erlebt. Du hattest eine aufregende Zeit. Du hast weder dich selbst noch deine Zeit verschwendet, sondern all das ist Teil deiner Lebensgeschichte. Du bist keine Banane, die sich nicht lange hält, sondern ein Mensch, der sich ständig weiterentwickelt. Mit jeder Lektion, die du durch eine Verletzung lernst, wirst du immer besser und reifer. Wenn du jemandem, der sich als Arschloch entpuppt, dein bestes Ich gezeigt hast, kannst du stolz darauf sein, dass du es wenigstens versucht hast – du hast dich bemüht und alles dafür getan, dass es funktioniert. Wenn der, den du begehrt hast, das nicht zu schätzen wusste oder wenn es einfach nicht geklappt hat, dann war das keine Verschwendung, sondern einfach eine Erfahrung. Verschwendung ist es nur dann, wenn du nichts daraus lernst, sondern dich in das nächste Dating-Abenteuer stürzt und die Red Flags übersiehst, die schon beim letzten Mal überdeutlich waren.

Ausgeweint

Kaum etwas ist schlimmer als ein gebrochenes Herz. Bei der Trennung vom Vater meines Sohnes hörte ich »Try Sleeping with a Broken Heart« von Alicia Keys und »Groovy Kind of Love« von

DU BIST KEINE
BANANE,
DIE SICH NICHT
LANGE HÄLT,
SONDERN EIN MENSCH,
DER SICH STÄNDIG
WEITERENTWICKELT.

Phil Collins in Dauerschleife. Ich war schwanger und am Boden, buchstäblich und metaphorisch. Ich sah keinen Ausweg aus dem Schmerz. Mehrere Tage lang heulte ich ununterbrochen, dann brach ich monatelang immer wieder in Tränen aus. Ich wurde von Traurigkeit, Hass, Wut, Angst und Selbstverachtung zerfressen. Ich wollte ihn nicht einmal zurück, sondern verachtete ihn. Selbst nachdem diese äußerst emotionale Phase vorüber war, verspürte ich noch jahrelang Hass auf ihn. Als mein Sohn etwa achtzehn Monate alt war, ging ich wieder auf Dates, doch die Trennung von seinem Vater hatte mich sehr zerrüttet, und ich suchte nach einem Mann, der mich heilte und mir das Gefühl gab, etwas wert zu sein. Jemand anders sollte mir den Schmerz nehmen, den mein Ex verursacht hatte, deshalb strahlte ich bei jedem Date einen verzweifelten »Bitte hab mich lieb und tu mir nicht weh«-Vibe aus. Mein gebrochenes Herz heilte erst an dem Tag, an dem ich ihm verzieh. Eines Tages kam es einfach über mich, und ich habe innerlich mit allem abgeschlossen. Ich brauchte keinen Schlussstrich mehr, keine Entschuldigung, ich ließ mir nicht mehr unaufhörlich alles durch den Kopf gehen, ich hörte nicht mehr Phil Collins. Ich entschied einfach, dass es genug war, und sagte laut: »Ich verzeihe dir. Es ist vorbei.« Und das war's – ich machte den Deckel drauf. Mittlerweile empfinde ich Respekt vor ihm, weil er ein guter Vater ist, aber sonst keinerlei Gefühle mehr.

Mein Rat für einen souveränen Umgang mit einer Trennung lautet, dass man sich sämtliche Gefühle zugestehen sollte. Gib dich dem Schmerz hin, mach ein Riesendrama, weine, hör besonders traurige Musik, die noch mehr Tränen hervorruft, verhalte dich wie in einem epischen Musikvideo, lass deine Freundinnen daran teilhaben, spricht davon, schwelge darin. Trauere. Du hast einen Verlust erlitten. Die Zukunft, die du dir ausgemalt hast, ist vorbei, und auch wenn die neue Zukunft noch besser sein wird, ist es normal, dass du um das trauerst, was du verloren hast. Aber setze all dem eine zeitliche Grenze. Lass alles raus und blicke dann nach vorne. Wenn du nach acht Wochen immer noch so verzweifelt bist, dass sich das auf deinen Alltag auswirkt, wende dich bitte an eine Beratungsstelle. Das soll nicht heißen, dass du nach acht Wochen wie von Zauberhand geheilt bist, aber irgendwann musst du dein Leben wieder in den Griff bekommen, und manchmal brauchen wir professionelle Hilfe, wenn wir das nicht allein schaffen. Wenn dir eine Therapie nicht möglich ist, gibt es viele Selbsthilfebücher und Ressourcen im Internet. Mir hilft Abraham Hicks auf YouTube (auf Englisch). Ganz wunderbar sogar. Die Meinungen zu diesen Videos gehen auseinander – manche finden es furchtbar, dass eine Frau namens Esther im Namen eines Geistes namens Abraham in der dritten Person über sich selbst spricht. Ehrlich gesagt hätte ich mir das vermutlich niemals angehört, wenn ich das vorher gewusst hätte. Aber ich ging unvoreingenommen an die Sache heran und hörte mir einfach an, was sie zu sagen hatte – und es hat mein Leben verändert. Auf YouTube findest du Tausende von Videos; du kannst nach dem Thema suchen, zu dem du Hilfe brauchst, zum Beispiel »Abraham Hicks pain after break-up« oder »Abraham Hicks single and lonely«, und wirst sicher etwas finden, das auf deine Situation passt. Klick dich durch, bis du einen Beitrag findest, der dich anspricht. (Allerdings treffen sie sicher nicht jeden Geschmack. Meine zynische Mutter mit ihrem trockenen Humor wird es absolut lächerlich finden, dass ich diese Videos empfehle, aber wenn man aus lauter Liebeskummer seit fünf Wochen in einem tiefen Loch steckt, hat man nichts zu verlieren. Das Gesetz der Anziehung hat seine Schwächen, aber ich fühle mich damit einfach besser, bestätigt und positiver. Vielleicht funktioniert es auch bei dir. Auch Marisa Peer und Louise Hay machen Videos zu diesem Thema).

Es kann auch helfen, wenn du eine Liste mit allen negativen Aspekten der Person erstellst, von der du dich getrennt hast. Schreib alles an ihm auf, das du nicht vermissen wirst, von seiner irritierenden Aussprache bestimmter Wörter über seine Kaugeräusche bis hin zu der Art und Weise, wie er dich verletzt oder respektlos behandelt hat. Greif immer dann zu dieser Liste, wenn du ihn vermisst. Aber bedenke, dass du ihn auch in Zukunft immer wieder mal vermissen wirst. Zum Beispiel kann es sein, dass etwas passiert, bei dem du spontan den Drang verspürst, ihm zu schreiben, um ihm davon zu berichten. Oder du gehst nach einem Abend mit deinen Freundinnen allein nach Hause, während bei den anderen ein Partner wartet. Du wirst deinen Ex vermissen und dich nach ihm sehnen, aber du wirst auch zulassen, dass diese Momente vorübergehen.

Manchmal fühlt sich das so an, als müsse man eine Sucht überwinden. Es ist ein Kampf, denn obwohl du das, nach dem du süchtig bist, hasst, weil es deine Gesundheit und dein Leben beeinträchtigt, und du genau weißt, dass es dir schadet, hängst du trotzdem noch stark daran. Du hast es gebraucht und kannst dir ein Leben ohne nicht vorstellen. Um wirklich einen Schlussstrich zu ziehen, muss man einen kalten Entzug wagen. Wenn du mit diesem Menschen Kinder hast, ist es unmöglich, den Kontakt ganz einzustellen, aber er lässt sich so gestalten, dass die Gefahr, ihm wieder zu erliegen, möglichst gering bleibt. Wenn nötig, kannst du jemand anderen bitten, die Übergabe zu übernehmen, zum Beispiel Nachbarn oder Freunde. Informiere dich auch über Familienplaner-Apps wie Cozi oder Co-parently, mit denen sich Termine ohne persönlichen Kontakt organisieren lassen. Selbst wenn du deinen Ex sehen musst, kann es trotzdem gelingen, die emotionale Bindung mit der Zeit zu lösen.

Wenn eine Kurzbeziehung zu Ende geht, ist das oft traumatischer als das Ende einer längeren Geschichte. Man schämt sich für seine

Trauer und kommt sich albern vor, wenn man sich bei seinen Freundinnen über jemanden ausheult, mit dem man nur zwei richtige Dates hatte. Man meint, das müsse eigentlich leicht zu verkraften sein. Aber manchmal ist so etwas ein schwerer Schlag, vor allem, wenn sich das Muster häufig wiederholt.

Bei vielen Frauen, die Dating-Apps nutzen, läuft stets das Gleiche ab: Sie verlieben sich in Männer, die insgeheim unverbindliche Fuckboys sind, erleben Ghosting oder Breadcrumbing, kommen nie über ein drittes Date hinaus, landen in der Schublade »Nur Sex« oder »Nur Freundschaft«, werden nie die feste Partnerin und erfahren ständig Ablehnung. Wenn so etwas immer wieder passiert, ist es schwer, sich davon nicht fertigmachen zu lassen. Nur zu leicht sehen wir darin die Bestätigung, dass wir nicht gut genug sind. Wir gewinnen den Eindruck, dass wir selbst der gemeinsame Nenner sind. Wir reden uns ein, dass die Männer uns so behandeln, weil wir es nicht anders verdient haben, und nehmen uns keine Zeit, um zu überlegen, wie wir an unserem Selbstwertgefühl arbeiten können. Stattdessen klammern wir uns an Menschen, die uns das Gefühl geben, nichts wert zu sein, oder lassen uns auf neue ein, die unweigerlich das Gleiche tun werden. Es ist im wahrsten Sinne des Wortes zermürbend, wenn man sich um jemanden bemüht, der bereits Ambivalenz und Gleichgültigkeit gezeigt hat, und darauf wartet, dass dieser Mensch seine Meinung ändert und endlich ein gewisses – wenn auch begrenztes – Interesse zeigt.

Lerne, wann du gehen musst. Dazu ist es wichtig, dass du dich selbst wertschätzt. Du kannst das, was dir wehtut, viel leichter hinter dir lassen, wenn du tief in deinem Inneren weißt, dass du etwas Besseres verdient hast, wenn du deinen Wert kennst und dir sicher bist, dass dieser Mensch nicht die letzte Chance ist, und wenn du erkennst, dass der Typ dich so behandelt, weil er ein Idiot ist. Sein mieses Verhalten liegt nicht an dir, du hast es nur viel zu lange toleriert, und zwar aus all den Gründen, auf die wir in diesem Buch eingegangen sind.

In einer gesunden Partnerschaft sollten wir uns unbedingt bemühen, Beziehungsprobleme zu lösen, denn Höhen und Tiefen gibt es in allen guten Beziehungen. Anders sieht es aus, wenn wir fast immer unglücklich sind und fast immer verarscht werden. Das ist so, wie wenn du am Ende einer Party todmüde bist, die Stimmung am Boden ist und alles in dir danach schreit, endlich nach Hause zu gehen, du aber noch bleibst, weil du fürchtest, du könntest etwas verpassen. Dann kotzt du auf den hellen Teppich und musst ein Vermögen für die Reinigung bezahlen, während du dir wünschst, du hättest einfach auf dein Bauchgefühl gehört und dich schon vor fünf Stunden verabschiedet. Erkenne, wann die Party für dich vorbei ist. Es wird nicht die letzte Party sein: Bleib nicht auf den schlechten, nur weil du Angst hast, dass man dich nicht zu einer besseren einlädt.

Viel schwieriger ist das natürlich, wenn du dich aus einer Missbrauchssituation befreien musst. Unter Umständen brauchst du für die Trennung dann professionelle Unterstützung, vor allem, wenn die Gefahr von Gewalt besteht. Es kann riskant sein, ohne einen Fluchtplan einfach zu gehen, denn erwiesenermaßen ist die Gefahr besonders groß, wenn man eine gewalttätige Beziehung verlässt. Deshalb kontaktiere eine Beratungsstelle (weitere Informationen zu Unterstützungsangeboten findest du am Ende dieses Buches) oder suche auf Google nach Hilfe bei häuslicher Gewalt und lass dir helfen, um den Absprung zu schaffen. Für Schwarze Frauen kann das doppelt schwer sein. Kelechi Okafor stellt fest:

Von Schwarzen Frauen wird erwartet, dass sie Schwarze Männer lieben und schätzen, ganz gleich, was sie tun. Das ist ein uralter Konflikt: Wir wollen uns selbst schützen, aber der erste Instinkt besteht oft darin,

Schwarze Männer zu schützen, weil jeder weiß, welche Gewalt sie erleben, wenn man die Polizei ruft oder die Behörden informiert und sie dem Staat ausliefert. Das kann dazu führen, dass Schwarze Frauen länger in missbräuchlichen Beziehungen bleiben. Überdies werden in den sozialen Medien (Clubhouse und Black Twitter) Chats über Schwarze Täter unterdrückt, um Schwarze Männer nicht öffentlich zu diffamieren. Bill Cosby und R Kelly wurden aus falsch verstandener Loyalität geschützt. Schwarze Frauen sehen das und schweigen deshalb. Unsere Männer sollten uns beschützen und wertschätzen, und wenn das nicht geschieht, gibt man uns die Schuld daran. Ich bin dafür verantwortlich, dass ich schlecht behandelt werde. Ich muss etwas falsch machen.

Für muslimische Frauen ist es auch aufgrund gesellschaftlicher und religiöser Schranken unglaublich schwierig, eine missbräuchliche Beziehung zu verlassen, erklärt Munira von @muslimsexeducation.

Frauen kann ein schlechtes Gewissen eingeredet werden, sodass sie bleiben, weil man ihnen weismacht, die Religion rechtfertige den Missbrauch, den sie erleben, und es sei eine Sünde, die Familie zu zerstören. Dazu gibt es das Narrativ, eine Frau sei dem Mann Gehorsam und Unterwerfung schuldig, auch wenn er ihr schadet, sodass manche Frauen aus religiösen Gründen keinen Ausweg sehen. Zudem ist eine Scheidung oft ein Stigma und kann für die Familie der Frau als Schande gelten. Oft werden Frauen dazu gedrängt, in missbräuchlichen Ehen zu bleiben, weil eine Ehe immer besser ist als das Leben als geschiedene, alleinerziehende Mutter. Umgekehrt ist uns klar, dass wir der Islamfeindlichkeit Argumente liefern, wenn wir eine Beziehung verlassen, denn wir kennen das falsche Bild, das die Gesellschaft von muslimischen Frauen hat, nämlich dass wir in Beziehungen immer unterdrückt werden und dass der Islam das gutheißt. Muslimische Frauen wissen, dass Missbrauch nicht von Gott gutgeheißen wird, doch es fällt schwer, Hilfe in Anspruch zu nehmen, wenn man fürchtet, mit dem eigenen Verhalten der islamfeindlichen Rhetorik Vorschub zu leisten.

Es ist wirklich verdammt schwer, eine missbräuchliche Beziehung zu verlassen. Alle, die sich daraus befreien müssen, stoßen auf Hindernisse. Es ist nie einfach, aber es lohnt sich immer. Du bist nicht allein, und es gibt Unterstützung. Bitte nimm sie in Anspruch. **Er wird sich nicht ändern.**

Wenn du nicht vor häuslicher Gewalt flüchtest, sondern nur aus einer Beziehung oder Situationship, die dir nicht guttut, dann mach einfach kurzen Prozess und geh. Du schaffst das.

Schlussstrich

Wenn eine Beziehung zu Ende geht, reden wir uns oft ein, dass wir einen Schlussstrich ziehen müssen, bevor wir wirklich gehen können. Der Schlussstrich kommt aber aus dir selbst. Du musst nicht aus dem Haus, ja nicht einmal mit jemandem reden, um einen Schlussstrich zu ziehen. Den Schlussstrich kennen wir aus Liebesfilmen; er ist eine Ausrede, um den Ex ein letztes Mal (oder vielleicht 25 letzte Male) zu sehen. Du brauchst ihn nicht, um die Beziehung abzuhaken und nach vorne zu schauen. Wir reden uns nur dann ein, dass wir einen Schlussstrich brauchen, wenn wir noch nicht loslassen können. Sonst würdest du nämlich für dich selbst diesen Schlussstrich ziehen, indem du akzeptierst, dass es vorbei ist und dass du keine Entschuldigung oder Ausrede hören musst; du brauchst keinen dramatischen Abschied und keinen eindrucksvollen Abgang. Wenn man sich mit jemandem trifft, um einen Schlussstrich zu ziehen, gibt es meist ein Fünkchen Hoffnung, dass sich die

Situation noch ändern könnte. Deshalb hat eine solche Aktion oft zur Folge, dass wir uns noch schlechter fühlen, weil wir mit dem Ex im Bett landen oder uns streiten oder er zum Abschied nicht das sagt, was wir hören wollen.

Du kannst ein Leben lang darauf warten, dass er zugibt, dich betrogen zu haben, oder dir erklärt, warum er dich verlassen hat, aber spielt das wirklich eine Rolle? Ein Schuldeingeständnis oder eine Begründung für die Verletzung ändert rein gar nichts, sondern erleichtert ihm nur das Gewissen. Außerdem erzählt er in solchen Erklärungen meist entweder einen Haufen Schwachsinn oder versucht, die Schuld auf dich abzuwälzen.

Benutz den Schlussstrich nicht als Vorwand, um noch einmal mit dem Ex zu schlafen oder um vor deinen Freundinnen zu rechtfertigen, warum du dich noch einmal mit ihm triffst. Wenn es passiert, dann steh dazu – wir alle werden manchmal schwach –, aber achte darauf, dass das deine Fortschritte nicht zunichtemacht. Einen Schlussstrich kannst du ganz allein ziehen.

Blockieren, löschen, abhaken

Wir können wieder die Kontrolle übernehmen, indem wir ihn blockieren, löschen und abhaken.

Blockieren ist nicht kleinlich und muss nicht boshaft sein. Es ist eine symbolische Handlung, die dem Selbstschutz dient. Sie bedeutet, dass du nicht mehr darauf lauern kannst, ob er dir schreibt oder deine Bilder liket, und bedeutet auch, dass du nicht mehr verfolgen kannst, was er in den sozialen Medien oder auf WhatsApp macht. Darüber hinaus musst du ihn aber auch in deinem Kopf blockieren. Dazu ist Achtsamkeit eine große Hilfe. Bei dieser Form der

Meditation lernt man, sich auf das Hier und Jetzt zu konzentrieren, sodass man die Gedanken dorthin lenken kann, wo man sie haben möchte, wenn man merkt, dass sie abschweifen. Wenn deine Gedanken nur um ihn kreisen, kannst du sie mit Achtsamkeit in den Griff bekommen.

Löschen ist wichtig. Lösche überall seine Nummer (es sei denn natürlich, ihr habt gemeinsame Kinder) und alle alten Chats. So kannst du dich nicht damit quälen, alles noch einmal zu lesen und dich zu fragen, was nur falsch gelaufen ist. Wenn du seine Nummer griffbereit auf dem Handy hast, ist es wahrscheinlicher, dass du ihn in einem Moment der Schwäche kontaktierst, besonders wenn du betrunken oder einsam bist. Wenn du den Chatverlauf auf WhatsApp behältst, wirst du hin und wieder sein Profilbild sehen, wenn du gedankenverloren durch deine Chatliste scrollst, und das kann zu einem Rückschlag führen und dich dazu verleiten, ihn zu kontaktieren.

Das Abhaken ist der entscheidende Schritt. Sobald du ihn blockiert und gelöscht hast, musst du an deiner Selbstliebe und Selbstfürsorge arbeiten und aus der Beziehung Schlüsse für die Zukunft ziehen. Du wirst über ihn hinwegkommen; ob es nun Wochen oder Monate dauert, irgendwann wachst du morgens auf und denkst nicht mehr an ihn. Daran erkennst du, dass es vorbei ist. Um ihn abzuhaken, brauchst du keinen anderen. Du musst keine neue Beziehung eingehen, sondern dich nur innerlich von der emotionalen Bindung an die letzte lösen.

In meinem Job höre ich zwar täglich Horrorgeschichten über Männer, bekomme aber auch jeden Tag Nachrichten von Frauen, die einen Partner gefunden haben, der sie glücklich macht, oder die sich mit dem Single-Dasein abgefunden haben und ihr Leben voll und ganz genießen. Wenn du auf Partnersuche bist, werden dir unweigerlich ein paar Fuckboys begegnen – das lässt sich nicht vermeiden –, aber sobald du sie durchschaut hast, solltest du machen, dass du wegkommst.

Selbstliebe ist die Grundlage für gute Entscheidungen, deshalb müssen wir unbedingt daran arbeiten.

Ich erlebe das als täglichen Kampf. Es geht auf und ab; manchmal halte ich mich für einen Volltreffer, dann wieder fühle ich mich wie eine ekelhafte Hexe. Der simple Ratschlag »Liebe dich selbst« hilft nicht weiter, vor allem, wenn man aufgrund von Missbrauchsbeziehungen (zum Beispiel zu den Eltern, einem Partner und so weiter) kein Selbstwertgefühl hat. Selbstliebe muss man sich erarbeiten. Für mich bedeutet das, gut für mich zu sorgen, täglich an die Hautpflege zu denken, ins Fitnessstudio zu gehen, mich gesund zu ernähren, Wasser zu trinken, zu meditieren, Abraham Hicks zu hören und mich mit Freundinnen zu treffen. Ich muss mich zwingen, mich selbst zu lieben, aber wenn ich es einmal geschafft habe, fügt sich alles. Wir müssen uns selbst die Liebe geben, die wir anderen Menschen so hemmungslos schenken.

Werde deinem inneren Kind gerecht

Denke an dein dreijähriges Ich zurück. Dieser Mensch bist du immer noch. Du bist diese schöne, kleine, egozentrische Seele, die in diese Welt kam und sich selbst über alles liebte; sie lebt in dir weiter. Mein dreijähriges Ich wäre entsetzt gewesen, wenn es gewusst hätte, welche Zukunft ihm bevorsteht. Es hätte sich sehr gewundert, warum es Kriminellen mit Halstattoos hinterherläuft und von Idioten auf Tinder geghostet wird. Ich habe dieses kleine Mädchen oft enttäuscht, doch mittlerweile weiß ich, dass ich mir meinen Wert deutlich machen kann, indem ich an meine Kindheit zurückdenke. Wenn sich jetzt eine Dreijährige auf deinen Schoß setzen würde, könntest du sehen, wie ihr die Welt zu Füßen liegt. Du würdest erkennen, dass sie sein kann, wer immer sie sein möchte; sie und ihre Zukunft würden dir kostbar erscheinen.

Dieses Mädchen bist du noch immer, und es ist nie zu spät, ihm gerecht zu werden.

Such ein Kinderfoto von dir heraus und versprich diesem Kind, dass alles gut werden wird. Sag ihm, dass du es stolz machen wirst. Und dann denk an das kleine Mädchen, wenn du wieder einmal an einen Fuckboy gerätst, der nicht gut zu dir ist – denk daran, dass sie etwas Besseres verdient hat.

Du bist eine umwerfende Hammerfrau

Eine umwerfende Hammerfrau ist eine Person, die nichts erschüttern kann. Ihr Äußeres spielt keine Rolle, denn sie ist eine strahlende Erscheinung, weil sie tief in ihrem Inneren freundlich und einfühlsam ist. Eine umwerfende Hammerfrau denkt nicht schlecht über andere, weil sie vermutlich selbst schon einmal »gesündigt« hat und mit großer Wahrscheinlichkeit in Zukunft erneut »sündigen« wird, und zwar nicht nur einmal. Eine umwerfende Hammerfrau kann sich eingestehen, dass sie sich früher dämlich verhalten hat, und setzt jetzt alles daran, dieses Verhalten nicht zu wiederholen. Sie ist sich ihrer Schwächen bewusst, aber stolz auf ihre Stärken. Eine umwerfende Hammerfrau weiß, dass sie nicht durch ihre Vergangenheit definiert wird und sich auch niemals für ihre Entscheidungen schämen muss. Sie weiß, dass sie sich für frühere toxische Beziehungen nicht entschuldigen oder verantwortlich fühlen muss, und sie entschuldigt sich auch nicht dafür, dass sie Platz fordert oder ihre Bedürfnisse oder Ansichten lautstark äußert. Eine umwerfende Hammerfrau gibt anderen Kraft und hilft ihnen, aus ihren Fehlern zu lernen. Im Umgang mit unangenehmen oder lästigen Menschen bemüht sie sich um Ruhe und Ausgeglichenheit und setzt niemals auf Gewalt oder Gehässigkeit. Eine umwerfende Hammerfrau kennt sich selbst und weiß, was sie verdient; sie hat hohe Ansprüche und erwartet Respekt. Sie erkennt Red Flags und handelt danach. Sie geht mit anderen Menschen und Tieren liebevoll und mitfühlend um. Und wenn sie einen Fehler macht, übernimmt sie die Verantwortung und bügelt ihn wieder aus. Eine umwerfende Hammerfrau schert sich nicht darum, welches Aussehen die Gesellschaft von ihr erwartet, und versucht nach Kräften, sich selbst bedingungslose Liebe zu geben. Eine umwerfende Hammerfrau fühlt sich nicht immer wie eine umwerfende Hammerfrau, und das ist in Ordnung – wir haben alle unsere Höhen und Tiefen. Wir müssen nur versuchen, nicht zu vergessen, wer zum Teufel wir sind. Du wurdest als umwerfende Hammerfrau geboren, das wurden wir alle. Manchmal geraten wir auf Abwege, weil wir mit Traumata, dem Leben an sich und all dem anderen Scheiß zu kämpfen haben, aber wir können immer zurück auf den richtigen Weg; wir finden ihn in unserer Seele. Nutze deine Energie als umwerfende Hammerfrau – sie gehört zu den mächtigsten Mitteln gegen Fuckboys.

Jeder Tag ist ein neuer Tag, ein neuer Anfang, eine Chance, es besser zu machen und bessere Entscheidungen zu treffen

Zerbrich dir nicht den Kopf über das, was gestern war, sondern kümmere dich um heute und morgen. Leb dein Leben so gut wie möglich: Iss gut, trink reichlich Wasser, beweg dich, sei dankbar, grübel nicht zu viel, hab keine Reue, tanze zu deiner Lieblingsmusik, sag deinen Freundinnen, wie sehr du sie magst, poste für dich selbst scharfe Fotos von dir, lies Bücher, geh an die frische Luft, mach Spaziergänge, rede mit Tieren, sei einfach du selbst und lebe jeden Tag mit Leidenschaft. Hab keine Angst davor, verletzt zu werden. Stürze dich in die Suche nach der Liebe, wenn es das ist, was du willst, aber sorge erst dafür, dass du als Single innerlich stark bist, damit nicht dein ganzes Leben in Trümmern liegt, wenn du an einen Fuckboy gerätst. Sorge dafür, dass du Red Flags erkennst und darauf reagieren kannst und dass du in jedem fehlgeschlagenen Date eine gute Geschichte siehst, die du deinen Freundinnen erzählen kannst. Sei frei, sei selbstbewusst, hab Spaß, und wenn du das heute nicht geschafft hast, dann versuchst du es eben morgen noch einmal.

Erwarte mehr,
mach dir deutlich,
welchen Wert du hast
und wer du bist,
und dann greif
nach den Sternen.

»Du bist aus den Sternen geboren, liebes Kind. Begnüge dich nicht mit dem Staub, der von ihnen bleibt.« @daniel.peter.walsh

Erwarte mehr, mach dir deutlich, welchen Wert du hast und wer du bist, dann setze die richtigen Maßstäbe und greif nach den Sternen, um jemanden zu finden, der dir ebenbürtig ist.
Sieh den Weg dorthin als Abenteuer und genieße ihn … und wenn dein Frieden gestört wird, heißt die Lösung: blockieren, löschen und abhaken.

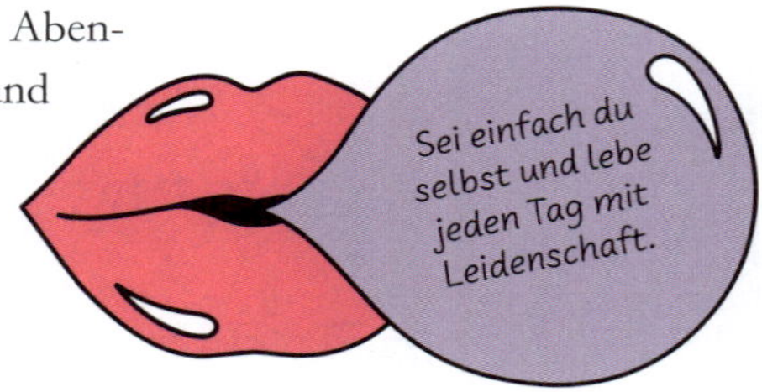

Danksagung

Ohne die hier aufgeführten Menschen wäre dieses Buch niemals zustande gekommen. Euch allen habe ich alles zu verdanken.

Meine Mutter, die es mir möglich gemacht hat, beruflich eine andere Richtung einzuschlagen, und von der ich gelernt habe, wie man andere Menschen liebt und sich für die einsetzt, die es brauchen. Mein Sohn, der mich jeden Tag stolz macht und mir Hoffnung für die Zukunft der Männer gibt. Meine Schwester, die mich unablässig unterstützt und mir gut zugeredet hat, wenn ich Zweifel hatte: die beste Therapeutin aller Zeiten. Und mein Schwager und mein Neffe – ihr habt mich und meinen Jungen in Schwung gehalten. Dad – du wirst es furchtbar finden, leg es jetzt weg. Nanny, du hast die Tradition der starken Frauen begründet, die E. und H. mit mir gemeinsam weiterführen. R., I., V., B. – das hier ist für Mumo. N. B. und G. W., meine Onkel ehrenhalber, die besten aller Männer.

Grace, meine linke Hand, meine rechte Titte, meine Betreuerin, meine Bewährungshelferin, meine persönliche Assistentin, meine Sozialarbeiterin, meine beste Freundin, allergrößten Dank. D., S., J., P., meine Community, meine Gang, mein Team, meine besten Freundinnen. Das ist für eure Töchter. G., das ist auch für meine Patentochter. Lou, mein Wirbelwind. E., szeretet. Laura A., es sollte so sein.

Meine neue Familie, Ivan Mulcahy und Jasmine McKell (und Rachel, die erdulden musste, dass Ivan stundenlang mit mir am Exposé gearbeitet hat). Jasmine, du hast die Sache in Gang gebracht, ich bin dir auf ewig zu Dank verpflichtet. Ivan, der beste Literaturagent des ganzen Universums. Du sorgst dafür, dass ich mich sicher, bestärkt und gehört fühle. Du hast mich dazu gedrängt, das hier wahr zu machen. Tilly und alle bei IMB Creative. Helena Gonda, ich liebe dich einfach. Becky Short und Sophie Bruce, was für ein Team, ich bin so froh, dass ich euch habe. An alle bei Transworld: Es ist mir eine Ehre, dass mein Buch bei euch erscheint. Vielen Dank an Cat Lobo (@thecatlobo) für das grandiose Logo. Emma Jones, du hast mir meine erste richtige Chance zum Schreiben gegeben, und ich habe es geliebt, mit dir, Kelby und der ganzen Truppe bei *OK!* zu arbeiten. Cherry Healey, du warst der erste wirklich »bekannte« Mensch, der mich ernst genommen hat; dass du mich in deine BBC-Show eingeladen hast, brachte meine Karriere richtig in Schwung und war mir eine gewaltige Hilfe. Chimmy Lawson, *Pinker Print* war der Auslöser.

Ich habe größten Respekt vor dem Fachwissen all jener, die an diesem Buch mitgewirkt haben, und rate dazu, ihnen zu folgen. Den folgenden Menschen, die ich ungeheuer schätze, möchte ich für ihre Zeit und Energie herzlich danken.

Dr. Mayowa Aina – klinische Psychologin, die für die hervorragende Wohltätigkeitsorganisation *Black Minds Matter UK* arbeitet: @dr.mayus

Dr. Karen Gurney – klinische Psychologin/Psychosexologin und Autorin von *Mind the Gap*. Karen hat die Textstellen zum Thema Sex gegengelesen und dafür gesorgt, dass ich alles richtig dargestellt habe. Von ihr habe ich unglaublich viel gelernt, und ich schätze ihre Arbeit sehr: @thesexdoctor

Munira – anfangs hat Munira meine Insta-Seite unterstützt, doch mittlerweile ist sie eine Freundin geworden. Von ihr habe ich viel darüber gelernt, welche Erfahrungen muslimische Frauen bei der Partnersuche machen. Ich liebe dich, Munira! @muslimsexeducation

Kelechi Okafor – Schauspielerin, Pole-Dance-Studio-Inhaberin, Rednerin, Autorin und ganz allgemein eine Ikone. Kelechi ist eine wichtige Stimme auf Instagram und Twitter: @kelechnekoff

Jo Westwood – Coach für Co-Abhängige. Mit ihrer unschätzbar wertvollen Arbeit hilft Jo Menschen dabei, ihre Co-Abhängigkeit zu bekämpfen und zu überwinden. Sie hat mir sehr dabei geholfen, Kapitel 3 richtig zu formulieren: @jowestwood

Danke an die unglaublichen Menschen, die dieses Buch gelesen und dafür gesorgt haben, dass ich keine Fehler gemacht habe – Anny Ma, Sasha Mind Your Own Plants (und Jeffery), die wunderbaren Emily Rose und Rose Ellis, Janah Jackman, Kym Oliver, Mike Hailu, Shona Landon und Njilan Morris-Jarra.

Und zu guter Letzt eine Reihe von Personen, die mir Glauben an die Menschheit gegeben haben. Beeindruckende, freundliche, mitfühlende Menschen, die mich wie eine Familie unterstützt haben, obwohl wir uns gar nicht kannten, als sie auf meine Seite stießen. Sie haben mir nicht nur Kraft gegeben und mich in meinem Kampf für eine bessere Dating-Landschaft für Frauen unterstützt, sondern mir auch ermöglicht, dieses Buch zu schreiben. Ich liebe sie ausnahmslos alle, die größten, umwerfendsten Hammer-Menschen im ganzen Land, die mich fördern und auf Instagram supporten:

@abbie.does.dating
@babytoddlerfoods
@honestly.im.ok
@thirtysomethingsingle
Abigail Ryan
Aileen Barratt
Aimie Smith
Alisha Thimble and Doll
Amy Cally
Amy Parsons
Anna
Anna Fay
Anna Patricia
Anna Sinfield
Annika
Arreebeeeeseeseeayyyyy
Barbara Keller
Beanie Bea
Becca Campbell
Becks Brown
Ben Hyde
Beverley Tipping
Briony Crump
Bryony
Caitlin Heal
Caroline Brady
Cathy @thatsinglemum
Cez Thomas
Chelberto
Charlie Sydenham-Brackstone
Chrissy
Christina
Claudia Kühler
Cleo
Danielle Murphy
Deejronimo
Delightful Dan
Desmond und Pauline (Shay)
Donna und Alice Smith
E.claire.good
Ebony Staite Dagnall
Elaine Downie
Elferg Yolanda
Emma Bronson
Emma Fairclough
Emma Green
Emma Lardner
Emma Linfield
Emma Louise Daly
Emma Wilkinson
Empress Success
Emzy Lou
Esther S
Eunika Adams
Fareeda Butt
Felicity Loud
Frilly
Gabriele
Geemarmite
Gemma Harrison
Gina
Hannah Ocee

Harriet Stokes
Hattie Delves
Hayley Tanks Mommy
Helena Brackee
Holl Wanderlust
Holly Ems
Hope Stubbings
Ijys
Iola
Isabelle Jackson
It's me, Ayşe
Iyecha Corblimey
Jack Linzell
Jade Lianna Woods
Jade Neilson
Jade Subaney
Jaz Fleur
Jemma Sheridan
Jen Can You Fucking Not Hun
Jengles
Jennifer Britton
Jo Parkinson
Joanne McLaughlin
Jordan B.
Joy's World the Podcast
Kate
Kate Chivers
Katie McLean
Katy Whitelock
Kaumal
Keishatheroadgyal
Kellie Battman
Kelly McWilliam (Koko Mack)
Kimberley Stubbs
Kirsty Mulheron
Kyle O'Regan
L. J. Rooney
Laura O'Malley
Lauren Bridie
Lauren Humphreys
Liana Isadora
LilySevs
Little Red Sonja
Lochenz
Lois Mac
Loren Tibby
Lostinagoodbookgirl Jords
Lottie F.
Luce Austin
Lucy Dyer
Lucy's Libation
Lucy Taylor
Mazi Bonita
Megan Hall
Megan Rees
Metzie aka Joanna
Michelle Moorhouse
Mike Hailu
Monika Niemeier
Mslulubeth
Nadia AM Appointment
Nadine Hall

Natalie Hones
Nic Parks
Nick Hill
Nikki McGlead
Noëmi
Normins
October Alderson
Paul Gossip
Rachael Blair
Rachael Cooney
Rachael Sheldon
Rebecca Cox
Reekie-minaj
Rob Tinfoil
Rosie Toomey
Roxy Greene
Ruby Ettle
Ruth McDermott
Ruuuth
Sadie Cyanide
Sara Jayne
Sarah McPoland
Sasha Cheeky Zebra
Sel Demir
Serenity Yoga Cork
Shannon Fry
Sharma_86
Sharron Wormald
Shauna Jade
Shirls
Shivani
Siobhan Walters
Sofia Kasapi
Sophie Bee
Stacey Bicar
Stekodat
Stephanie Mathews
Stevie Lux
Susie Waine
Tash Dixon
Tia Marquis-Copeland
Tijeno
Vani the Kiwi
Vitnija Saldava
Whibley
www.thefeministshop.com
Yagmur
Yehbarley
Zaiera Leverette
Zosh Blue Moon

Glossar

Breadcrumbing – Taktik, bei der gewissermaßen »Flirt-Brotkrümel« geworfen werden, um beim Gegenüber Interesse zu wecken, ihn anzulocken und ihn sich damit warmzuhalten.

Catfish – jemand, der sich im Internet als jemand anderes ausgibt.

Cis – der Definition nach Menschen, die sich dem Geschlecht zugehörig fühlen, das ihnen bei der Geburt zugewiesen wurde. Sie erleben häufig eine Übereinstimmung zwischen ihrem Körper und ihrer Geschlechtsidentität.

Fuckboy – ein Mann, der die Menschen, mit denen er eine Liebesbeziehung führt, absichtlich manipuliert, täuscht, kontrolliert und ganz allgemein ins Unglück stürzt.

Gary – steht stellvertretend für alle Fuckboys.

Gaslighting – eine Form von psychischem Missbrauch, die speziell darauf abzielt, das Selbstbewusstsein und die Selbstwahrnehmung des Opfers zu manipulieren.

Ghosting – wenn jemand ohne Erklärung spurlos verschwindet.

Ick – beschreibt das Gefühl, dass man jemanden abstoßend findet. Es grenzt an Ekel und ist so stark, dass man es kaum noch mit dem anderen aushält. Das Gefühl kann rationale oder irrationale Gründe haben und lässt sich nicht steuern.

Incel – der Begriff kommt vom Englischen »involuntarily celibate« und beschreibt einen Mann, der unfreiwillig zölibatär lebt. Diese Menschen meinen, dass ihnen Sex vorenthalten wird, weil sie keine stereotypen »Sportskanonen« oder »ganze Kerle«

sind. Sie hassen Frauen oft und geben ihnen die Schuld daran, dass sie keinen Sex haben.

Intersektioneller Feminismus – befasst sich damit, wie die Unterdrückung der Frau durch die Auswirkungen von Rasse, Klasse, Behinderung, Sexualität, Armut und anderen Faktoren sowie deren Überschneidung mit der Ungleichheit zwischen den Geschlechtern verstärkt wird.

Kink-Shaming – jemanden aufgrund seiner sexuellen Vorlieben abwerten.

Limerenz – ein nahezu besessener Zustand, der uns aufwühlt und bewegt und uns dazu bringt, alles, außer die Person in die wir verliebt sind, zu vergessen.

Love Bombing – bedeutet, dass eine Person eine andere mit Liebe, Aufmerksamkeit oder Geschenken regelrecht zubombt.

Mansplaining – bezeichnet Erklärungen eines Mannes, der davon ausgeht, er wüsste mehr über den Gesprächsgegenstand als die – meist weibliche – Person, mit der er spricht.

Misogynie – bezeichnet den Hass auf Frauen und das weibliche Geschlecht.

Negging – zweifelhafte Komplimente oder richtiggehende Beleidigungen, mit denen gezielt das Selbstwertgefühl des Gegenübers zerstört wird.

Pegging – wenn eine Cis-Frau ihren männlichen Partner mit einem Sexspielzeug anal penetriert.

Pick-Me-Girl – eine Frau, die ihr Verhalten auf Männer ausrichtet, indem sie andere Frauen als schlechter und anstrengender darstellt.

Pick-Up-Artists – Männer, die sich als Verführungskünstler verstehen.

Pink Flag – ein Zeichen dafür, dass man besonders aufmerksam auf Red Flags achten muss. Die Pink Flag ist noch kein alarmie-

rendes Warnsignal, zeigt aber, dass Vorsicht geboten ist. Mehrere Pink Flags
entsprechen einer Red Flag.

Pre-Bating – masturbieren, bevor man sich mit jemandem trifft, mit dem man gerne schlafen möchte, um das eigene Verlangen danach zu kontrollieren.

Red Flag – ein Warnsignal. Red Flags zeigen sich durch Worte, Taten oder Verhaltensweisen eines Menschen.

Situationship – eine regelmäßige, aber unverbindliche Beziehung, die eigentlich keine Beziehung ist. Eine Situationship wird dadurch gekennzeichnet, dass nur auf einer Seite Gefühle im Spiel sind. Letztendlich wird meist einer von beiden verletzt oder schränkt die eigenen Bedürfnisse ein, um den anderen nicht zu verlieren.

Slut-Shaming – Frauen werden für die Art und Weise, wie sie sich verhalten, kleiden oder ihre Sexualität ausleben, angegriffen und beleidigt.

Umwerfende Hammerfrau – eine Frau, die sich trotz ihrer Schwächen, Fehler und früheren Fehlentscheidungen liebt.

Wokefish – jemand, der progressive politische Ideologien vortäuscht, um unter falschen Voraussetzungen Partner zu gewinnen.

Ressourcen

Anlaufstellen

In Notfällen oder wenn dir unmittelbar Gefahr droht, ruf bitte die Polizei.

Gezielte Hilfsangebote kannst du über Google suchen, zum Beispiel »Hilfe häusliche Gewalt Berlin« oder »Unterstützung nach Vergewaltigung München«.

Deutschlandweites Hilfetelefon Gewalt gegen Frauen: www.hilfetelefon.de / 08000 116 016

Opferhilfe: www.hilfe-info.de, mit Beratungsstellen-Finder

Weißer Ring: www.weisser-ring.de / 116 006

Frauenhaus-Suche: www.frauenhaus-suche.de

Hilfe-Portal Sexueller Missbrauch: www.hilfe-portal-missbrauch.de / 0800 22 55 530

Caritas: www.caritas.de

Diakonie: www.diakonie.de

Die Anonymen Co-Abhängigen: www.coda-deutschland.de

Die Anonymen Sex- und Liebessüchtigen: www.slaa.de

Anlaufstellen und Beratungsangebote in Österreich sind unter www.sexuellegewalt.at zu finden.

In der Schweiz bietet die Opferhilfe Schweiz (www.opferhilfe-schweiz.ch) Unterstützung für Betroffene.

Psychische Gesundheit

Bitte hole dir im Notfall sofort Hilfe, indem du den Notruf wählst.

Deine Krankenkasse kann dir Informationen zu Therapiemöglichkeiten liefern, obwohl du vermutlich auf einer Warteliste landen wirst.

An deinem Wohnort gibt es sicher psychosoziale Beratungsstellen, zum Beispiel vom Gesundheitsamt oder von kirchlichen Stellen wie Caritas (www.caritas.de) oder Diakonie (www.diakonie.de).

Weitere Informationen zur psychologischen Beratung findest du auf der Seite des Bundesministeriums für Familie, Senioren, Frauen und Jugend (www.bmfsfj.de).

Bücher

Sherry Argov: *Warum die nettesten Männer bei den schrecklichsten Frauen bleiben … und die netten Frauen verlassen* (Goldmann, 2004)

Laura Bates: *Everyday Sexism* (London, 2014)

Laura Bates: *Männer, die Frauen hassen: Von Incels bis Pick Up Artists. Die Wahrheit über extreme Misogynie und wie sie uns alle betrifft* (&Töchter, 2023)

Russell Brand: *Die 12 Schritte aus der Sucht: Wie du dich von deinen Abhängigkeiten befreist* (Next Level Verlag, 2021)

Fran Bushe: *My Broken Vagina* (London, 2021)

Caroline Criado-Perez: *Unsichtbare Frauen: Wie eine von Daten beherrschte Welt die Hälfte der Bevölkerung ignoriert* (btb, 2020)

Dr Karen Gurney: *Mind the Gap* (London, 2020)

Steve Harvey: *Frag einen Mann, wenn du mit Männern glücklich werden willst* (mvg Verlag, 2015) (nicht zu empfehlen)
bell hooks, *Alles über Liebe* (HarperCollins, 2021)
bell hooks, *Ain't I a Woman?* (New York, 1987)
Helena Kennedy: *Misjustice – How British Law is Failing Women* (London, 2019)
Lindsay King-Miller: *Ask a Queer Chick* (New York, 2016)
Jo Langford: *The Pride Guide* (Lanham, 2018)
Amir Levine und Rachel S. F. Heller: *Warum wir uns immer in den Falschen verlieben* (Goldmann, 2015)
Jen Sincero: *Du bist der Hammer!* (Ariston, 2017)
Dr Jessica Taylor: *Why Women are Blamed for Everything* (London, 2020)
Naomi Wolf, *Der Mythos Schönheit* (Rowohlt, 1991)
Kimberlé Williams Crenshaw: *On Intersectionality: Essential Writings* (New York, 2022)
Jamie Windust: *In Their Shoes* (London, 2020)
Melanie Notkin: *Otherhood. Modern Women Finding A New Kind of Happiness* (Berkeley, 2014)

Instagram-Accounts

@am.appointment
@clementine_ford
@doposupport
@dr.mayus
@drjesstaylor
@drnaomisutton
@honestly.im.ok
@jowestwood
@joysworldthepodcast
@justthetippod
@kelechnekoff
@megan_rose_lane
@muslimsexeducation
@my_boyfriend_has_herpes

@oloni
@salmaelwardany
@singleblackwoman_x
@survivorsfightingback
@thatsinglemum
@the.vulva.gallery
@thesexdoctor
@thirtysomethingsingle
@tindertranslators
@triplecripples
@wecantconsentto
@yung_pueblo

Podcasts

Call Her Daddy
Just the Tip
Laid Bare
LalalaLetMeExplain: Bad Dates, Good Stories, Naked Truths
Say Your Mind, Kelechi Okafor

Fernsehen

I May Destroy You (Michaela Cole, 2020)
Liberated: The New Sexual Revolution (Benjamin Nolot, 2017)

Sachregister

#MeToo 37

Abhängigkeit, finanzielle 84
Abtreibung 196
Achtsamkeit 263 f.
Alleinerziehende 85, 185, 187
Alphatier 163, 252
Alphatier 163, 252
Ambivalenz, stabile 112
Analverkehr 230
Angst 70, 76 f., 121, 172, 182, 184, 210, 213, 233, 236, 241
Aufmerksamkeit, männliche 45 f., 51

Bambi-Reflex 239
Bauchgefühl 154, 174, 177, 181 f., 184 f., 226, 228, 244, 260
BDSM (Bondage, Disziplinierung, Sadismus, Masochismus) 230, 232
Befreiung, sexuelle 159, 238
Behinderung 32, 143–145, 207, 215
Belastungsstörung, posttraumatische 107
Beratung 58, 88
Betrug 76–78, 85
Beziehungen, missbräuchliche 84
Beziehungen, toxische 58, 84, 267
Beziehungsstatus 112, 148
Bindungsstil, ängstlicher 68, 75
Bindungsstil, desorganisierter 69
Bindungsstil, sicherer 65, 75
Bindungsstil, unsicher-vermeidender 67 f., 75
Bindungsstile 65, 67–70, 74 f., 77 f., 88, 173
Bindungstheorie 64, 172
Breadcrumbing 176, 259, 277

Catfish 146 f., 277
Co-Abhängigkeit 46, 71–74

Dating-Apps 24, 129, 135–137, 140, 142, 145 f., 148, 150, 154, 244, 259
Dating-Profil 139, 242
Dickpics 151, 153
Doppelmoral 170

Einsamkeit 46 f., 58
Einwilligung 95, 212, 221, 228, 230–233, 235–240, 251
Ejakulation 204
Empowerment 159

Familienplaner-Apps 258
Fawn Response 239

Feminismus 32, 38–40, 94–96, 241
Fetischisierung 143
Frauen, muslimische 30, 261
Frauen, Schwarze 30, 143, 260 f.
Frauenfeindlichkeit 25, 32, 35, 37, 40, 96, 115, 170, 193, 223
Fuckboy, feministischer 94
Fuckboy, gewalttätiger 118, 120 f., 123 f.
Fuckboy, krimineller 104
Fuckboy, narzisstischer 96–100, 176
Fuckboy, privilegierter 113, 118
Fuckboy, pseudo-feministischer 94, 96
Fuckboy, religiöser 103
Fuckboy, spiritueller 101–103
Fuckboy, unverbindlicher 109 f., 112 f., 176, 259
Fuckboy-Service 178
Fuckgirls 81, 93
Fuck-Nonbinäre 93

Gangster 104, 106–109
Gaslighting 99, 277
Genitalherpes 210
Gewalt, häusliche 33, 35, 96, 107, 109, 124, 229
Gewalt, männliche 24, 32
Gewalt, sexuelle 24, 33, 109, 229, 237
Gewaltpornos 221, 230
Ghosting 173, 175, 259, 277
Gleichberechtigung 38 f., 94, 96
Gleichgültigkeit 162, 173, 259
Gleitmittel 205
G-Punkt 202
Green Flags 248, 253

Hammerfrau, umwerfende 52, 110, 155, 266–268, 279
Hausarbeit 249
Herpes 209 f.
Herpes-Infektion 210
Herz, gebrochenes 254, 256
Hook-Up-Kultur 159
Hormone 80 f., 249
Hure-oder-Heilige-Komplex 28

Ick 180–182, 277
Incels 97, 142, 277
Infektionen 193, 196, 210
Intimität 53 f., 68, 100, 194 f., 240, 247
Islamfeindlichkeit 141, 261

K.-o.-Tropfen 227
Kinderbetreuung 85, 249
Kink-Shaming 231 f., 277
Klitoris 198, 201–203, 214 f.
Kontrolle, finanzielle 118
Kontrolle, sexuelle 118
Kontrollsucht 121, 251

Liebeskummer 160, 248, 257
Liebessucht 73
Limerenz 69, 111, 172 f., 278
Lippenherpes 209 f.
Love Bombing 120, 124, 278

Manipulation 73, 236 f.
Männer, anständige 208, 249, 252 f.
Männlichkeit, toxische 32, 252
Maskulinität, toxische 24
Masturbation 205 f.
Meditation 264
Memes 78, 165, 204, 213, 223, 229 f., 238
MeToo 37
Misogynoir 30, 35
Missbrauch 40, 71, 73, 77, 84, 96, 100, 109, 118, 222–225, 232, 237, 247, 261
Missbrauch, emotionaler 100, 118
Missbrauch, sexueller 71, 118, 201
Missbrauchssituation 260
Mutterschaft 49

Nacktfotos 35, 151
Narzissten 73, 96–101, 103, 143, 252
Negging 99, 143 f., 278
Nippelorgasmen 205
Nötigung, sexuelle 32, 35, 236

One-Night-Stand 191, 237
Orgasmen, anale 205
Orgasmen, klitorale 205
Orgasmen, zervikale 205
Orgasmus 83, 195, 198 f., 202, 204–207, 230

Partnerschaft 53, 59, 133, 260
Partnersuche 40, 133, 144, 155, 159, 241, 264
Patriarchat 30, 32, 141
Pegging 230, 278
Penetration 199, 202, 206, 235 f.
Penis 197 f., 200, 202, 223, 233, 235 f.
Penis-Shaming 207
Pick-Me-Girl 26, 112, 278
Pick-Up-Artists 143, 200, 278
Pink Flags 160 f., 248, 278
Pornokultur 28
Pornos 206, 212–214, 217, 223, 229, 241, 249
Pre-Bating 55
Programmierung, neurolinguistische 143
Promiskuität 249
Psychotricks 169

Red Flags 79, 93, 124 f., 134, 141 f., 146, 148, 154, 160 f., 172, 187 f., 248, 254, 268, 278
Religion 103, 193, 261
Risiken 23, 32, 34, 108, 151, 169, 196, 210, 228, 230, 241, 247
Rough Sex 39, 213, 221, 228, 231 f.

Scham 206, 215
Schamlippen 202 f.
Scheidung 71, 261
Schlussstrich 101, 149, 175, 256, 258, 262 f.
Schwangerschaft 50, 52, 55, 193, 196, 205, 249
Schwangerschaftsabbruch 196
Selbstbefriedigung 206

Selbstbewusstsein 26, 77, 88, 203
Selbstfürsorge 52, 56, 58, 206, 264
Selbsthilfebücher 257
Selbsthilfegruppen 73
Selbstliebe 45, 52, 56, 58 f., 64, 67, 264 f.
Selbstsabotage 182
Selbstschutz 263
Selbstvertrauen 99 f., 121, 143, 203, 249
Selbstwertgefühl 25, 46, 65, 70, 72 f., 99, 101, 123, 142, 188, 259, 265
Selfies 137 f.
Sex, unverbindlicher 55, 103, 136 f., 159, 191–194, 196
Sexismus 30, 35, 40
Sexstellungen 198
Sexsucht 73
Sexting 150, 201
Shaming 222 f.
Sicherheit 108 f., 221, 226, 232, 241, 249
Sicherheitsaspekte 167, 225
Sicherheitsplan 124
Sicherheitsregeln 242
Single-Dasein 44 f., 49–51, 55 f., 59, 264
Single-Status 47, 49, 58
Situationship 159, 194 f., 262, 279
Slut-Shaming 37, 103, 279
Spielchen 161–163
Stalking 228
Stealthing 221
Stigma 210, 261
Täter-Opfer-Umkehr 222 f.
Therapie 58, 67, 70, 73, 88, 209, 257
Trauma 69, 71, 247 f., 267
Trennung 51, 124, 132, 161, 254, 256, 260

Übergriffe, sexuelle 33 f., 227, 235 f.
Unsicherheit 72, 145
Unterstützung, professionelle 88, 108, 248, 260
Untreue 249

Vagina 109, 150, 196 f., 201, 203–205, 207, 212, 223, 233, 235
Vaginalsex 236
Verantwortung 26, 86, 101, 113, 251, 267
Verfassung, psychische 74–76
Vergewaltigung 32–35, 123, 222, 226–228, 235 f., 238, 240
Verhalten, toxisches 76 f., 223
Verhütung 80 f., 84, 96, 249
Verliebtheit 172
Vorsichtsmaßnahmen 244
Vulva 201–203, 207
Vulva-Shaming 202, 207

Wokefish 94, 279
Würgen 228–232

Zombies 175 f.
Zurückweisung 70, 172 f., 239

Anmerkungen

1 bell hooks, *Alles über Liebe*, HarperCollins Deutschland 2021

2 bell hooks, *Alles über Liebe*, HarperCollins Deutschland 2021

3 https://www.ndr.de/kultur/Gewalt-an-Frauen-Jeden-Tag-ein-Toetungsversuch,gewaltgegenfrauen122.html

4 »Finding love online: More than half of couples set to meet via the internet« [Online Liebe finden: Schon bald wird mehr als die Hälfte der Partnerschaften im Internet entstehen]. Sky News, 27. November 2019. https://news.sky.com/story/finding-love-online-more-than-half-of-couples-set-to-meet-via-the-internet-11871341

5 bell hooks, *Alles über Liebe*, HarperCollins Deutschland 2021

6 Vittozzi, Katerina: »Online romance fraud has cost victims £63m in 2020«. Sky News online, 26. Dezember 2020 [Betrug durch Online-Romanzen hat die Opfer im Jahr 2020 über 63 Millionen Pfund gekostet]. https://news.sky.com/story/online-romance-fraud-has-cost-victims-63m-in-2020-12172618

7 Austin, Ashleigh: »Science confirms women's intuition is a real thing« [Weibliche Intuition wissenschaftlich bestätigt]. New York Post, 16. Juni 2017. https://nypost.com/2017/06/16/science-confirms-womens-intuition-is-a-real-thing

8 Harte, Alys: »A man tried to choke me during sex without warning« [Ein Mann versuchte mich ohne Vorwarnung beim Sex zu würgen]. BBC News online, 28. November 2019. https://www.bbc.co.uk/news/uk-50546184

9 Kendrick, Keith: »NSPCC Survey Finds 40 Per Cent of Teenage Girls Are Forced To Have Sex« [NSPCC-Umfrage: 40 Prozent der weiblichen Teenager zu Sex gezwungen]. HuffPost, 11. Februar 2015 (aktualisiert am 20. Mai 2015). https://www.huffingtonpost.co.uk/2015/02/11/nspcc-survey-finds-40-per-cent-of-teenage-girls-are-forced-to-have-sex_n_7316728.html